Giuseppe Vella

Geschichte der Araber in Sizilien und Sizilien unter der Herrschaft der Araber

Giuseppe Vella

Geschichte der Araber in Sizilien und Sizilien unter der Herrschaft der Araber

ISBN/EAN: 9783743677579

Hergestellt in Europa, USA, Kanada, Australien, Japan

Cover: Foto ©ninafisch / pixelio.de

Weitere Bücher finden Sie auf **www.hansebooks.com**

Geschichte der Araber in Sicilien und Siciliens unter der Herrschaft der Araber.

In gleichzeitigen Urkunden von diesem Volk selbst.

Aus dem Italiänischen.

Mit Anmerkungen und Zusäzen von

Philipp Wilhelm Gottlieb Hausleutner,

Professor an der Hohen Carls-Schule zu Stuttgart.

Dritter Band.

Königsberg,
bei Friedrich Nicolovius. 1792.

Geschichte
der
Araber in Sicilien
und
Siciliens
unter der Herrschaft der Araber.

In gleichzeitigen Urkunden
von
diesem Volk selbst.

Dritter Band.
Dynastie der Aglabiten.

Geschichte
der
Araber in Sicilien
und
Siciliens
unter der Herrschaft der Araber.

In gleichzeitigen Urkunden
von
diesem Volk selbst.

Dritter Band.
Dynastie der Aglabiten.

434.

Am 17ten Tag des Monats Ebilkaban 238 kam die Barke nach Balirmu zurücke, welche am 3ten Tag des Monats Schawal 238 nach Susa geschickt worden war, und sie brachte uns ein Papier von unserm Mulei, welches also lautete:

"Dein großer Gebieter Mulei berührt dir den Kopf, und sagt dir, o Mufty Chbir von Balirmu, daß meine Großheit deinen Brief empfangen hat, gegeben am 3ten Tag des Monats Schawal 238, in welchem meine Großheit gelesen hat, daß der arme Muhammed Ben Aabd Aliah Emir Chbir von Sicilien gestorben, und daß Alaabbas Ben Fazärrh ihm beigestanden sey, welcher die Stadt Balirmu regiert. Meine Großheit sagt dir, daß du sehr wohl gethan hast, den Tod des Emir Chbir dem Volke verborgen zu halten, und befiehlt dir den Brief lesen zu lassen, welchen du in diesem Beutel finden wirst, gesiegelt mit dem Namen meiner Großheit, vor dem ganzen Rath und Volk: damit man wisse, wer der Groß-Emir sey, und wem jeder gehorchen müsse. Meine Großheit hat in dem Brief des unglücklichen Muhammed Ben Aabd Allah die Gerechtigkeit gelesen, welche er an Aali Ben Musa, einem so lasterhaften Manne, gethan hat. Meine Großheit hat nichts mehr dir zu sagen, berührt dir den Kopf, und zeichnet sich also:

Muhammed Ben Abu el Aabbas, Vierter Mulei, durch Gottes Gnade, dein großer Gebieter, der dir befiehlt. Kairuan, den 28sten des Monats Schawal 238 Muhammeds."

435.

Am 26sten des Monats Edilkaban 238 ward eine Barke mit einem Brief für unsern Mulei nach Susa geschickt, welcher also lautete:

"Muhammed Ben Abu el Aabbas, durch Gottes Gnade, Mulei, Alaabbas Ben Fazärrh mit dem Angesicht zur Erde küßt die Hände der großen Person seines großen Gebieters Mulei, und macht ihr bekannt, daß am 19ten Tag des Monats Edilkaban 238 der Groß-Mufty von Balirmu in Gegenwart aller Leute vom Rath, und alles Volks das Papier gelesen hat, welches ihre große Person in dem Beutel, gesiegelt mit dem Namen ihrer Großheit geschickt hat, in welchem sie geschrieben hat, daß ihre große Herrlichkeit mich zum

unter den Arabern. 5

Emir Chbir von Sicilien erwählt hat. Ich danke
ihrer Großheit mit meinem Angesicht zur Erde. Der
Rath und das Volk hat sehr hohes Vergnügen gezeigt,
daß ich zum Emir Chbir von Sicilien erwählt worden
bin. Alle Leute vom Rath waren verwundert, den
Tod Muhammeds Ben Aabd Allah nicht gewußt zu
haben, wie auch das Volk darüber verwundert war.
Der Tod des armen Muhammed Ben Aabd Allah hat
allen Leuten von Balirmu Mievergnügen gemacht, weil
er ein sehr rechtschaffener Mann und nicht alt war;
denn ein Mann von drei und sechzig Jahren ist nicht
alt, und er hatte nur acht Jahre mehr als ich. Da ich
Besiz von der Regierung nahm, besuchte ich die Frau-
en des Verstorbenen, welche in dem Hauße innerhalb
des Landes waren und nicht in dem, wo ihr Mann
gestorben ist, und sagte zu ihnen also: Höret, o ihr
guten Frauen, der Groß-Mufty hat euch
schon gesagt, daß euer Mann gestorben
sey. Ihr habt in allem vier Kinder. Eine
von euch hat einen Sohn, der Emir von
Marset Allah ist; eine andre hat einen
Sohn, der noch jung ist, und nicht mehr
als zwanzig Jahre hat: wann dieser
noch ein wenig wachsen wird, will ich ihm
ein Amt geben: und eine andre hat zwei
Töchter, eine kleine, und die andre von
sechzehn Jahren. Ich will die große meinem Sohn Aabd Allah Ben Alaabbas,
Emir von Zanklah zur Frau geben, welchem ich dieses Amt bestimmt habe, und
für die andre wird man denken, wann sie
gewachsen seyn wird, und ihr alle drei werdet bei euren Kindern bleiben. Alles, was
euer Mann hinterlassen hat, wird euch
und euern Kindern zu gleichen Theilen

vertheilt werden*). Sie, da sie meine Rede gehört haben, fingen an zu weinen, und sagten, ich wäre ihr Vater, und sie wären zufrieden mit dem, was ich ihnen vorgestellt habe. Ich habe hinzugefügt, daß ich mir nicht die Freiheit nehmen könnte, das in Vollziehung zu sezen, was ich gesagt hätte, wenn ich nicht vorher die Erlaubniß der Großheit meines großen Gebieters Mulei hätte. Ich sage überdieß ihrer Großheit, daß ich eine Tochter von zwölf Jahren habe. Mustafà Ben Muhammed hat keine Frau: ich denke ihm meine Tochter Aaziza zur Frau zu geben, und zu dieser Sache will ich auch die Erlaubniß ihrer Großheit.

Ich sage ihrer großen Person, daß ich für jezt nicht ausziehen kann, Eroberungen zu machen, weil man in Balirmu angefangen hat, zwölf Thürme um die Stadt zu bauen; welche noch nicht geendigt sind; es ist nöthig, sie mit Sorgfalt zu vollenden, damit die Stadt wohl verwahrt sey. Man muß das Meer vollends austrocknen, welches der verstorbene Emir auszutrocknen angefangen hatte, alles in Ordnung bringen, alle Gebäude vollenden, und wann die Hauptstadt im Stande seyn wird, nichts mehr nöthig zu haben, alsdann will ich denken, in Person auszuziehen, um das Uebrige von Sicilien zu erobern. Nach diesem habe ich nichts weiter ihrer Großheit zu sagen, außer daß ich in der Stadt Zanklah meinen Sohn Aabd Allah Ben Alaabbas zum Emir machen, Mustafà Ben Muhammed zum Emir von Mubakah erwählen, und nach Marset Allah als Emir schicken werde Schibet Ben

---

*) Man kann die Bemerkung oft machen, daß die Frauen zu gleichen Theilen mit den Kindern, in der Erbschaft folgen.

Aali: aber von diesem werde ich nichts in Vollziehung bringen, wenn mir nicht vorher ihre Großheit alles bestätigen wird. Ich mit meinem Angesicht zur Erde küsse die Hände ihrer großen Person, und zeichne mich also:

Alaabbas Ben Alfadli Ben Fazàrrh, durch Gottes Gnade, Emir Chbir von Sicilien, Knecht der großen Herrlichkeit des Mulei Muhammed Ben el Aabbas. Imedina Balirmu den 26sten des Monats Almoharoan 238 Muhammeds."

436.

Am 16ten Tag des Monats Almoharoan 238 ist die Barke zurückgekommen, welche am 26sten des Monats Edilkadan 238 nach Susa geschickt worden war, welche uns ein Papier unsers Mulei brachte, und es lautete also:

„Die Großheit Deines Gebieters Muhammed Ben Abu el Aàbbas, durch Gottes Gnade, Mulei, berührt dir den Kopf, grüßt dich sehr, und meine große Person sagt dir, o Alaabbas Ben Alfadli Ben Fazàrrh, daß sie dein Papier empfangen hat, geschrieben am 26sten des Monats Edilkadan 238, in welchem meine Großheit gelesen hat, daß alle Leute von Valirmu Vergnügen gehabt haben, daß meine große Person dich zum Emir Chbir von Sicilien gemacht habe. Unsere Freundschaft fing von den zartesten Jahren an, und in verschiedenen Schlachten sind wir mit einander gewesen, und daher gehörte dir diese Stelle. Meine Großheit hat deine Gedanken gelesen, daß, ehe du gehst das Uebrige von Sicilien zu erobern, du für gut hältst alle von dem armen Muhammed Ben Aabb Alah angefangene Gebäude zu vollenden, und meine Großheit billigt dir diesen Gedanken. Meine Großheit hat gelesen, auf welche Weise du mit den Frauen Muhammeds Ben Aabd Allah geredet hast: ich billige es dir, und gebe dir die Erlaubniß jene Heyrathen zu machen, von welchen du meiner Großheit geschrieben hast, und alle Güter, welche Muhammed Ben Aabd Allah hinterlassen hat, sollen in gleichen Theilen, den Töchtern, Söhnen und Frauen vertheilt werden, und du mußt jenes Geld anwenden, damit sie es nicht ausgeben, und hernach nichts haben. Meine große Herrlichkeit bestätigt dir die Emire, welche deine Person ernannt hat. Indessen hat meine Großheit nichts mehr dir zu sagen, bestätigt dir alles, was du geschrieben hast, berührt dir den Kopf, grüßt dich sehr, und zeichnet sich also:

Dein großer Gebieter Muhammed Ben Abu el Aabbas, durch Gottes Gnade Mulei. Kairuan den 2ten des Monats Almoharoan 238 Muhammeds."

437.

Am 10ten des Monats Almoharoan 238 haben wir zwei Briefe geschrieben, einen für die Stadt Zanklah, und den andern für Mudakah. Der Brief, welcher nach der Stadt Mudakah geschickt worden ist, lautete also:

„Emir Mustafá Ben Muhammed, die große Person deines Herrn Emir Chhir küßt dir die Stirne, grüßt dich sehr, und meine Großheit sagt dir, daß unser Mulei mir die Erlaubniß gegeben hat, euch allen, Brüdern, Schwestern und Müttern die Haabe und das Geld, welches euer Vater hinterlassen hat, auszutheilen, daß es in gleichen Theilen gegeben werde, und ebenfalls das Geld zum Besten Euer aller anzuwenden. Deinen Theil wird deine Person anwenden, denn sie hat genug Verstand. Höre, o Emir Mustafá Ben Muhammed, du hast eine Schwester im Alter von sechzehn Jahren, ich habe gedacht, ihr meinen Sohn

unter den Arabern.

Aabb Allah Ben Alaabbas, welcher Emir der Stadt Zankloh ist, zum Manne zu geben. Deine Person, so viel meine Großheit weiß, hat keine Frau; und meine große Person hat eine Tochter Namens Aaziza, welche noch ein wenig klein ist, denn sie hat zwölf Jahre; darüber wird man denken. Nach diesem hat meine Großheit für jezt nichts mehr, dir zu sagen, küßt dir das Angesicht, wie einem Sohn, und zeichnet sich also:

Alaabbas Ben Alfadli Ben Fazärrh, Dein Herr durch Gottes Gnade. Jmedina Balirmu den 10ten des Monats Almoharoan 238 Muhammeds."

438.

Der an den Emir von Zanklah geschickte Brief lautete also:

"Alaabbas Ben Alfadli Ben Fazärrh Emir Chbir, Dein Vater, küßt dir das Angesicht, grüßt dich, und sagt dir, o Aabb Allah Ben Alaabbas, daß meine Großheit gedacht hat, dir die Tochter des verstorbenen Emir Chbir zur Frau zu geben, welche schön ist, und im Alter von sechzehn Jahren. Meine Großheit wird sie dir im Monat Rabialkem schicken. Nach diesem hat meine Großheit nichts mehr dir zu sagen, küßt dich, grüßt dich sehr, und zeichnet sich auf diese Weise:

Alaabbas Ben Alfadli Ben Fazärrh, durch Gottes Gnade, Emir Chbir, dein Vater. Jmedina Balirmu, den 10ten des Monats Almoharoan 238 Muhammeds."

439.

Am 26sten Tag des Monats Almoharoan 238 hat man einen Brief aus Mudakah, geschickt von dem Emir dieser Stadt, erhalten, und er lautete also:

"Emir Chbir Alaabbas Ben Alfadli Ben Fazärrh, Mustafa Ben Muhammed Emir von Muda-

kaß mit dem Angesicht zur Erde küßt die Hände ihrer
Großheit, und macht ihr bekannt, daß er den Brief
vom 10ten des Monats Almoharoan 238 erhalten hat,
in welchem sie mir geschrieben hat, daß ihre große Person gedacht hat, meine Schwester Miriem dem Sohn
ihrer Großheit Aabd Allaÿ Ben Alaabbas zur Frau zu
geben. Diese Sache hat gemacht, daß mein Herz sich
sehr erfreuet hat. Ich sage ihrer großen Person, daß
ich das Alter von acht und zwanzig Jahren habe, und
noch habe ich keine Frau. Ihre Großheit hat eine
Tochter von zwölf Jahren, und ihre große Person soll
mir Gnade thun, mir sie zur Frau zu geben, indem ich
noch andre zwei Jahre hindurch auf sie warte. Zu ihrer Morgengabe will ich ihr den Theil*) anweisen, der
mir von dem zufällt, was mein Vater hinterlassen
hat, und alles jenes Geld soll ihre Großheit auf ein großes Hauß verwenden, welches ihre große Person im
Namen Aaziza's**), der Tochter ihrer großen Person,

---

*) Die Ehemänner geben ihren Frauen die Morgen-
gabe, wie es noch jezt bei dieser Nation Sitte ist. Dieß
wird den Bewohnern der Abendländer nicht sonderbar scheinen,
da in jenen Zeiten eben dieselbe Sitte bei ihnen üblich war.
Diesen Gebrauch hatten auch die Normannen, deren Gesetze
wir haben, in welchen die Morgengabe nicht höher als auf
den vierten Theil des Lehngutes festgesetzt ist.

**) Dieser Palast ist noch unter dem Namen Ziza vor-
handen, obschon verändert, indem man ihn im vorigen Jahrhundert nach der damaligen Sitte zu rechte gemacht hat.
Vieles, was dazu gehörte, fehlt, wie man aus der Beschrei-
bung sieht, welche Leander Alberti in seiner Reise durch
Italien (Leandro Alberti Viaggio d' Italia) davon
macht. In den Briefen des Kaisers Friedrich II. geschieht
dieses Palastes Erwähnung, und in den folgenden Zeiten
räumt ihn der König Alphonsus dem Antonius Panormita ein.

und meiner Frau soll bauen laſſen, wenn anders ihre
Großheit mir dieſe Gnade thun wird. Nach dieſem habe ich ihrer großen Perſon nichts mehr zu ſagen, mit
meinem Angeſicht zur Erde küſſe ich die Hände ihrer
Großheit, und zeichne mich auf dieſe Weiſe:

  Muſtafa Ben Muhammed, durch Gottes Gnade, Emir der Stadt Mudakah. Mudakah den 22ſten
des Monats Almoharoan 238 Muhammeds."

440.

 Am 1ſten Tag des Monats Auſah 238 wurde
ein Brief an den Emir von Mudakah geſchickt, und er
lautete alſo:

 „Der Emir Chbir Alaabbas Ben Alfadli Ben
Fazarrh küßt dir das Angeſicht, grüßt dich ſehr, und
meine Großheit ſagt dir, o Muſtafa Ben Muhammed,
daß meine große Perſon geleſen hat, daß du Vergnü-
gen gehabt haſt, daß deine Schweſter Miriem den
Emir der Stadt Zanklah, meinen Sohn zum Manne
nehme. Sie hat auch geleſen, daß deine Perſon meine
Tochter Aaziza zur Frau verlangt, und meine große
Perſon wird ſie dir gerne geben, wenn andre zwei Jahr
vorüber ſind, wo ſie dann im Alter von vierzehn Jah-
ren ſeyn wird. Meine Großheit wird das Geld des
Antheils, der dich von dem getroffen hat, was dein
Vater hinterlaſſen hat, auf die Erbauung eines großen
Haußes wenden, welches ſie dir wird bauen laſſen eine
Viertelſtunde Weges von dem Garten entfernt, den
bein Vater gemacht hat*), der freilich noch nicht fertig

---

*) Vielleicht der von Cubba, heut zu Tage Quartiere
de' Borgognoni genannt. Daraus ſehen wir, daß er ſeine
Entſtehung dem Muhammed Ben Aabd Allah zu danken hat,
und Alaabbas Ben Alfadli Ben Fazarrh den erwähnten Pallaſt
von Cubba (Pallazzo della Cubba) vollends ausgebaut hat.

iſt, den aber meine Großheit vollenden wird. Wir ſind alſo im Einverſtändniß, daß meine Tochter Aaziza deine Frau iſt, und du ihr Mann biſt, und daß ihr nach zwei Jahren euch vereinigen werdet: ich habe nichts weiter dir zu ſagen, küſſe dir das Angeſicht, als einem Sohn, grüſſe dich ſehr, und zeichne mich alſo:

Der Emir Ehbir Alaabbas Ben Alfadli Ben Fazärrh, durch Gottes Gnade, dein Herr. Jmedina Balirmu den 1ſten des Monats Auſah 238 Muhammeds."

441.

Am 1ſten des Monats Rabialkem 238 ward ein Brief an den Emir von Zanklah geſchickt, welcher alſo lautete:

„Der Emir Ehbir Alaabbas Ben Alfadli Ben Fazärrh küßt dir das Angeſicht, und ſagt dir, o Aabd Allah Ben Alaabbas, daß dieſes Papier dir von Muhammed Ben Aali gebracht werden wird, der ein Mann von meinem Rath iſt. Bei Leſung dieſes Briefs mußt du dich mit zwei hundert Mann zu Pferd auf den Weg machen, und nach Balirmu kommen, deine Frau zu nehmen. Vor deiner Abreiſe mußt du dieſen Mann von meinem Rath in der Regierung laſſen, bis du zurückkommen wirſt. In der Zeit, in welcher deine Perſon von Zanklah abweſend ſeyn wird, wird er alles einnehmen, was die Statthalter ſchicken werden, welche dir unterworfen ſind. Indeſſen hat meine Großheit nichts mehr dir zu ſagen, küßt dir das Angeſicht, und zeichnet ſich alſo:

Alaabbas Ben Alfadli Ben Fazärrh durch Gottes Gnade, Emir Ehbir, dein Vater. Jmedina Balirmu den 1ſten des Monats Rabialkem 238 Muhammeds."

442.

Am 26sten des Monats Dschamadilaub 238 ist eine Barke nach Susa geschickt worden, mit einem Papier für unsern Mulei, welches also lautete:

„Muhammed Ben Abu el Aabbas, durch Gottes Gnade, Mulei, Alaabbas Ben Alfadli Ben Fazarrh, Emir Chbir von Sicilien mit dem Angesicht zur Erde küßt die Hände der Großheit seines großen Gebieters Mulei, und meldet ihr, was folget:

Erstlich. Ihre Großheit wird in diesem Papier alle die Einnahmen finden, welche die Emire nach den Verordnungen gemacht haben.

Zweitens. Ich habe eine Kiste voll goldenen und silbernen Geldes, welches aus den von den Emirn geschehenen Verkäufen gezogen worden ist, abgeschickt, und sie wird auch in derselben die gezeichnete Anzeige der Summa finden, welche verkauft worden ist, und der Summa des Geldes, welches in der mit meinem Namen gesiegelten versiegelten Kiste enthalten ist.

Drittens. Mein Sohn Aabd Allah Ben Alaabbas Emir der Stadt Zanklah hat bereits Miriem, die Tochter des verstorbenen Emir Chbir zur Frau genommen, und gegenwärtig sind sie Mann und Weib in Zanklah.

Viertens. Ich habe dem Mustafa Ben Muhammed Emir der Stadt Mubakah meine Tochter Aziza zur Frau gegeben: aber sie werden sich nicht vereinigen, ehe zwei Jahre vorüber sind, und meine Tochter vierzehn Jahre hat. Mustafa Ben Muhammed hat seine Frau mit seinem ganzen Antheil begabt, der ihm an dem zugefallen ist, was sein Vater hinterlassen hat, und hat mich gebeten, daß ich von dem Gelde, welches er meiner Tochter zur Morgengabe gegeben hat, ein Haus bauen lasse, und einen Garten im Namen meiner Tochter Aaziza, und gegenwärtig wird daran gearbeitet, und wann alles vollendet seyn wird, werde ich sie vereinigen lassen, da noch zwei Jahre nöthig sind, um dieses Haus zu vollenden.

Fünftens. Kam das Lösegeld für viele Griechen, welche Sklaven in Balirmu sind, ich habe gesagt, daß ich gegen diejenige von unsern Leuten wechseln wolle, welche Sklaven zu Sarkusah sind; und habe auf diese Wiese gehandelt: ich habe einen Griechischen Sklaven in die Stadt Sarkusah geschickt, um dem Statthalter dieser Stadt zu sagen, daß meine Person die Sklaven nicht verkaufen, sondern sie gegen die Sklaven verwechseln wolle, welche in Sarkusah seyn, und die Auswechslung müsse Kopf für Kopf seyn. Dieser Mensch ist von Sarkusah nach Balirmu zurückgekommen, und hat neunhundert unserer Männer zurückgebracht, welche Sklaven in Sarkusah waren, und ich habe zur Erwiederung eben so viel geschickt. Ich habe nicht für gut gehalten sie zu Lande reisen zu lassen, sondern sie wurden zur See geschickt, mit Befehl, sie in der Gegend von Sarkusah auszuschiffen, und auf diese Weise habe ich die armen Leute getröstet, welche Sklaven um unsertwillen waren. Ich habe ihrer großen Herrlichkeit nichts mehr zu sagen: mit meinem Angesicht zur Erde küsse ich die Hände ihrer Großheit, und zeichne mich also:

Der Emir Chbir von Sicilien Alaabbas Ben Alfadli Ben Fazarrh, durch Gottes Gnade, Knecht der Großheit des Mulei. Imedina Balirmu den 26sten des Monats Dschamadilaud 238 Muhammeds."

443.

Am 20sten des Monats Reginab 238 ist die Barke zurückgekommen, welche wir am 26sten Tag des Monats Dschamadilaud nach Susa geschickt hatten, die uns ein Papier von unserem Mulei brachte, und es lautete auf diese Weise:

„Muhammed Ben Abu el Aabbas, durch Gottes Gnade vierter Mulei, berührt dir den Kopf, grüßt dich, und meine große Person sagt dir, o Alaabbas Ben Alsabli Ben Fazarrh, daß sie dein Papier empfangen hat, gegeben am 26sten Tag des Monats Dschamadilaud 238, in welchem meine Großheit gelesen hat, daß du die Auswechslung von neunhundert Griechischen Sklaven gegen neunhundert unserer Menschen gemacht hast, welche wegen unseres Dienstes die Sklaverei litten, und deswegen sagt dir meine große Person, daß du sehr wohl gethan hast. Sie giebt dir Nachricht, daß sie in deinem Brief die Anzeigen von allen Einnahmen gefunden hat, welche in diesem Jahre geschehen sind, und sie hat ebenfalls das Papier gelesen, in welchem das Geld verzeichnet war, welches aus den Verkäufen die geschehen sind, gezogen worden ist. Meine große Person hat die mit deinem Namen versiegelte Kiste erhalten, in welcher meine Großheit das Geld gefunden hat, von welchem in dem Papier geredet wird, welches du in dem Briefe beigeschlossen hast. Meine Großheit hat Vergnügen an den Heyrathen genommen, welche du deine Kinder mit denen des verstorbenen Emir Chbir hast machen lassen: in Wahrheit, du bist ein Mann von sehr großem Verstand, daß du diese für dein Haus so gute Sache gethan hast. Indessen billigt dir meine Herrlichkeit alles, was du ihr geschrieben hast; hat nichts mehr dir zu sagen, berührt dir den Kopf, grüßt dich sehr und zeichnet sich auf diese Weise:

Muhammed Ben Abu el Alaabbas, durch Gottes Gnade, Mulei, und dein großer Gebieter. Kairuan, den 2ten des Monats Reginab 238 Muhammeds."

444.

Am 28sten Tag des Monats Dschamadilaub 239 haben wir eine Barke nach Susa geschickt, mit einem Brief für unsern Mulei, welcher auf diese Weise lautete:

"Muhammed Ben Abu el Aabbas, durch Gottes Gnade, Mulei: Alaabbas Ben Alsabli Ben Fazärrh mit dem Angesicht zur Erde küßt ihrer sehr großen Herrlichkeit die Hände, und macht ihr bekannt, daß er den Brief empfangen hat, welchen ihre Großheit in dem verflossnen Jahr schickte, geschrieben am 2ten des Monats Reginab 238, und ich habe alles vollzogen, was mir ihre große Person in demselben befohlen hat. Ich sage ihrer Großheit, daß am 10ten des Monats Dschamadilaud jene drei Männer von meinem Rath zurückgekommen sind, welche gegangen waren, die Rechnungen mit den Emiren zu machen, und alle Statthalter zu besuchen, um zu sehen, ob die Sachen gut gingen. Diese haben bei ihrer Zurückkunft mir alles das Geld gebracht, das die Emire aus den geschehenen Verkäufen gezogen haben, und brachten mir das Verzeichniß von dem Getreide, der Gerste, dem Oel, das unverkauft geblieben ist: sie brachten auch die Verzeichnisse von allem dem, was eingezogen worden ist, sowohl von denen, welche Verbindlichkeit haben, die Auflage zu zahlen, welche ihre Felder tragen, als von denen, welche gehalten sind zu zahlen, um das Getreide aus Sicilien zu führen, und auch von allem Zuwachs, der sich in den Magazinen gefunden hat. Ihre Großheit wird alle Verzeichnisse in diesem Brief finden; damit ihre große Person sie lese. Das Geld, welches ihre Großheit in der Kiste empfangen wird, die ich an ihre große Person geschickt habe, besteht in siebentausend Goldstücken, und achttausend

Sil-

Silberstücken: und dieses ist das Geld, welches ihrer großen Herrlichkeit aus dem gehört, was verkauft worden ist.

Ich sage ihrer großen Person, daß ich denke, in wenigen Jahren (wenn anders ihre große Person es billiget) alle Leute von Sicilien, sowohl die unsrigen, als die Sicilischen, sie mögen reich oder arm seyn, auf folgende Weise zahlen zu lassen.

Erstlich. Alle Leute sollen ein Viertheil von einem Krus zahlen, oder ein Maaß (mondello) Getreide jedes Jahr im Monat Ausah.

Zweitens. In Ansehung derjenigen von den armen Leuten, welche arbeiten, wird jeder, der sie wird arbeiten lassen, verbunden seyn, für den Mann zu zahlen, der gearbeitet haben wird; und der Herr soll das, was er bezahlt haben wird, für sich zurückbehalten an dem, was er dem Arbeiter gibt.

Drittens. Die reichen Leute, welche eigenes Feld haben werden, wenn sie davon so viel besitzen, als ein Mann mit rechtem Schritt in einer Viertelstunde in die Runde umgehen kann, sollen für sich, und für das Weib einen halben Krus auf den Kopf zahlen: wenn sie so viel Feld haben werden, als man in einer halben Stunde umgehen kann, wie oben, so sollen sie das Doppelte zahlen, und so wird von Viertel zu Viertel die Verbindlichkeit halbe Krus zu bezahlen, zunehmen.

Viertens. Alle diejenigen, welche sich verheyrathen, sowohl Arme als Reiche, sollen auf diese Weise bezahlen*): wenn sie Feld oder Vieh

---

*) Diese Auflage hatte keine Dauer, wie man in der Folge bemerken wird. In den Verordnungen des Königreichs

besitzen werden, sollen sie zwei Krus bezahlen. Diejenigen Leute, welche weder Feld noch Vieh haben, sollen nur einen einzigen Krus bezahlen, und wenn sie nicht zahlen, sollen sie sich nicht verheyrathen können.

Fünftens. Wenn einer von diesen Leuten nicht bezahlen wird, so soll der Statthalter dafür antworten, und für sie zahlen, was sie nicht zahlen.

Sechstens. Die Leute, welche sechzig Jahre haben, die Invaliden, welche kein Feld noch Vieh haben, sollen nichts bezahlen. Diese Zahlung soll anfangen zusammen getragen zu werden von den Leuten im Monat Ausah des Jahrs 240.

Diese Leute sollen im Monat Ausah bezahlen, weil zu dieser Zeit die armen Leute alle in der Feldarbeit sind, und es geschickte Zeit ist, zahlen zu können, weil sie zu Arbeiten angestellt sind: aber für diejenigen, welche eine Frau nehmen wollen, wird kein Monat angewiesen, sondern sie sollen vorher zahlen, ehe sie sich mit der Frau vereinigen, und wenn sie nicht zahlen werden, so soll ihr Statthalter verantwortlich seyn.

Ich sage ihrer großen Person, daß die Griechen das Doppelte *) zahlen ließen, und so lassen sie die

---

·(Costituzioni del Regno) B. 3; Tit. 23. findet man die Freiheit der Heirathen unter den Normannen und Sueven eingeschränkt; aber sie ward im Anfang der Arragonischen Regierung gänzlich wieder hergestellt. S. Kap. 12 vom König Jakob.

— *) Er rechtfertigt das Kopfgeld, das hier beschrieben wird wie vorher schon gesagt worden ist, mit dem Beispiel des Griechischen Statthalters Theophanes. Diese forderten es noch zu diesen Zeiten doppelt so groß ein, als hier vorgeschla-

Leute zahlen, welche ihnen noch unterworfen sind. Diese Sache scheint mir gerecht, weil das Land, welches diese Leute besitzen, entweder von uns, oder von den Griechen gegeben worden ist. Die Griechen haben es eingeräumt mit der Bedingung zu bezahlen; wann sie also den Griechen nicht bezahlen, so müssen sie uns bezahlen, weil wir über sie die Herrschaft haben, welche die Griechen hatten; deren Erlangung uns den Tod so vieler Leute kostete, und deswegen fordern wir nicht über die Schuldigkeit von den Einwohnern Abgaben ein, sondern wir nehmen noch weniger, als von ihnen an die Griechen bezahlt wurde: indem wir sie anhalten könnten alles zu zahlen was sie den Griechen zahlten. Hernach die Leute, welchen wir das Feld gegeben haben, sind unterworfen, alle die Auflagen zu leiden, die wir ihnen festsetzen werden, denn wir sind immer Herren. Und in der That sind die Feldervertheilungen gemacht worden, weil wir sie nicht alle für unsre Rechnung können bauen lassen, und deswegen sind sie von uns vertheilt worden. Wir sind die vornehmsten Herren alles Sicilischen Landes; keiner wird sich über diese so gerechte Sache beklagen können, denn die Leute leben mit uns, und wir leben mit den Leuten.

Ich sage ihrer Großheit, daß die Thürme, welche um die Stadt her gebaut worden sind, bereits fertig sind, und die Arbeit täglich vorrückt, die zur Austrocknung des Meeres unternommen worden ist, damit es uns die Thürme, die wir gemacht haben, nicht verderben könne; denn einige derselben sind im Meer gebaut worden, und nun wirft man um diese Thürme her, Steine und Erde hinein, um sie vor dem Wasser des

---

gen wird. Die Saracenen fanden es so unerträglich, daß man es aufheben mußte.

Meers sicher zu stellen. Alle Gebäude welche angefangen waren, sind fast am Ende, und ich hoffe, daß auf ein anderes Jahr in Balirmu alles in Ordnung gebracht seyn wird. Indessen habe ich nichts weiter zu sagen: ich erwarte die Befehle ihrer großen Person, um meine Gedanken in Vollziehung zu setzen, und mit meinem Angesicht zur Erde küsse ich die Hände ihrer großen Herrlichkeit, und zeichne mich auf diese Weise:

Alaabbas Ben Alfadli Ben Fazárrh Emir Chbir von Sicilien, durch Gottes Gnade, Knecht der Großheit des Mulei. Imedina Balirmu den 28sten des Monats Dschamadilaud 239 Muhammeds."

445.

Am 25sten des Monats Reginab 239 ist die Barke zurückgekommen, welche am 28sten des Monats Dschamadilaud 239 nach Susa geschickt worden war, und sie brachte uns ein Papier von unserem Mulei, welches also lautete:

„Die Großheit deines großen Gebieters Muhammed Ben Abu el Aabbas, durch Gottes Gnade, Mulei, berührt dir den Kopf, grüßt dich und sagt dir, o Alaabbas Ben Alfadli Ben Fazárrh, daß meine große Person deinen Brief empfangen hat, geschrieben am 28sten Tag des Monats Dschamadilaud, in welchem meine Großheit die Gedanken gelesen hat, welche deine Person gehabt hat, alle Leute anzuhalten zu bezahlen, wie du meiner großen Person vorgelegt hast. Ueber dieses sagt dir meine Großheit nur allein unsere Leute hiezu anhalten zu müssen, und nicht auch die Sicilier, um sie nicht unzufrieden mit uns zu machen: wann wir Herren von ganz Sicilien seyn werden, so wird davon geredet werden, aber für jetzt ist es nicht Zeit, diesen Leuten Auflagen zu machen. Meine große Person hat die Kiste empfangen, mit deinem Namen versiegelt, in

unter den Arabern.

welcher meine Großheit alles das Geld gefunden hat, welches du in deinem Papier verzeichnet hast. Meine große Person hat die Verzeichnisse gelesen, welche in deinem Brief von allen Einnahmen waren, die in diesem Jahr geschehen sind, und von dem, was im verflossnen Jahr unverkauft blieb. Meine große Herrlichkeit hat Vergnügen genommen, daß die Gebäude der Jmedina Balirmu fast an ihrem Ende seyn. Indessen billigt dir meine große Herrlichkeit alles, was du gethan hast, so viel du davon in deinem Brief geschrieben hast; aber sie billigt dir nicht die Gedanken, die Sicilischen Leute zahlen zu lassen, und dieses ist auch die Meinung meines ganzen Rathes gewesen. Meine große Herrlichkeit hat für jezt nichts mehr dir zu sagen, berührt dir den Kopf, grüßt dich, und unterschreibt sich also:

Muhammed Ben Abu el Aabbas, durch Gottes Gnade, Mulei, dein großer Gebieter. Kairuan den 4ten des Monats Reginab 239 Muhammeds."

446.

Am 26sten des Monats Dschamadilaud 240 ist eine Barke mit einem Brief an unsern Mulei nach Susa geschickt worden, welcher also lautete:

„Muhammed Ben Abu el Aabbas Mulei, mit dem Angesicht zur Erde, Alaabbas Ben Alfadli Ben Fazarrh küßt die Hände seiner Großheit, und macht ihr bekannt, daß er das Papier ihrer großen Person im verflossnen Jahr empfangen hat, das vom 4ten des Monats Reginab war, welches ich gelesen habe, und habe den Befehlen gehorcht, die ihre große Person mir in demselben gegeben hat, die Leute von Sicilien nicht zum zahlen anzuhalten, wie ich vorgeschlagen hatte, sondern nur allein unsre Leute anzuhalten, welche ich in der That dazu angehalten habe, und sie haben im Monat Aufah 240 bezahlt, und man hat die Summe Geldes zusammen gebracht, welche ihre große Person in der Anzeige geschrieben sehen wird, die sie in diesem Brief beigeschlossen finden wird. Ich melde ihrer großen Herrlichkeit, daß die drei Männer von meinem Rath, welche ich geschickt habe, um die Rechnungen mit den Emiren zu machen, mir alles aufgezeichnet gebracht haben, und ihre Großheit wird alles in den Papieren lesen können, welche sie in diesem finden wird. Ich sage ihrer großen Person, daß ich zwei Kisten abgeschickt habe, in welchen alles Geld ist, welches sowohl aus den Verkäufen, die gemacht worden sind, als aus dem, was von unserm Volk durch die Auflage, die ich ihnen gemacht habe, eingezogen worden ist, wie ihre große Herrlichkeit mir befohlen hat. Die Gebäude, an welchen zu Balirmu gearbeitet wurde, sind schon gänzlich vollendet: nun werde ich anfangen darauf zu denken, daß ich Eroberungen mache. Indessen habe ich ihrer großen Person nichts weiter zu sagen: mit meinem Angesicht zur Erde küsse ich ihr die Hände und zeichne mich also:

Alaabbas Ben Alsadli Ben Fazärrh Emir Chbir von Sicilien, durch Gottes Gnade, Knecht der Großheit des Mulei Muhammed Ben Abu el Aabbas, Balirmu, den 26sten Dschamadilaub's 240 Muhammeds."

447.

Am 20sten des Monats Reginab haben wir ein Papier von unserm Mulei empfangen, mit der Barke, welche am 26sten des Monats Dschamadilaub 240 nach Susa geschickt worden ist, und das Papier lautete also:

„Mustafa Ben Abu el Aabbas, durch Gottes Gnade, Mulei, berührt dir den Kopf, grüßt dich sehr, und meine Großheit sagt dir, o Alaabbas Ben Alsadli

Ben Fazarrh, daß sie deinen Brief empfangen hat, geschrieben am 26sten des Monats Dschamabilaub 240, in welchem meine Person das Papier gefunden hat, worin die Einnahmen verzeichnet sind, die in diesem Jahr geschehen sind, und ich sehe, daß sie fast aufs Doppelte steigen, weil darin das Geld mit eingeschlossen ist, das aus der Taxe gezogen wurde, welche unsern Leuten gemacht worden ist. Diese Taxe ist gewiß eine gute Sache, aber noch ist es nicht Zeit, sie für alles Volk von Sicilien festzusetzen, in der Folge jedoch wird es nöthig seyn, es zu thun; denn meine Großheit hat bereits eine ähnliche Taxe in Kairuan aufgelegt, welche mir viel Geld eingebracht hat. Meine Großheit hat die zwei Kisten empfangen, gesiegelt mit deinem Namen, in welchen das Geld war, welches meine große Person in deinem Papier verzeichnet gefunden hat. Meine große Person hat Vergnügen gehabt, daß alle Gebäude von Balirmu bereits vollendet seyn, und daß nun deine Person darauf denken wird, sich des übrigen Siciliens zu bemächtigen. Meine große Herrlichkeit billigt alles, was du auf die Weise gethan hast, mit welcher du in deinem Papier geschrieben hast. Indessen hat meine Großheit für jetzt nichts mehr dir zu sagen, berührt dir den Kopf, und zeichnet sich also:

Muhammed Ben Abu el Aabbas, durch Gottes Gnade, Mulei, dein Gebieter. Kairuan, den 2ten des Monats Reginab 240 Muhammeds."

448.

Am 10ten des Monats Alinoharoan 241 haben wir einen Brief aus Mubakah empfangen, geschickt von dem Emir Mustafà, Ben Muhammed, welcher also lautete:

„Alaabbas Ben Alfadli Ben Fazarrh, durch Gottes Gnade, Emir Chbir, der Emir Mustafà Ben

Muhammed mit dem Angesicht zur Erde küßt ihrer großen Person die Hände, und macht ihr bekannt, daß der Statthalter der Stadt Geluna mir geschrieben hat, daß vierzig Schelandien des feindlichen Volks nach Aalkatah gegangen sind, und sich dieser Stadt bemächtigt haben. Unsere Leute hatten Gelegenheit zu fliehen, und retteten sich in die Stadt Geluna. Nach diesem erwarte ich die Befehle ihrer großen Person für das, was ich thun soll. Es ist mir weiter nichts übrig zu sagen; mit meinem Angesicht zur Erde küsse ich die Hände ihrer Großheit, und zeichne mich auf diese Weise:

der Emir Mustafa Ben Muhammed, durch Gottes Gnade, Knecht des Emir Chbir. Stadt Mubakah, den 6ten des Monats Almoharoan 241 Muhammeds."

449.

Am 26sten Tag des Monats Dschamabilaub 241 ward eine Barke mit funfzig Mann nach Susa geschickt, mit einem Papier für unsern Mulei, welches also lautete:

Muhammed Ben Abu el Aabbas, durch Gottes Gnade, Mulei: Alaabbas Ben Alfadli Ben Fazärrh mit dem Angesicht zur Erde küßt die Hände ihrer großen Herrlichkeit, und macht ihrer Großheit erstlich bekannt, daß sie in diesem Briefe die Anzeigen finden wird, in welchen sie alles sehen wird, was in diesem Jahr eingenommen worden ist. Sie wird auch die Anzeige alles Geldes finden, das mir die drei Männer von meinem Rath gebracht haben, die ich abgeschickt habe, sowohl den Emiren als den Statthaltern den Besuch zu machen; welches Geld aus den Verkäufen gezogen worden ist, die geschehen sind, und aus der Taxe, die unsern Leuten auferlegt worden ist. Ihre Großheit wird alles Geld in zwei mit meinem Namen versiegelten

Kisten empfangen. In diesem Jahr ist weniger Geld zusammengebracht worden, als im vorigen, weil der größte Theil der Leute, welche dem Emir Mustafá Ben Muhammed unterworfen sind, nicht bezahlt hat, und wir werden sie nicht anhalten in diesem Jahr zu bezahlen, weil ihnen ein großes Unglück begegnet ist, und es ist das folgende. Deine große Person wisse, daß am 6ten des Monats Almoharoan 241 Mustafá Ben Muhammed Emir von Mudakah mir Nachricht gegeben hat, daß an der Küste von Aalkatah vierzig Schelandien von den Feinden angekommen sind, welche sich ausschifften, und sich dieser Stadt bemächtigten: die Unsern flohen und retteten sich in die Stadt Geluna. Sobald ich diese so traurige Nachricht empfangen habe, habe ich mich angeschickt, eine Armee zu bilden, und erwartete, bis der Monat Rabialkem kam, damit ich in Person abreisete. Also sage ich ihrer großen Herrlichkeit, daß ich am 10ten Tag des Monats Rabialkem 241 von Balirmu mit der Armee von zwanzigtausend Mann auszog: vor meiner Abreise habe ich die Regierung den Leuten meines Rathes überlassen, und habe keinen Emir berufen, um an meiner Statt zu regieren. Am 10ten desselben Monats Rabialkem, vor Untergang der Sonne, sind wir zwei Stunden Wegs weit von Aalkatah angekommen: wir haben uns gelagert, um ein wenig Ruhe zu nehmen. Nachdem wir ein wenig geruhet hatten, ist es dunkel worden, und wir machten uns auf den Weg gegen die Küste von Aalkatah, um zu verhindern, daß das feindliche Volk mit seinen Schelandien fliehen könnte. Wir sind auf dieser Küste angekommen, wo sich funfzehn Schelandien fanden: ich habe auf jede derselben hundert Mann gethan, damit, wann die feindliche Mannschaft käme sich einzuschiffen, sie von den Unsrigen in Stücken gehauen würde. Beim Anbruch des Tages sind wir glücklich in die Stadt gezogen, weil in eben derselben Nacht die Feinde die Festung und die Stadt verlassen hatten, und nach der Stadt Bothirah *) gegangen waren: wir haben uns gelagert, um auszuruhen, indem wir uns sehr müde befanden. Am 20sten desselben Monats Rabialkem 241 habe ich von diesen Schelandien fünf nach Marset Allah, und zehen nach Kamarinah geschickt, um sie hernach mit unsern Leuten schiffen zu lassen. Die Feinde hatten sich alles Getreides und aller Gerste bemächtiget, die auf Rechnung der Eigenthümer in den Magazinen aufbewahrt war, welche es aus Sicilien ausführen wollten, und es bereits mit ihren Schelandien nach Sarkusah geschickt hatten: von unserer Rechnung war nichts in den Magazinen, als der Zuwachs, weil das andere nach dem Inhalt der Verordnungen nach Kamarinah gebracht worden war. Mit diesem haben diese Feinde Gottes und Unser so viele Leute arm gemacht, indem sie ihnen alles genommen haben, und in diesem Jahr hat der größte Theil nicht gesäet. Ich habe alle, welche nichts zu säen hatten, nach Kamarinah geschickt, um zu nehmen, was ihnen zum Säen nöthig war, und für das neue Jahr wenigstens finden sich diese Felder mit Saaten bedeckt. Am 2ten des Monats Dschamadilaud bin ich von Aalkatah abgereiset, und vor meiner Abreise habe ich zwei tausend Mann Besatzung in dieser Stadt gelassen. Am 4ten desselben Monats zwei Stunden vor Mittag kamen wir eine Viertelstunde Wegs weit von Bothirah an: nachdem wir Lager ge-

---

*) Bothirah, ein Land, welches noch den Namen Butera hat. Die Chronik von Cambridge sagt davon: Anno 6362 (anno 854) capta est Bothira. (Im Jahr 6362 (854) ist Bothira eingenommen worden) Bei uns wird das Jahr 241 angegeben, welches mit 855 übereintrift.

faßt hatten, ließ ich die Mannschaft ein wenig ausruhen, und man gab allen zu essen. Nachdem wir Ruhe genommen hatten, habe ich meinen Leuten Befehl gegeben, daß sie keinem Griechen, den sie irgend anträfen, den Tod sparen sollten. Wir machten uns auf den Weg, und gerade um Mittag haben wir der Stadt welche sehr groß ist, den Angriff gegeben. Eine Stunde vor Untergang der Sonne waren wir schon Meister der Festung. Alles Volk, das in derselben gefunden wurde, ward in Stücken gehauen. Als diese Arbeit geendigt war, befahl ich, daß die Mannschaft sich lagerte und ausruhete. Am 5ten habe ich die Unsrigen, welche getödtet worden waren, begraben lassen, welche sich auf die Zahl von sechs hundert und drei und zwanzig beliefen; ich habe hernach die Körper der todten Feinde zusammenbringen und verbrennen lassen, und es waren an der Zahl fünfhundert und acht und sechzig, weil der größte Theil sich mit der Flucht gerettet hatte, während daß ich mich noch in Aalkatah befand. In den Häußern, wo die Griechischen Leute waren, hat man nichts gefunden, als tausend Lasten Getreide, und sechshundert Lasten Gerste, welche ich zum Vorrath für die Leute zurückgelassen habe, welche ich nach Aalkatah und Bothirah bestimmt hatte, und ich glaube, daß es für sie genug seyn sollte bis zur neuen Aerndte, und wann etwas fehlen möchte, so wird es sicher nur eine kleine Summe seyn. In der Festung ist wenig Haabe gefunden worden, die ich den armen Leuten dieser Stadt habe austheilen lassen. Sobald ich mich der Festung bemächtigt habe, kamen die Großen dieser Stadt mir die Hände zu küssen, und ich habe alle gegrüßt, und habe mich mit ihnen gefreut. Den Tag, nachdem ich mich von dieser Stadt Meister gemacht hatte, haben mir die Großen sechshundert Geldstücke von Silber, und hundert von Gold verehrt. Sie haben hundert Ochsen gegeben, und funfzig Schöpse, um sie schlachten zu lassen, und meiner Mannschaft zu essen zu geben. Ich habe alles genommen, und habe ihnen gedankt. Ich habe befohlen, in dieser Festung die Ruinen auszubessern, die wir gemacht hatten, und gegenwärtig ist alles in Ordnung: die Festung ist sehr groß. Am 15ten Tag des Monats Dschamadilaud 241 reiste ich von Bothirah ab, und vor meiner Abreise habe ich zwei tausend Mann Besatzung zurückgelassen, wie ich in Aalkatah gethan hatte; denn diese Orte, die nicht weit von Kassarjaniah und von Sarkusah entfernt sind, muß man mit zahlreicher Besatzung verwahren, damit sie sich gegen die feindliche Mannschaft vertheidigen können. Am 21 desselben Monats kam ich mit meiner Armee in Balirmu an, da es nicht mehr taugliche Zeit ist, umherzuziehen, und Eroberungen zu machen. In Balirmu habe ich gefunden, daß alles gut ging, denn mein Rath hat so weislich regiert, daß keiner ist, der sich darüber beklage. Nach diesem habe ich ihrer Großheit nichts mehr zu sagen: ich erwarte immer die Befehle ihrer großen Person, um sie zu vollziehen, und mit meinem Angesicht zur Erde küsse ich ihr die Hände, und zeichne mich also:

Alaabbas Ben Alfadli Ben Fazdrrh, durch Gottes Gnade, Emir Chbir, Knecht der Großheit seines großen Gebieters Mulei Muhammed Ben Abu el Aabbas. Imedina Balirmu, den 26sten des Monats Dschamadilaud 241 Muhammeds."

450.

Am 25sten des Monats Reginab 241 hat man ein Papier von unserm Mulei empfangen, welches uns von der Barke überbracht wurde, die wir am 26sten des Monats Dschamadilaud 241 nach Susa geschickt hatten, und es lautete also:

Die große Person deines großen Gebieters Muhammed Ben Abu el Aabbas, durch Gottes Gnade, Mulei, berührt dir den Kopf, und sagt dir, o Emir Chbir von Sicilien Alaabbas Ben Alfabli Ben Fazàrrh, daß meine Großheit dein Papier, geschrieben am 26sten des Monats Dschamabilaud 241, empfangen hat, in welchem die Anzeigen aller Einnahmen beigeschlossen waren, die geschehen sind; und sie hat auch die zwei mit deinem Namen versiegelten Kisten empfangen, in welchen das Geld war, wovon du meiner Großheit Nachricht gegeben hast, und sie hat es richtiggefunden.

Meine große Herrlichkeit sagt dir, o Alaabbas Ben Alfabli Ben Fazàrrh, daß sie sehr hohes Vergnügen empfunden hat, da sie gehört hat, daß du mit so großer Tapferkeit die Stadt Aalkatah wieder eingenommen und die Stadt Bothirah erobert hast: ich hoffe, daß deine Tapferkeit alles feindliche Volk, das noch in Sicilien übrig ist, verjagen werde. Indessen billigt dir meine große Herrlichkeit alles das, was du auf die Weise gethan hast, wie du in deinem Brief geschrieben hast. Sie hat nichts mehr dir zu sagen; berührt dir den Kopf, grüßt dich sehr, und zeichnet sich also:

Muhammed Ben Abu el Aabbas, durch Gottes Gnade, Mulei, dein großer Gebieter. Kairuan, den 5ten des Monats Reginab 241 Muhammeds."

451.

Am 25sten Tag des Monats Schahaban 241 ward ein Brief an den Emir von Marset Allah geschickt, welcher also lautete:

„Alaabbas Ben Alfabli Ben Fazàrrh durch Gottes Gnade, Emir Chbir küßt dir die Stirne, und meine Großheit sagt dir, o Emir Schibet Ben Aau, die

Schelandien nach Balirmu zu schicken, welche in Marset Allah sind. Meine Großheit hat für jezt nichts mehr dir zu sagen, grüßt dich sehr, und zeichnet sich also:

Alaabbas Ben Alsadli Ben Fazarrh, durch Gottes Gnade, Emir Chbir, dein Herr, der dir befiehlt. Balirmu den 25sten des Monats Schahaban 241 Muhammeds."

452.

Am 26sten des Monats Schawal 242 haben wir einen Brief von dem Emir von Marset Allah empfangen, welcher also lautete:

„Emir Chbir Alaabbas Ben Alsadli Ben Fazarrh, der Emir Schibèt Ben Aab mit dem Angesicht zur Erde küßt die Hände seiner großen Person, und meldet ihr, den Brief ihrer Großheit empfangen zu haben, geschrieben am 25sten des Monats Schahaban 241, und indem ich die Befehle ihrer Großheit las, habe ich sogleich angefangen, die fünf Schelandien auszurüsten, welche unausgerüstet waren, und als sie fertig waren, habe ich sie mit eben der Mannschaft abgeschickt, welche sie nach Marset Allah gebracht hatte, und dieser Brief wird ihrer großen Person von dem ersten Anführer der Schelandien überreicht werden. Indessen habe ich nichts weiter zu sagen: mit meinem Angesicht zur Erde küsse ich die Hände ihrer großen Person, und zeichne mich auf diese Weise:

Der Emir Schibèt Ben Aali, durch Gottes Gnade, Knecht der Großheit des Emir Chbir. Marset Allah den 4ten des Monats Schawal 242 Muhammeds."

453.

Am 20sten des Monats Ausah 242 haben wir ein Papier an den Emir von Mudakah geschickt, und es lautete also:

„Alaabbas Ben Alfadli Ben Fazárrh, durch Gottes Gnade, Emir Ehbir, küßt dir das Angesicht, grüßt dich sehr, und sagt dir, o Mustafà Ben Muhammed, sogleich dem Statthalter von Kamarinah Befehl zu geben, daß er alle Barken rüsten soll, und die zehn Schelandien, welche an jener Küste sind, und sie nach und nach bewafnen, weil meine Großheit im neuen Jahr den Aali Ben Aabd Alrahman ausziehen lassen wird, um eine Unternehmung zu machen. Meine Großheit sagt dir, o Mustafà Ben Muhammed, daß das Haus deiner Gemalin Aaziza bereits vollendet, und sehr schön geworden ist; daher wird dir im neuen Jahr meine Großheit Nachricht geben, um nach Balirmu zu kommen, deine Gemalin Aaziza zu nehmen. Nach diesem hat meine große Person nichts weiter dir zu sagen; küßt dir das Angesicht, und zeichnet sich auf diese Weise:

Der Emir Ehbir Alaabbas Ben Alfadli Ben Fazárrh, dein Herr. Jmedina Balirmu den 20sten des Monats Aufah 242 Muhammeds."

454.

Am 8ten des Monats Dschamadilaud 242 ward eine Barke mit funfzig Mann nach Susa geschikt, um unserm Mulei einen Brief zu bringen, welcher also lautete:

„Muhammed Ben Abu el Aabbas, durch Gottes Gnade, Mulei, Alaabbas Ben Alfadli Ben Fazárrh mit dem Angesicht zur Erde küßt die Hände ihrer Großheit, und meldet ihr, daß im verfloßnen Jahr der Brief ihrer großen Person empfangen worden ist, welcher das Datum vom 5ten des Monats Reginab, 241 trug, in welchem ich gelesen habe, daß ihre große Herrlichkeit die zwei Kisten mit dem Gelde erhalten, und daß sie die Anzeigen der Einnahmen gelesen hat. Ich sage ihrer Großheit, daß sie in diesem Brief die Anzeige von allen Einnahmen finden wird, welche in diesem Jahr geschehen sind, und auch von dem Gelde, welches mir jene Männer des Raths gebracht haben, die gegangen sind auf meinen Befehl nach dem Inhalt der Verordnungen die Rechnungen mit den Emiren zu halten. Ich habe zwei Kisten abgeschickt, in welchen sechstausend Goldstücke und neun tausend Silberstücke sind, und dieses ist das Geld, das aus den Verkäufen gezogen worden ist, welche die Emire gemacht haben: es sind sodann ferner darin dreizehntausend große Silberstücke, und dieß ist das Geld, welches unsere Leute als die Taxe bezahlt haben, die aufgelegt worden ist: dieses ist alles das Geld, welches in diesem Jahr für Rechnung ihrer großen Herrlichkeit eingenommen worden ist.

Ich sage ihrer höchsten Großheit, daß ich am 6ten des Monats Rabialkem mit der Armee von achtzehntausend Mann von Balirmu abgereist bin, um auf Eroberungen auszugehen. Vor der Abreise habe ich die Regierung den Männern meines Raths gelassen. Am 10ten desselben Monats bin ich eine Stunde Wegs von der Stadt Barubuh *) angekommen: ich habe für diese Nacht Lager geschlagen, und habe meine Mannschaft ruhen lassen, und ich habe angefangen zu denken, was gethan werden müßte. Als es Tag war habe ich das Niedere dieser Stadt von meiner Armee umgeben lassen, um zu versuchen, ob durch Verhinderung der Lebensmittel ich sie durch Hunger einnehmen könnte,

und

―――――――――――――――――――――

*) Barubuh, eine Stadt nahe an Calatauturo und Sclafani, genannt Paropus, man glaubt, es sey Colesano. Es war, wie man sieht, eine große Stadt mit dem Unterschied des Ordo und Populus.

und so unsern Leuten der Tod erspart würde: wir verweilten drei Tage ich und meine Leute eine Viertelstunde Wegs entfernt um diese Stadt her. Am 14ten Tag desselben Monats beim Anbruch des Tages habe ich vor meiner Person zwanzig Mann zu Pferd erscheinen sehen, welche vom Sattel abstiegen, mir die Hände küßten und ich, da ich mich mit ihnen freute, habe zu ihnen gesagt: Was wollet ihr, ihr guten Leute? Und sie haben mir geantwortet: Höre, o Herr, du bist unser Gebieter, und deswegen sind wir gekommen, dir Treue zu schwören und Gehorsam, und eben dasselbe thut das ganze Volk der Stadt. Ich habe zu ihnen gesagt: Höret, o ihr guten Leute, ich bin der Emir Ebhir von Sicilien, und deswegen sage ich euch, daß ihr sollet betrachtet werden als Söhne, und sollt Herren aller eurer Güter bleiben. Ich will wissen, ob in der Stadt viel Griechisches Volk ist. Sie haben mir gesagt, daß nur achthundert Mann darin seyn, welche die Festung bewachen: es seyn jedoch keine Familien mehr darin, weil schon vor drei Jahren die Familien nach Sklavinah*) gezogen seyn. Da ich diese Erzählung gehört habe, sind wir in die Stadt hinaufgezogen: ich habe die Festung nicht belagern lassen, um keine von meinen Leuten umkommen zu lassen: ich habe Befehl gegeben, daß man Holz zusammen bringen, die Festung damit umgeben und es mit allen jenen achthundert Mann verbrennen sollte. Sobald man anfing, Holz aufzuhäuffen, so fing die feindliche Mannschaft an zu schreien und zu weinen, und sagte, sie

---

*) Sklafinah. In andern Stellen heißt sie Asklafinah. Heut zu Tag Slafani, ein Freiherrngut.

wolle nicht streiten, sie alle seyn bereit das Thor der Festung zu öffnen. Ich habe Befehl gegeben, daß man kein Holz mehr anlegen, und es nicht anzünden sollte. Da sie die Festung öffneten, sind wir hineingegangen: ich habe die feindliche Mannschaft in diesem sichern Ort einschließen lassen, mit dem Versprechen, sie nicht durch die Schärfe des Schwerdtes zu tödten. Am 16ten desselben Monats habe ich zweitausend Mann von den Meinigen zugleich mit jenen achthundert Griechen abgeschickt, und habe sie nach Balirmu geschickt, um sie in Arbeit zu setzen mit Eisen an den Füßen. Ich habe Befehl gegeben, daß diese Griechische Leute nicht mißhandelt werden sollten, und daß man ihnen zu essen geben solle, wie man den unsrigen giebt. Man hat nichts von Geräthe, Geld und Silber gefunden, denn diese Griechische Leute waren sehr arm. Die Einwohner hingegen sind reich, und haben mir vierzig Geldstücke in Gold, und hundert silberne gegeben. Ich habe sie genommen, und habe ihnen dafür gedankt. Sie haben überdieß sechzig Schöpse gegeben, und ich habe ihnen auch für dieses gedankt. Am 17ten, bei Tages Anbruch reiste ich von der Stadt Barnbuh ab, und ließ vorher tausend Mann Besatzung in derselben, um die Festung zu bewachen, welche sehr groß und sehr schön ist. In wenig Stunden bin ich bei der Stadt Razul el Thur *) ange-

---

*) Razul el Thur, Calata del toro, Abhang des Stiers. Man weiß im Alterthum den Namen dieser Stadt nicht. Vielleicht hatte sie ihren Namen von irgend einem Zufall bekommen, der sich auf Abhang des Stiers bezieht. Die Saracenen sprachen mit ihren Wörtern aus, was dieser Name bedeutet; daher hat man hernach gesagt, und sagt man insgemein auch noch heut zu Tage Calatanturo. In diesen Zeiten war es eine Stadt.

kommen: wir sind glücklich in diese Stadt eingezogen, ohne Hand an die Waffen zu legen, und kaum waren wir in der Stadt, so kamen, nachdem ich die unsrigen sich hatte lagern lassen, die Großen dieser Stadt mir die Hand zu küssen. Die Griechen flohen zu der Zeit, da ich in der Stadt Barubuh war. Die Großen übergaben mir die Schlüssel der Festung, welche sehr alt ist, sie haben mir sechs und zwanzig Goldstücke und sechzig Silberstücke gegeben: ich habe sie genommen, und habe ihnen gedankt, sie haben überdieß zwanzig Schöpfe gegeben, um meine Mannschaft sie essen zu lassen, und für dieses habe ich ihnen auch gedankt. Ich habe Befehl gegeben, daß diese Festung wiederhergestellt werden sollte. Die Großen haben den Kalch zur Erbauung angeboten, und ich habe ihnen gedankt. Am 25sten desselben Monats Rabialkem 242 reiste ich aus der Stadt Nazul el Thur ab, und vor meiner Abreise habe ich daselbst tausend Mann gelassen, zur Besatzung und zur Wiederherstellung der Festung, welche groß ist, aber sehr alt und verfallen, so daß ich glaube, sie werde fast ganz von neuem aufgebaut werden müssen. An eben demselben Tag, an welchem ich von Nazul el Thur abgereist bin, vor Untergang der Sonne, bin ich unter dem Berg angekommen, auf welchem die Stadt Sklafinah liegt. Wir haben uns für diese Nacht gelagert, und beim Anbruch des Tags, sind wir auf diesen Berg hinaufgezogen, und die Stadt ward angegriffen, welches uns gelang, obschon es uns große Arbeit gekostet hat; die Sonne war nicht untergegangen, und schon waren wir Meister von der Stadt und von der Festung, um welcher willen wir große Strapazen auszustehen hatten, ehe wir uns derselben bemächtigten. Die Leute, welche in der Festung gefunden worden sind, wurden alle mit der Schärfe des Schwerdtes getödtet: wir haben uns für diese Nacht gelagert. Beim Anbruch des Tags am 26sten desselben Monats habe ich meine

Mannschaft begraben lassen, die bei diesem Angriff gestorben ist, welche an der Zahl fünfhundert und siebenzehn waren: von den Feinden sind gestorben sechshundert und drei und achtzig, welche ich habe verbrennen lassen. Es war nur eine geringe Zahl von Griechischen Einwohnern vorhanden: denn sie waren geflohen. Von Siciliern ist in dieser Stadt die Zahl von drei tausend, an Männern, Weibern und Kindern, welche alle arm sind. Die Haabe, welche sich von den Feinden gefunden hat, hat man unter die Einwohner vertheilen lassen, und so sind sie bekleidet worden. An Geld hat sich nichts gefunden. Ich habe daselbst tausend Mann Besatzung gelassen, zur Bewachung dieser Festung, und um sie auszubessern, weil sie sehr stark ist, so daß tausend Mann von unserm Volk in dieser Festung sich vor sechs tausend Griechen nicht fürchten. Ich reiste von Sklasinah am 2ten Tag des Monats Dschamadilaud 242 ab, und bin mit meiner Mannschaft am 6ten desselben Monats Dschamadilaud in Balirmu angekommen. Ich habe gefunden, daß alles gut ging, indem die Leute meines Raths weislich regiert hatten. Ich habe ihrer großen Person nichts weiter zu sagen: mit meinem Angesicht zur Erde küsse ich die Hände ihrer Großheit, und zeichne mich also:

Alaabbas Ben Alfadli Ben Fazarrh Emir Ehbir durch Gottes Gnade, Knecht der Großheit des Mulei Muhammed Ben Abu el Aabbas. Imedina Balirmu den 8ten des Monats Dschamadilaud 242 Muhammeds."

455.

Am 26sten des Monats Kanun-Alassam 242. haben wir ein Papier empfangen, welches unser Mulei uns mit der Barke schickte, welche wir am ach-

unter den Arabern. 37

ten Tag des Monats Dschamabilaud 242 nach Susa gesendet hatten, und es lautete also:

„Die Großheit Muhammed's Ben Abu el Aabbas, durch Gottes Gnade, vierten Mulei's berührt dir den Kopf, grüßt dich, und sagt dir, o Alaabbos Ben Alsadli Ben Fazárrh, daß die Großheit deines großen Gebieters deinen Brief empfangen hat, geschrieben am dritten Tag des Monats Dschamabilaud 242, in welchem meine große Person die Anzeigen aller Einnahmen gefunden hat . . . . in diesem
. . . und hat empfangen . . . .
. . . . welche . . . .
. . . .
. . . . Frucht der . . . .
geschehen sind, und der . . . . . Leute . . .
. . Meine große Herrlichkeit hat gelesen, daß deine Person sich dreier Städte bemeistert hat, worüber meine Großheit Vergnügen gehabt hat. Meine große Person billigt dir sehr alles, was du gethan hast, nach Maasgabe dessen was du geschrieben hast . . . .
. . . .
. . . . meine Großheit hat nicht . . . .
. . . berührt dir den Kopf, grüßt dich sehr, und zeichnet sich also:

Muhammed Ben Abu el Aabbas, durch Gottes Gnade, vierter Mulei, dein großer Gebieter. Kairuan den 3ten des Monats Kanun Alassam 242 Muhammeds."

456.

Am 26sten des Monats Schahaban 242 ward ein Brief an den Emir von Mudakah geschickt, und er lautete also:

„Alaabbas Ben Alfadli Ben Fazárrh küßt dir das Angesicht, und sagt dir, o Mustafá, Ben Muhammed, Emir der Stadt Mudakah, daß meine Großheit von Balirmu nach Kamarinah zehn Schelandien geschickt hat, welche mit zweihundert Mann jede, bewaffnet sind. Wann die zehn Schelandien in Kamarinah ankommen, so muß deine Person von Mudakah nach Kamarinah gehen, um jene andre zehn Schelandien in Ordnung bringen zu lassen, welche an dieser Küste sind: auf deren jede du zweihundert Mann bestimmen mußt, und indem du sie mit den zehn vereinigest, welche meine Großheit dir von Balirmu schickt, mußt du das Commando aller zwanzig Schelandien dem Aali Ben Aabd Alrahman geben, und zum Statthalter dieser Stadt den Kadhy des Aali Ben Aabd Alrahman für die Zeit seiner Abwesenheit lassen. Im Monat Adar 243 mußt du sie abfahren lassen, und wann die Abschickung geschehen seyn wird, mußt du mit vierhundert Mann zu Pferd nach Balirmu kommen, um deine Gemalin Aaziza zu nehmen. Indessen hat meine Großheit nichts mehr dir zu sagen; küßt dir das Angesicht, grüßt dich sehr, und zeichnet sich auf diese Weise:

Alaabbas Ben Alfadli Ben Fazárrh, durch Gottes Gnade, Emir Ehbir dein Herr. Balirmu, den 26sten des Monats Schahaban 242 Muhammeds."

457.

Am 24sten des Monats Edilkaban 243 hat man einen Brief aus Kamarinah empfangen, welcher auf diese Weise lautete:

„Alaabbas Ben Alfadli Ben Fazárrh Emir Ehbir, durch Gottes Gnade, der Emir Mustafá Ben Muhammed mit dem Angesicht zur Erde küßt die Hände ihrer Großheit, und macht ihr bekannt, daß

Aali Ben Aabd Alrahman mit den zwanzig Schelandien an die Küste von Kamarinah gekommen ist, und mir davon Nachricht gegeben hat, mit der Nachricht fünf feindliche Schelandien gebracht zu haben, und acht Barken mit Getreide, Gerste, Lein und Wolle beladen, welche auf dem Weg nach Sarkusah waren. Sobald ich den Brief gelesen habe, habe ich mich aufs Pferd gesezt, und bin mit noch dreißig Mann ebenfalls zu Pferd nach Kamarinah gegangen, und habe alles das Gut gesehen, das Aali Ben Aabd Alrahman gebracht hat; ich habe nichts ausladen lassen, ehe ihre Großheit mir Befehl dazu giebt. Von Griechischem Volk waren auf diesen Schelandien sechzig Mann auf jeder, und auf den Barken acht und vierzig für jede. Ich habe die Sklaven aussteigen lassen, und habe sie in ein Magazin bringen lassen, mit den Eisen an den Füßen, und nachdem unsern Schelandien die Vorräthe erneuert worden, habe ich sie wieder abfahren lassen, weil dieses das Wohlgefallen des Aali Ben Aabd Alrahman, und des von ihm angeführten Volkes war. Unsere Schelandien sind zugleich mit den Beuten zu Kamarinah angekommen, am 10ten des Monats Edilkadan, und am 18ten desselben Monats habe ich sie wieder abfahren lassen. Ich erwarte nun die Befehle ihrer großen Person, um zu wissen, was ich thun soll, und ich werde mich nicht von Kamarinah entfernen, wenn ich nicht vorher die Befehle ihrer Großheit empfangen werde. Mit meinem Angesicht zur Erde küsse ich die Hände ihrer großen Person, und zeichne mich auf diese Weise:

Mustafa Ben Muhammed, durch Gottes Gnade, Knecht der Großheit des Emir Chbir. Stadt Kamarinah den 20sten des Monats Edilkadan 243 Muhammeds."

458.

An eben demselben Tag, den 26ſten des Monats Edilkadan 243 haben wir funfzehn Barken nach Kamarinah geſchickt, und einen Brief an den Emir von Mudakah, welcher alſo lautete:

„Alaabbas Ben Alſadli Ben Fazörrh Emir Chbir küßt dir das Angeſicht, grüßt dich ſehr, und meine Großheit ſagt dir, o Emir Muſtafa Ben Muhammed, deinen Brief empfangen zu haben, geſchrieben am 24ſten des Monats Edilkadan 243 in welchem meine Großheit geleſen hat, daß Aali Ben Aabd Alrahman fünf Schelandien und acht Barken nach Kamarinah gebracht hat. Meine große Perſon ſchickt dir funfzehn Barken, um die Beuten und die Sklaven fortzubringen, und deswegen, wann du dich von der Mühe, die Barken und Beuten nach Balirmu zu ſenden, wirſt frei gemacht haben, ſo mußt du ſogleich nach Mudakah zurückkehren. Meine Großheit ſagt dir, daß du dich als ein Mann von Verſtand betragen haſt, indem du, nach erhaltner Nachricht von Aali Ben Alrahman von ſeiner Ankunft zu Kamarinah, dich ſogleich in dieſe Stadt begeben haſt, um alle Dinge vor dir ſelbſt zu ſehen, und haſt ſehr wohl gethan, ihn wieder auslaufen zu laſſen. Für jetzt hat meine Großheit nichts mehr dir zu ſagen; küßt dir das Angeſicht, grüßt dich ſehr, und zeichnet ſich alſo:

Alaabbas Ben Alſadli Ben Fazörrh, durch Gottes Gnade Emir Chbir, dein Herr, der dich liebt als einen Sohn. Imedina Balirmu den 26ſten des Monats Edilkadan 243 Muhammeds.“

459.

Am 6ten des Monats Rabialkem 243 hat man einen Brief von Mudakah empfangen, welcher alſo lautete:

„Alaabbas Ben Alfadli Ben Fazarrh, durch Gottes Gnade, Emir Chbir, der Emir Mustafa Ben Muhammed mit dem Angesicht zur Erde küßt die Hände ihrer Großheit, und macht ihr bekannt, daß Aali Ben Aabd Alrahman mir einen Brief geschickt hat, in welchem er mir geschrieben hat, daß er sich nach Kamarinah zurückgezogen habe, weil er in den Meeren von Sarkusah eine Armee, dieser Stadt zur Hülfe geschickt vom Kaiser des Orients, dem Dritten *), angetroffen hat, und genöthigt worden ist, sich mit ihr zu schlagen, welche ihm vier Schelandien mit der ganzen Mannschaft abgenommen hat**). Er hatte Verstand zu entfliehn zu wissen, und die andern Schelandien zu retten. Das feindliche Volk hat ihm jedoch vierhundert Mann getödtet. Er hat mir geschrieben, daß das Heer der Feinde aus funfzig Schelandien bestehe. Ich habe dem Aali Ben Aabd Alrahman geantwortet, und ihm gesagt, daß er als ein großer Mann gehandelt habe, indem er sich von diesem Heer los gemacht habe. Aber er, der Arme, ist sehr mißvergnügt, vier Schelandien verloren zu haben, und will jenen zeigen, wer Aali Ben Aabd Alrahman sey. Indessen habe ich nichts mehr zu sagen: ich habe dem Aali Ben Aabd Alrahman Befehl gegeben, die Schelandien entwaffnen zu lassen, die sich der Sklaverei entzogen haben, denn, wann die Zeit kommen wird, sie zu bewaffnen, wird er benach-

---

*) Vermuthlich Michael.

**) Von diesem Verlust einiger Schiffe des Aali Ben Aabd Alrahman spricht der Verfasser der Chronik von Cambridge, wann er sagt: Anno 6366 (hoc est anno 658) captae sunt naves Aali. In unserm Codex wird diese Begebenheit in das Jahr 240 gesetzt, welches nach dem Monat September mit dem Jahr 858 übereinkommt.

richtiget werden. Bereits ist in Mubakah der Mann vom Rath angekommen, welchen ihre große Person geschickt hat, welchem ich eben alle Rechnungen gebe. Mit meinem Angesicht zur Erde küsse ich die Hände ihrer Großheit, und zeichne mich also:

Der Emir Mustafa Ben Muhammed, durch Gottes Gnade, Knecht und Sohn des Emir Chbir. Stadt Mubakah den 2ten des Monats Rabialkem 243 Muhammeds."

460.

Am 28sten des Monats Dschamadilaud 243 ist eine Barke mit sechzig Mann nach Susa geschickt worden, um unserm Mulei einen Brief zu überbringen, welcher also lautete:

„Muhammed Ben Abu el Aabbas, durch Gottes Gnade Mulei, mit dem Angesicht zur Erde Alaabbas Ben Alsadli Ben Fazärrh küßt die Hände seiner Großheit, und macht ihr bekannt, daß ich im Monat Adar den Aast Ben Aabd Alrahman mit zwanzig Schelandien von Kamarinah habe auslauffen lassen, auf deren jeder zweihundert Mann eingeschift waren. Im Monat Edilfaban ist er mit den zwanzig Schelandien nach Kamarinah zurückgekommen, und hat an diese Küste fünf Schelandien und acht Barken gebracht, auf welchen sechshundert und vier und achtzig Griechische Männer waren. Ich habe funfzehn Barken nach Kamarinah geschickt, um jene fünf Schelandien und acht Barken mit ihrer Ladung und den Sklaven nach Balirmu zu begleiten. Da sie in Balirmu angekommen waren, habe ich sie auf der Küste von Khalsa ausladen lassen. Ich halte für meine Pflicht, ihrer großen Herrlichkeit zu berichten, was auf jenen Barken und auf jenen Schelandien gewesen ist: von Getreide waren darauf viertausend Pferdeladungen, von Gerste tausend achthundert Ladungen, von Flachs und Wolle fünfhundert Ladungen. Das Getreide und die Gerste habe ich aufbewahren lassen; die Wolle und den Flachs habe ich in die Magazine des großen Brunnens geschickt, damit sie in Arbeit genommen werden, und die Sklaven in die Gefängnisse mit den Eisen an den Füßen. In eben demselben Monat Edilfadan 243 lief Aali Ben Aabd Alrahman wieder mit den zwanzig Schelandien von Kamarinah aus, und da er auf ein großes Heer stieß, das nach Sarkusah gieng, haben sie geschlagen, und die feindliche Mannschaft hat vier von unsern Schelandien genommen, und vierhundert Mann von den Unsrigen getödtet. Aali Ben Aabd Alrahman hatte den Verstand sich zurückzuziehen, und ging nach Kamarinah: das Heer des feindlichen Volks bestand aus funfzig Schelandien, und nahm den Weg nach der Küste von Sarkusah.

Ihre Großheit wird in diesem Briefe die Anzeigen aller Einnahmen finden, welche in diesem Jahr geschehen sind, und wird auch die Anzeige finden, in welcher das Geld geschrieben ist, welches in dem gegenwärtigen Jahre eingegangen ist, und dieses wird ihre große Person in zwei Kisten finden, welche ich zugleich mit diesem Papier geschickt habe, welche Kisten mit meinem Namen gesiegelt sind. Ich sage ihrer Großheit, daß ich für das neue Jahr keinen Zug weder zur See, noch zu Land machen werde, weil ich eine große Armee in Bereitschaft stellen will, um zu versuchen, ob ich die Stadt Kassarjanah angreiffen könne. Indessen habe ich ihrer großen Herrlichkeit nichts mehr zu sagen, und zeichne mich auf diese Weise:

Alaabbas Ben Alfadli Ben Fazdrrh Emir Ebbir von Sicilien, durch Gottes Gnade, Knecht der Großheit des Mulei. Balirmu den 28sten des Monats Dschamadilaud 243 Muhammeds."

461.

Am 26ſten des Monats Reginab 243 hat man ein Papier von unſerem Mulei empfangen, welches uns von der Barke gebracht wurde, die wir am 28ſten des Monats Dſchamadilaud nach Suſa geſchickt hatten, und es lautete alſo:

„Die Großheit Muhammeds Ben Abu el Arabbas, durch Gottes Gnade, deines großen Gebieters berührt dir den Kopf, grüßt dich, und ſagt dir, o Alaabbas Ben Fazarrh, daß meine Großheit dein Papier geleſen hat, gegeben am 28ſten Tag des Monats Dſchamadiland 243, in welchem meine Großheit die Anzeigen aller Einnahmen gefunden hat, welche in dieſem Jahr geſchehen ſind, und ſie hat die zwei Kiſten empfangen, mit dem Gelde, das du meiner großen Perſon gemeldet haſt. Meine große Perſon hat die Anzeige der Beuten geleſen, welche Aali Ben Aabd Alrahman mit einer ſehr reichen Ladung gemacht hat, welche Sache mir das Herz erfreut hat. Sie hat auch geleſen, daß er auf der zweiten Reiſe vier Schelandien verloren hat, weil ihn das Heer überfallen hat, welches vom Orient nach Sarkuſah gegangen iſt, aber wie auch dem ſey, ſo hat das feindliche Volk uns nicht den Schaden gethan, welchen unſere Mannſchaft der ihrigen gethan hatte. Es iſt zu einem Erſatz genug, daß Aali Ben Aabd Alrahman ſich gerettet hat, der ein ſehr tapferer Mann zur See iſt, und es thut mir nur leid, daß er alt iſt; meine Großheit glaubt, daß Aali Ben Aabd Alrahman fünf und ſiebenzig Jahre habe; denn in den Zeiten meines Vaters war er ſchon Hauptmann, (Anführer) und brachte täglich Beuten nach Suſa, und immer hat dieſer Mann Tapferkeit gezeigt. Indeſſen ſagt dir meine Großheit, daß ſie dir alles beſtätiget, was deine Perſon auf die Weiſe gethan hat, wie du in dem Brief geschrieben, den du meiner großen Person geschickt hast. Und da sie dir nichts weiter zu sagen hat, so berührt sie dir den Kopf, und zeichnet sich auf diese Weise:

Dein großer Gebieter Muhammed Ben Abu el Aabbas, durch Gottes Gnade, Mulei. Imedina Kairuan, den 4ten des Monats Reginab 243 Muhammeds."

462.

Am 17ten des Monats Almoharoan 244 hat man ein Papier aus Zanklah empfangen, geschickt von dem Emir dieser Stadt, und es lautete also:

"Alaabbas Ben Alsadli Ben Fazarrh, durch Gottes Gnade, Emir Chbir, der Emir Aabd Allah Ben Alaabbas mit dem Angesicht zur Erde küßt die Hände ihrer großen Person, und macht ihr bekannt, daß der Bischoff der Stadt Zanklah in mein Haus kam, und mit mir auf diese Weise gesprochen hat: Höre, o mein Gebieter, Emir Aabd Allah Ben Alaabbas, deine Person weiß, daß, sobald jemand uns Priestern ein Wort sagt, wir niemals sagen können, wer es uns gesagt hat, nicht einmal wenn man uns in Stükken haut*). Ich habe ihm geantwortet: Höre o Bischoff, ich weiß wohl, daß ihr die Person nicht nennen könnet, die euch etwas anvertraut, und deswegen sage mir alles mit Freiheit und ohne Furcht. Er hat mir erwiedert: Höre, mein Gebieter; verschiedene Personen von eurem Volk sind in mein Hauß gekommen, und

---

*) Die Geistlichen hielten es sich für unerlaubt, zu entdecken, was ihnen anvertraut worden war.

haben mir gesagt, deiner Person zu melden, daß, wenn die Auflagen nicht abgeschafft werden, welche ihnen der Emir Ehbir gemacht hat, in jedem Jahr soviel für den Kopf zu zahlen, und wieder so viel, wann sie ein Weib nehmen; so werde es sich empören, und sich mit dem Griechischen Volke Freund machen. Indessen ich, da ich für die Ruhe aller besorgt bin, habe es auf mich genommen, zu kommen, deiner Person dieses zu berichten. Ich habe ihm geantwortet: Höre, o Bischoff, ich werde alles dem Emir Ehbir meinem Vater schreiben, und die Befehle vollziehen, die er mir geben wird. Ich habe ihm für diese so gute Handlung gedankt, die er gethan hat, mich zu benachrichtigen; ich habe ihn auf die Stirne geküßt, und habe ihn entlassen. Indessen wird ihre große Herrlichkeit ihre Gedanken über das machen, was geschehen soll, und dann wird sie mir die Befehle geben, welche ich vollziehen soll. Ich habe nichts weiter zu sagen; mit meinem Angesicht zur Erde küsse ich die Hände ihrer Großheit, und zeichne mich also:

Aabd Allah Ben Alaabbas, durch Gottes Gnade, Emir, Knecht der Großheit des Emir Ehbir, seines Vaters. Stadt Zanklah den 5ten des Monats Almoharoan 244 Muhammeds."

463.

Am 20sten des Monats Almoharoan 244 ist ein Brief in die Stadt Zanklah geschickt worden, welcher also lautete:

"Alaabbas Ben Alfadli Ben Fazarrh, durch Gottes Gnade, Emir Ehbir dein Vater küßt dir das Angesicht, und sagt dir, daß er deinen Brief empfangen hat, geschrieben am 5ten Tag des Monats Almoharoan 244. Meine Großheit hat ihn gelesen, und hat ihn auch die Leute vom Rath wollen lesen lassen, und es ist beschlossen worden, lieber alles zu verlieren, als die Taxe abzuschaffen, welche aufgelegt worden ist, welche aufgehoben werden wird, wann es meiner großen Person gefallen wird, und nicht, wann die Leute es wollen; denn, wenn meine Großheit sie abschaffen wird, so werden sie sagen, daß wir vor ihren Drohungen Furcht gehabt haben. Ehe deiner Person dieses gesagt worden ist, gingen unsere Leute, welche in Balirmu wohnen, zu dem Erzbischoff von Balirmu, und sagten ihm, was der Bischoff von Zanklah dir gesagt hat, und man hat nicht daran gedacht, die Forderungen dieser Leute zu erfüllen, denn so hatte der Rath beschlossen. Für jezt sagt dir meine Großheit, daß du dich weislich betragen hast, indem du den Bischoff der Stadt Zanklah wohl aufgenommen hast; denn er hat eine gute Sache gethan, daß er dir Nachricht gab, indem er dadurch gezeigt hat, daß er dir wohl wolle; deswegen mußt du ihn zum Freund behalten. Meine Großheit hat nichts weiter dir zu sagen; küßt dir das Angesicht, und zeichnet sich also:

Alaabbas Ben Alsadli Ben Fazarrh, durch Gottes Gnade, Emir Chbir, dein Vater. In Medina Balirmu, den 20sten des Monats Almoharoan 244 Muhammeds."

464.

Am 23sten des Monats Dschamadilaud 244 ist eine Barke nach Susa geschickt worden, mit einem Brief für unsern Mulei, welcher also sagte:

„Muhammed Ben Abu el Aabbas, durch Gottes Gnade, Mulei: Alaabbas Ben Alsadli Ben Fazarrh mit dem Angesicht zur Erde küßt die Hände ihrer großen Person, und macht ihr bekannt:

48 Geschichte Siciliens

Erstlich. Daß ihre Großheit . . . . .
. . . . von allen
. . . .
. . . . auch die . . . . .
. . . .
. . ihre große Person . . . . .
. . . . meinem Namen
welche ich habe . . . .
. oder diese . . . .
. . . .
.

Zweitens. Ich melde ihrer großen Herrlichkeit, daß ich im neuen Jahr mit einer großen Armee auszuziehen gedenke, um zu gehen, die Stadt Kassarjanah ohne weitern Zeitverlust zu belagern.

Drittens. Sage ich ihrer Großheit, daß der Groß-Mufty der Christen der Imedina Balirmu, den das Sicilische Volk Erzbischoff (Arcivescovo) nennt, zu mir kam, und mir sagte, daß die Unsrigen heimlich zu ihm gegangen seyen, und ihm gesagt haben, daß sie die Taxen aufgehoben haben wollen, welche festgesezt sind, sowohl die des Geldes, welches sie verbunden sind in jedem Jahr als Taxe zu bezahlen, als die andre des Geldes welches sie zu bezahlen gehalten sind, wenn sie ein Weib nehmen, wobei sie droheten, daß, wenn sie ihnen nicht werden abgenommen werden, sie uns nicht dienen werden. Es war gerade am 15ten des Monats Edilkaban 244, als der Großmufty des Sicilischen Volks mir diese Rede gehalten hat. Ich habe auf seine Rede geantwortet: Höre, o Erzbischoff, thue mir den Gefallen, meiner Großheit
zu

---

*) Soll vielleicht heißen per testa, für den Kopf, anstatt per tassa, wie im Italiänischen steht. H.

zu sagen, wer diejenigen sind, welche dir
dieses gesagt haben; denn es müssen
schlechte Leute seyn. Er hat mir also gesagt:
Höre, o mein großer Gebieter, ich kann
dir nicht sagen, wer sie sind, und du mußt
nicht unwillig werden, wenn ich sie nicht
nenne. Denn, obschon es nicht Sicilische,
sondern Mußulmanische Leute sind, so
können wir Priester doch die Person nicht
nennen, welche uns Sachen in Geheim
sagt. Da er mir dieses gesagt hat, habe ich ihn ins
Angesicht geküßt, weil ich gesehen habe, daß er mit
dem Herzen mit mir redete, und daß er meine Ruhe
wollte; daher habe ich ihm gesagt: Höre, o Erzbischoff, man wird thun, was man können
wird, und habe ihn in sein Hauß geschickt. Ich habe
alles den Leuten des Raths mitgetheilt, und berichtet,
was mir der Erzbischoff gesagt hat: es ist beschlossen
worden, daß man diesen Leuten keine Genugthuung geben solle, um zu zeigen, daß wir ihnen nicht unterworfen sind. Am 9ten des Monats Almoharoan 244 hat
mir der Emir der Stadt Zanklah einen Brief geschickt,
in welchem er mir geschrieben hat, daß der Bischoff
jener Stadt ebendasselbe zu ihm geredet habe; indem
er ihn wissen ließ, daß unsere Leute nicht mehr zahlen
wollen: dessen ungeachtet habe ich ihm Befehl gegeben,
daß er fortfahren sollte, gleich bezahlen zu lassen, und
daher haben alle in diesem Jahr bezahlt. Ich sage
ihrer großen Herrlichkeit, daß ich denke, im neuen
Jahr diese Tage aufhören zu lassen, um unser Volk zufrieden zu machen, und zu zeigen, daß ich die Taxe
aufheben werde, in Rücksicht auf die Dienste, welche
sie mir leisten werden, und nicht, weil sie es verlangt
haben. Ehe ich gehe, Kassarjanah zu belagern, werde
ich die Auflage aufhören lassen, und werde diesen Leuten

zeigen, daß ich in Rücksicht auf den Dienst, welchen sie mir leisten, anfange, sie zu erfreuen. Ich hoffe, daß ihre große Person diesen meinen Gedanken bestätigen wird, welcher auch der meines ganzen Rathes ist. Nach diesem habe ich ihrer großen Herrlichkeit nichts mehr zu sagen: mit meinem Angesicht zur Erde küsse ich ihr die Hände, und zeichne mich auf diese Weise:

Der Emir Chbir von Sicilien Alaabbas Ben Alfadli Ben Fazärrh, durch Gottes Gnade, Knecht seines großen Gebieters Mulei, Muhammed Ben Abu el Aabbas. Imedina Balimu den 23sten des Monats Dschamadilaud 244 Muhammeds."

465.

Am 25sten des Monats Reginab 244 ist die Barke zurückgekommen, welche wir am 23sten des Monats Dschamadilaud 244 nach Susa geschickt hatten, mit einem Papier unsers Mulei, welches also lautete:

Muhammed Ben Abu el Aabbas, durch Gottes Gnade, Mulei, dein großer Gebieter, berührt dir den Kopf, grüßt dich, und sagt dir, o Alaabbas Ben Alfadli Ben Fazärrh, daß meine Großheit deinen Brief vom 23sten des Monats Dschamadilaud 244 empfangen hat, in welchem sie die Papiere mit den Anzeigen aller Einnahmen gefunden hat, welche in diesem Jahr geschehen sind, und sie hat die Kisten mit dem Gelde empfangen. Meine Großheit hat gelesen, daß unsre Leute die Taxe nicht mehr wollen, welche aufgelegt worden ist, und sie hat auch gelesen, daß deine Person sie für dieses Jahr nicht zufrieden gestellt hat, aber daß du denkst, sie alsdann aufzuheben, wann du gehen wirst, die Stadt Kassarjanah zu belagern. Hierüber billigt meine Großheit deinen Gedanken. Meine Großheit billigt auch alles das, was du gethan hast, auf die Weise, die du in deinem Brief geschrieben hast. Meine große Person berührt dir den Kopf, grüßt dich und zeichnet sich also:

Muhammed Ben Abu el Aabbas, durch Gottes Gnade, Vierter Mulei, dein großer Gebieter. Kairuan, den 6ten des Monats Reginab 244 Muhammeds."

466.

Am 10ten des Monats Almoharoan 245 ist ein Brief an den Emir von Marset Allah geschickt worden, welcher also lautete:

"Alaabbas Ben Alfadli Ben Fazärrh, durch Gottes Gnade, Emir Chbir küßt dir die Stirne, und sagt dir, o Emir Schibet Ben Aali, daß du alle Mannschaft, die du kannst, zusammenbringen, und einen Brief an den Emir der Stadt Giargenta schicken mußt, daß er sechstausend Mann in Bereitschaft stelle. Du wirst hernach alle erwähnte Mannschaft am 1ten des Monats Rabialtem 245 in der Stadt Kastranissa antreffen lassen. Du mußt dich auch in Person mit dieser Mannschaft begeben, die du in Kastranissa gesammelt haben wirst, und wann du deine Mannschaft mit derjenigen vereinigt haben wirst, welche der Emir von Giargenta geschickt haben wird, so müsset ihr daselbst alle meine große Person erwarten. Indessen habe ich nichts mehr dir zu sagen, als daß du, ehe du von Marset Allah abreisest, deinen Kadhy als Statthalter biß zu deiner Zurückkunft in diese Stadt lassen sollst. Meine große Herrlichkeit küßt dir die Stirne, und zeichnet sich also:

Alaabbas Ben Alfadli Ben Fazdrrh, durch Gottes Gnade, Emir Chblr, dein großer Gebieter. Imedina Balirmu, den 10ten des Monats Almoharoan 245 Muhammeds."

467.

Am 22sten des Monats Schawal 246 haben wir eine Barke mit sechzig Mann nach Susa geschickt, um unserm Mulei ein Papier zu bringen, welches also lautete:

„Muhammed Ben Abu el Aabbas Mulei, durch Gottes Gnade, großer Gebieter des Emir Ehbir von Sicilien Alaabbas Ben Alfadli Ben Fazarrh, welcher mit dem Angesicht zur Erde die Hände ihrer großen Herrlichkeit küßt, und ihr meldet, daß ich am 8ten Tag des Monats Ausah 245 geschickt habe . . . .
. . . . um . . . .
. und thun . . . . gegeben . .
. . . die Taxe zu unterdrücken, welche vor einigen Jahren gemacht worden war, ich habe sie aufgehoben von . . . . . jenem Tag selbst, an welchem ich die Leute habe ausmarschiren lassen . .
. . . . Am 2ten des Monats Rabialkem 245 reiste ich von Balirmu mit sechstausend Mann ab, und vor meiner Abreise habe ich die Regierung den Leuten meines Raths gelassen, und habe mich auf den Weg gemacht. Am 7ten ebendesselben Rabialkem kam ich mit meinen Leuten in der Stadt Kastranissa an, wo ich den Emir Schibet Ben Aali angetroffen habe, der mich mit zehntausend Mann erwartete, und ich habe sie mit meiner Mannschaft vereinigt. Am 10ten desselben Monats Rabialkem bin ich mit den sechzehntausend Mann von Kastranissa abmarschirt, und zwei Stunden vor Untergang der Sonne sind wir eine Viertelstunde Wegs in der Entfernung von der Stadt Kassarjanah angekommen; daselbst haben wir uns diese Nacht hindurch gelagert. Den 11ten habe ich den Angriff nicht gegeben, indem ich erwartete, daß eine Armee aus der Stadt käme, um sich mit uns einzulassen; aber man sah keine

erscheinen. Beim Anbruch des Tags am 13ten des erwähnten Monats Rabialkem haben wir den Angriff auf der Seite gegeben, wo er das vorigemal gegeben worden war, als diese Stadt von dem verstorbenen Emir Chbir belagert wurde, und wir rißen das Thor mit der ganzen Bastey nieder, welche zwar schon damals ruinirt worden war; als aber hernach die Unsrigen sich entfernten, und in der Zeit, da wir abwesend waren, ist sie wieder hergestellt worden. Mit diesem Angriff haben wir nichts ausgerichtet, und vor Untergang der Sonne, zogen wir uns an den Ort zurück, wo wir gelagert waren. Am 14ten desselben Monats ist der zweite Angriff gegeben worden, und wir haben an andern Basteyen großen Schaden und große Zerstörung gemacht, aber man konnte mit allem diesem nicht in die Stadt kommen: wir zogen uns wieder an den Ort zurück, wo wir gelagert waren. Ich habe die Mannschaft diese Nacht hindurch ruhen lassen, und beim Anbruch des Tags haben wir uns vereinigt zu berathschlagen, ich und der Kadhy, und der Emir Schibet, und ich habe zu ihnen also gesagt: Höret, o ihr Männer von Verstand, wir dürfen uns nicht nach Balirmu zurückziehen, ehe wir uns von Kassarjanah Meister machen; denn, wenn wir nichts thun werden, so werden wir uns aus Schaam das Gesicht bedecken müssen. Indessen ist es gut zu hören, was ihr zwei davon denket. Der Kadhy hat geredet, und hat zu mir gesagt: Höre, o mein großer Gebieter, meine Meinung ist, die Stadt mit unserer Mannschaft zu umgeben, und so werden wir unsern Feinden die Zufuhr der Lebensmittel abschneiden. Schibet Ben Aalt hat dem Kadhy sogleich geantwortet, und ihm gesagt: Höre, o Kadhy, die Leute von Kassarjanah haben den

Vorrath der neuen Aerndte, und für dieses Jahr haben sie nichts weiter zu essen nöthig: daher werden wir hier länger als ein Jahr bleiben müssen: der Winter kommt uns über den Hals, und ich weiß nicht, was aus unsern Leuten werden wird, wenn sie der Luft, der Kälte und dem Wasser ausgesetzt sind, ohne eine Bedeckung zu haben. Ich habe also geantwortet: Höre, o Kadhy, dein Gedanke ist gut; denn, nach dem, was du denkest, wird unserer Mannschaft der Tod erspart; aber, was der Emir Schibet sagt, ist auch gut; denn wenn die Leute nicht in den Angriffen sterben werden, die sie thun werden, so werden sie gewiß sterben, entweder durch die Kälte, oder durch die Strapazen. Unter diesen zwei Uebeln ist es immer besser, als tapfere Leute zu sterben, als sterben, ohne Anstrengung, wie Feigherzige; denn der Emir Schibet sagt mit Recht, daß, wenn wir die Stadt durch Hunger einnehmen wollen, wir diesen ganzen Winter in diesen Gegenden werden bleiben müssen. Indessen schlage ich vor, was ich dächte, und das ist, hier mit unserer Mannschaft einen Monat hindurch gelagert zu bleiben, und, wann diese Zeit verflossen ist, und wir nichts gethan haben werden, weil es den Leuten der Stadt nicht an Lebensmitteln fehlt, so wollen wir in diesem Umstand unsre Angriffe geben. Sie haben mir alsdann geantwortet: Höre, o Herr, dein Gedanke ist klüger, als der unsrige, und deswegen muß geschehen, wie deine Großheit vorgeschlagen hat. Da es so unter uns festgesezt worden war, habe ich an den Emir der Stadt Giargenta Befehl ergehen lassen; daß er uns Vorräthe schickte, welche in wenig Tagen bei mir ankamen. Am 10ten des Monats Dschamadilaud 245, da ich gesehen hatte, daß die Leute der Stadt Kassarjanah keine Bewegung gemacht hatten, wie wenn wir nicht da wären, so habe ich aller meiner Mannschaft Befehl gegeben, sich fertig zu machen, und am 11ten des erwähnten Monats haben wir den Angriff gegeben, und vor Untergang der Sonne hatten wir schon eine Bastey dieser Stadt größtentheils niedergerissen, und die Lücke war so weit offen, daß wir im Stande waren, hineinzugehen, aber ich gab Befehl, daß man noch nicht hineingienge: wir entfernten uns von dem Schuß der Feinde, damit sie uns nicht verletzen konnten, und ich ließ die Mannschaft für diese Nacht ruhen. Beim Anbruch des Tages am 12ten desselben Monats Dschamadilaud haben wir den Angriff mit der höchsten Heftigkeit gethan, und sind in die Stadt gekommen, so, daß wir schon vor Untergang der Sonne Meister derselben waren, jedoch nicht der Festung. Kaum war der neue Tag angebrochen, so haben wir auf die Festung den Angriff gethan, aber vergeblich. Nachdem ich also reiflich gedacht hatte, um nicht mehr von unserer Mannschaft umkommen zu lassen, gab ich Befehl, eine Menge Holz zusammen zu bringen, und da die Festung umgeben war, befahl ich, daß Feuer dazu gethan würde, und sie ward verbrennt mit allen den Feinden, die in der Festung waren, zugleich mit dem Statthalter Jusuf, welcher der große Statthalter des Griechischen Volks war. *) Am 15ten

---

*) 6367. (ann. 859) capta est Kassarjanah. Chronic. Cantabrigens. dicto anno. In unserm Codex

Tag des Monats Dschamadilaub fanden wir uns bereits Meister der Stadt Kaſſarjanah. Ich habe die Mannſchaft ſich lagern laſſen, und habe ihr alles zu eſſen gegeben, was ſie verlangten. Ich befahl, daß unſre Leute gezählt werden ſollten, denn ich hatte von Anfang an keine Zählung machen laſſen, ſondern, ſo wie ſie ſtarben, ließ ich ſie beerdigen, und ich habe gefunden, daß mir 827 Mann fehlten, ſechshundert und ſechs und zwanzig ſind verwundet worden; von dem Griechiſchen

---

iſt das Jahr 245 angezeigt, und dieß kommt mit dem Jahr 859 überein. Nowairi ſezt die Einnahme von Caſtrogiovanni, oder Kaſſarjanah in das Jahr 244, als von Alaabbas geſchehen, er giöt zugleich geringere Umſtände an, welche anzeigen, daß die Einnahme mit weniger Macht geſchehen ſey; er ſagt: Alaabbas ſchickte heimlich eine Anzahl Truppen nach Kaſſarjanah; ſeine Soldaten machten daſelbſt eine große Beute, und nahmen einen Ungläubigen gefangen, und führten ihn zu ihm. Alaabbas hatte bereits befohlen, ihn umzubringen, als er ſich erbot, ihm Kaſſarjanah zu geben, wenn er ihm das Leben laſſen wollte. Alaabbas nahm den Vorſchlag an, und nachdem er tauſend Pferde und ſiebenhundert Fußgänger mit ſich genommen hatte, reiste er bei Nacht ab, begleitet von dem Ungläubigen, und rückte bis auf eine gewiſſe Entfernung von dem Berg Gadir vor. Er machte daſelbſt Halt, ſchickte ſeinen Oheim Rabbach mit den tapferſten ſeiner Soldaten voraus, und hielt ſich mit den übrigen verborgen. Rabbach kam mit den Seinigen, ohne entdeckt zu werden, bis an den Fuß des Berges, und der Ungläubige zeigte ihnen den

unter den Arabern. 57

Volk weiß ich nicht, wie viele in den ersten Angriffen
umgekommen sind. Ich sage aber, daß wir bei diesem
letzten Angriff getödtet haben, in der Stadt vierhundert
und zwei und sechzig, und in der Festung waren tausend
Mann, welche vom Rauch erstickt wurden, da sie nicht
herauskommen konnten, weil das Feuer, welches die
Festung umgab, es verhinderte. Ich habe den Weibern und Kindern des feindlichen Volkes das Leben geschenkt, aber ich habe sie nach Balirmu geschickt, begleitet von tausend siebenhundert Mann von den Unsrigen;

Ort, wo sie ihre Leitern anlegen sollten,
um hinauf zu steigen. Der Tag erschien noch
nicht, und die Besatzung schlief noch. Als sie
an die Mauern gekommen waren, fanden sie
eine Oefnung, wodurch das Wasser in den
Plaz kam, und sie bedienten sich derselben,
um hinein zu dringen. Unterdessen sezte Alaabbas seinen Weg fort, und kam gegen Anbruch des Tags an das Thor der Stadt (es
war ein Freitag, der 1ste des Monats Schawal) die ganze Besazung ward mit der Schärfe des Schwerdtes getödet. Man fand in der
Stadt unermeßliche Reichthümer, wie auch
die Söhne vieler Patricier, und großer Herren, welche sich dahin geflüchtet hatten. Alaabbas ließ an eben demselben Tag eine Moschee mit einer Kanzel bauen, auf welcher am
Freitag das Gebet verrichtet wurde.

Abulfeda, welcher diesen Sieg und diese Eroberung in
dem Jahr 237 (852) anmerkt, erzählt ihn nur schlechtweg,
und erwähnt, daß er, (der Emir Chbir) ein Bethauß erbaut,
und das Gebet verrichtet habe; wie aus der folgenden Anmerkung zu sehen ist.

die Zahl dieser Weiber und Kinder war bis auf dreitausend. Ich habe den Leuten meines Rathes Befehl gegeben, daß sie die Weiber in die Magazine schicken sollten, damit sie die Wolle und den Flachs spinnen, welche auf den Schelandien der Feinde genommen worden sind. Die männlichen Kinder habe ich dem Erzbischoff geschickt, damit er sie in das große Hauß thue, wo die andern Kinder sind, um sie arbeiten zu lehren. Ich habe auch den Leuten meines Raths befohlen, daß man verkauffen sollte, wenn jemand eine Frau, einen Knaben oder ein Mädchen kauffen wollte. Ich habe das Sicilische Volk, welches in der Stadt wohnt, zählen lassen, und man fand die Zahl sechstausend an Männern, Weibern und Kindern. Unter diesen sind keine Große (Vornehme); denn die Großen waren alle Griechen. Ich habe alle Häußer aussuchen lassen, wo Griechische Leute wohnten, und es ward eine große Menge Geräthe in denselben gefunden, welches ich in meine Gegenwart bringen ließ uud unter unsre ganze Mannschaft vertheilte, die darüber sehr zufrieden war. An Geld in Golde sind zwanzig tausend Stücke gefunden worden, an Silber achttausend Stücke, welche ich, als ich nach Balirmu zurück gekommen war, habe schmelzen lassen, und man prägt jezt daraus Münze mit meinem Namen. Von solchem Gold und Silber, dessen sich so wohl die Männer als die Weiber bedienen, ist soviel zusammen gebracht worden, daß man damit neun Kisten füllen konnte. Diese Sachen von Gold und Silber habe ich auch schmelzen lassen, um daraus Geld zu machen: mit solchem Geld halte ich für gut hernach die Stadt Kassarjanah wieder herstellen zu lassen. Die Kupfermünze habe ich unsern Leuten austheilen lassen, daß sie dieselbe für sich als Kupfer verkaufte; denn diese Münze hat an den Oertern keinen Lauf, wo wir Herren sind. In der Zeit, daß man sich in Kassarjanah verweilte habe ich eine sehr große Moschee bauen lassen *), und habe einen guten Theil der Basteyen ausbessern lassen. Am 15ten des Monats Schawal reiste ich von Kassarjanah ab, um nach Balirmu zu gehen. Vor meiner Abreise aus jener Stadt habe ich den Emir Schibet Ben Aali daselbst gelassen, dessen große Tapferkeit ich kennen gelernt habe, und habe mit ihm viertausend Mann zurückgelassen, und habe ihm aufgegeben, diesen Leuten alle Felder zu vertheilen, welche den Griechen gehörten, mit der Verbindung, daß jeder von ihnen seine Weiber und Kinder kommen lasse, um in dieser Stadt zu wohnen. Ich habe Befehl gegeben, die Festung wieder herzustellen, und an der Ausbesserung der Basteyen fortzufahren. Ich sage ihrer Großheit, daß die Stadt Kassarjanah eine sehr große und feste Stadt ist, und deswegen habe ich daselbst viertausend Mann Besazung gelassen. Bei meiner Ankunft in Balirmu, habe ich das Geld gefunden, welches allein von den Verkäufen des Getreides, und der Gerste eingenommen worden ist, und habe dreitausend Goldstücke gefunden, welche ich in eine Kiste ge-

---

*) Ol Abbas Filius al Fadli . . . praeter alias magnas, quas ditioni suae adiecit, urbes, expugnavit die quodam Iovis medio mense decimo huius anni (id est mense Aprili circ. A. C. 852) Kasrianah, tunc temporis Regum Siculorum sedem. Illuc enim lares illi suos, ut in munitum atque tutum locum, tum transtulerant, cum satis sibi tuti in antiqua sua sede, Syracusis, ab Arabibus non viderentur, cernentes insulae partem non contemnendam ab iis occupatam esse. Statim ol Abbas, ut urbem ceperat, fanum in ea condidit cum suggestu, unde diebus veneris orationem recitavit, et populo preces praeivit. Abilfedae Annales Moslemici Ed. Reiske. Tom. I. f. 196 et 197.

than habe, die ich mit meinem Namen gesiegelt und mit diesem meinem Brief abgeschickt habe. In diesem meinem (Brief) wird ihre Großheit die Anzeige aller Einnahmen finden, welche in dem Jahr 245 geschehen sind. Die Leute meines Raths haben in der Zeit meiner Abwesenheit von Balirmu sehr wohl regiert. Ich sage ihrer großen Person, daß man nun auf einige Zeit ruhen, und nicht mehr Menschen sterben machen muß: es ist wahr, daß wir viele Mannschaft haben, aber es ist besser, daß wir ein wenig ruhen. In dieser Ruhezeit wird die Stadt Kassarjanah ausgebessert werden, denn hernach, wann man gehen wird Taurumanah zu belagern, werden wir keine Furcht haben, daß das feindliche Volk, indem wir Taurumanah einnehmen, uns dagegen Kassarjanah wegnehmen könne, und deswegen muß man diese Stadt ausbessern, und sie in den Stand stellen, in welchem sie war, da sie von den Griechen besessen wurde. Indessen habe ich ihrer großen Herrlichkeit nichts mehr zu sagen; erwarte die Befehle ihrer Großheit, und mit meinem Angesicht zur Erde küsse ich ihr die Hände, und zeichne mich also:

Alaabbas Ben Alfadli Ben Faza'rrh, durch Gottes Gnade, Emir Chbir von Sicilien, Knecht der Großheit seines großen Gebieters Mulei, Muhammed Ben Abu el Aabbas. Imedina Balirmu den 22sten des Monats Schawal 246 Muhammeds."

468.

Am 26sten des Monats Almohar 246 haben wir ein Papier unsers Mulei empfangen, mit der Barke, welche wir nach Susa geschickt hatten, am 22sten Tag des Monats Schawal 246, und es lautete auf diese Weise:

„Muhammed Ben Abu el Aabbas, durch Gottes Gnade, Mulei, dein großer Gebieter sagt dir, o Alaabbas Ben Alfadli Ben Fazarrh, daß meine Großheit deinen Brief empfangen hat, gegeben am 22sten Tag des Monats Schawal 246, in welchem meine große Person gelesen hat, daß du dich mit so großer Tapferkeit der Stadt Kassarjanah bemächtigt hast, eine Sache, welche meiner Großheit sehr hohes Vergnügen gegeben hat, und deswegen billigt sie dir alles, was du gethan hast, um diese Stadt zu erobern. Meine große Person hat die Summe Geldes, Goldes und Silbers gelesen, welches du in Kassarjanah gefunden hast, und welches du, nachdem du es hast schmelzen lassen, zu Geld mit deinen Namen gemacht hast, in der Absicht, es zu den Ausbesserungen der Stadt Kassarjanah zu verwenden, welches meine große Herrlichkeit dir billigt.

Meine Großheit sagt dir, das Geld empfangen zu haben, welches deine Person geschickt hat, und sie hat auch die Anzeigen der Einnahmen gelesen, welche in dem verflossenen Jahre geschehen sind. Meine große Herrlichkeit hat Vergnügen genommen, da sie gehört hat, daß der große Statthalter Dschusuf (Jusuf) verbrannt worden sey, da du die Festung von Kassarjanah anzünden ließest. Meine große Herrlichkeit sagt dir, daß Dschusuf vor Zeiten großer (Ober-) Statthalter von Sarkusah war, dahin geschickt von Mikali dem zweiten Kaiser vom Orient, da er Nachricht hatte, daß Heufimu von dem Volk von Sarkusah getödtet worden sey. Ueber dieses will meine Großheit wissen, warum Dschusuf von Sarkusah nach Kassarjanah *) gegangen, und

---

*) Dschusuf, Griechischer General, war von Michael dem Zweiten, als Oberster Statthalter nach Syrakus geschickt worden, von wo er nach Castrogiovanni gegangen war. Dieß gab vielleicht Gelegenheit, daß Abulfeda und Nouweiri, (Nowairi) Schriftsteller des neunten Jahrhunderts, sagten,

wer gegenwärtig der Statthalter der Stadt Sarkusah sey. Meine große Person sagt dir, o Alaabbas Ben Alsadli Ben Fazärrh, daß du wohl thust zu ruhen, und die Leute ein Jahr lang ruhen zu lassen. Indessen billigt dir meine Großheit alles, was deine Person bis jezt gethan hat, auf die Weise, wie du meiner großen Person geschrieben hast, welche dir nichts mehr zu sagen hat; sie berührt dir den Kopf, grüßt dich sehr, und zeichnet sich auf diese Weise:

Muhammed Ben Abu el Aabbas, durch Gottes Gnade, vierter Mulei, dein großer Gebieter. Kairuan, den 3ten des Monats Almohar 246 Muhammeds."

469.

Am 10ten des Monats Ausah 246 haben wir einen Brief von Kassarjanah empfangen, welcher also lautete:

"Alaabbas Ben Alsadli Ben Fazärrh Emir Ehbir, der Emir Schibet Ben Aali mit dem Angesicht zur Erde küßt die Hände ihrer Großheit, und macht ihr bekannt, daß man noch die Zerstörungen ausbessert, welche wir in der Stadt Kassarjanah gemacht hatten; aber nun fehlt mir das Geld, die Leute zu bezahlen, welche dabei gebraucht werden: daher, wenn ihre Großheit den Mann vom Rath ihrer großen Person schicken wird, um den Besuch zu machen, so wird sie mir mit demselben Geld schicken müssen. Ich habe Getreide und Gerste nöthig, weil es uns daran fehlt: indem man in diesen Gegenden nicht gesäet hat, wie ihrer großen Person bekannt ist.

---

er habe Castrogiovanni zur Hauptstadt gemacht. S. die zunächst vorhergehende Anmerkung.

unter den Arabern.

Ich sage ihrer Großheit, daß ich die Vertheilungen der Felder gemacht habe, und die Unsern sind sehr zufrieden gewesen: sie haben ihre Familien hieher gerufen, und gegenwärtig sind alle in Kassarjanah. Ich sage ihrer großen Herrlichkeit, daß ich auf meinem Antheil Feldes ein Schloß und einige Häußer zu bauen denke; damit ich in das Schloß, das ich baue, meine Familie sezen lasse: indessen will ich die Erlaubniß ihrer großen Person, ehe ich anfange. Nach diesem habe ich nichts mehr zu sagen; mit dem Angesicht zur Erde küsse ich die Hände ihrer großen Person, und zeichne mich auf diese Weise:

Der Emir Schibet Ben Aali, durch Gottes Gnade, Knecht des Emir Chbir Alaabbas Ben Afadli Ben Fazärrh. Stadt Kassarjanah den 7ten des Monats Ausah 246 Muhammeds."

470.

Am 13ten Tag des Monats Ausah 246 ward ein Brief an den Emir von Kassarjanah geschickt, welcher also lautete:

Alaabbas Ben Alfadli Ben Fazärrh, durch Gottes Gnade, Emir Chbir, küßt dir das Angesicht, und sagt dir, o Emir Schibet Ben Aali, daß meine Großheit dein Papier empfangen hat, gegeben am 7ten des Monats Ausah 246, in welchem meine große Person gelesen hat, daß dir das Geld fehlt, die Leute, welche arbeiten, bezahlen zu können; ich werde es dir in einigen Tagen mit dem Manne meines Raths schicken, welchem du von allem wirst Rechenschaft geben müssen, was du bis jezt ausgegeben hast.

Meine große Person hat Vergnügen gefühlt, daß die Familien der Mannschaft von der Besatzung schon in Kassarjanah angekommen seyn, und daß du bereits die Vertheilung der Felder gemacht habest. Meine

Großheit hat in deinem Papier gelesen, daß du in dem Antheil des Bodens, welchen deine Person genommen hat, ein Schloß und einige Häußer *) zu bauen gedenkest, um deine Familie darein zu thun. Meine Großheit sagt dir, die Verordnungen zu lesen; in denselben wirst du finden, daß Alle können Schlösser, Thürme und Häußer auf ihren Gütern bauen, und deswegen wirst du alle Gebäude machen können, die du willst, und diese Sache wird meiner Großheit zum Vergnügen gereichen. Indessen hat meine große Herrlichkeit nichts weiter dir zu schreiben, außer, dir zu sagen, daß du das Getreide und die Gerste, welche dir zu den Vorräthen fehlt, von Giargenta zu nehmen schicken sollst, und meine Großheit, wann sie schicken wird, diesem Emir den Besuch zu machen, wird sie ihm wissen lassen, alles zu reichen, was deine Person von ihm verlangen wird. Meine Großheit küßt dir die Stirne, grüßt dich sehr, und zeichnet sich also:

Alaabbas Ben Alfadli Ben Fazairh, durch Gottes Gnade, Emir Chbir, dein Herr. Imedina Balirmu den 13ten des Monats Ausah 246 Muhammeds."

471.

Am 28sten des Monats Dschamabilaud 246 ward eine Barke nach Susa geschickt, mit einem Brief für unsern Mulei, welcher also lautete:

„Muhammed Ben Abu el Aabbas, durch Gottes Gnade, Mulei, mit dem Angesicht zur Erde küßt die Hände ihrer großen Person Alaabbas Ben Alfadli Ben

---

*) Dieß ist der Ursprung von Calascibetta, welches hernach durch die Gnade des Mulei eine Stadt wurde.

Ben Fazàrrh, und macht ihrer großen Person bekannt, daß ich den Brief, gegeben am 3ten des Monats Almohar 246 empfangen habe, und ich habe die Befehle vollzogen, welche ihre Großheit mir mit diesem Papier gegeben hat, daß . . . .
. . . .
welche . . . . kommen wird . . . .
. . . . soviel . . . .
. . . .
. . Leute . . . .
. . Ich sage . . . .
. . . . in diesem Jahr sind . . . .
Getraide und Gerste des verfloßnen Jahrs sowohl die unsrige, als die unsers Volks, da die Bisaner*) viel davon gekauft haben, und es ist theurer verkauft worden, als in den vergangenen Jahren; ja sie erwarten, daß man die Erlaubniß gebe, ausführen zu können, um andere zu kaufen, und an allen Küsten sind Schiffe, um zu laden, und gewißlich, die Leute werden alles ihr Getreide und Gerste auf den Monat Dschamadilaud verkaufen, denn morgen werde ich die Erlaubniß schicken auszuführen, da sie es schon fast alles verkauft haben. Ich sage ihrer Großheit, daß die Stadt Kassarjanah noch von den Zerstörungen hergestellt wird, welche wir bei den Belagerungen dieser Stadt gemacht haben. Ich thue ihrer großen Person zu wissen, daß Schibet Ben Aali Emir von Kassarjanah auf seinen Gütern ein großes Schloß bauet, wohin er seine Familie zu wohnen schicken wird. Indessen habe ich ihrer großen Per-

---

*) Die Pisaner trieben Activ-Handel in Sicilien, wie nicht weniger die Neapolitaner und Genueser.

son nichts weiter zu sagen; mit meinem Angesicht zur Erde küsse ich ihr die Hände, und zeichne mich also:

Alaabbas Ben Alfadli Ben Fazarrh, durch Gottes Gnade, Emir Chbir von Sicilien, Knecht der Großheit seines Gebieters Mulei. Balirmu, den 28sten des Monats Dschamabilaub 246 Muhammeds."

472.

Am 25sten Tag des Monats Reginab 246 ist die Barke angekommen, welche wir am 28sten des Monats Dschamabilaub nach Susa geschickt hatten, und sie brachte uns ein Papier unsers Mulei, und es lautete also:

„Muhammed Ben Abu el Aabbas Mulei, dein großer Gebieter grüßt dich, berührt dir den Kopf, und sagt dir, o Alaabbas Ben Alfadli Ben Fazarrh, daß meine Großheit deine Brief empfangen hat, gegeben am 28sten Dschamabilaub's, in welchem meine Großheit die Anzeigen aller Einnahmen gefunden hat, welche geschehen sind: sie hat auch die mit deinem Namen gesiegelte Kiste empfangen, in welcher meine Großheit das Geld gefunden hat, das du gemeldet hast. Meine Großheit hat mit Vergnügen gehört, daß in diesem Jahr das Getreide und die Gerste theurer als gewöhnlich an die Bisaner verkauft worden ist. Es hat meiner großen Person Vergnügen gemacht zu hören, daß auf den Gütern des Schibet Ben Aalt ein Schloß gebauet werde. Indessen befiehlt dir meine Großheit, allen Emiren zu wissen zu thun, daß sie ein Schloß auf ihren Gütern bauen sollen *). Meine große Herrlichkeit

---

*) Man thut den Emiren zu wissen, daß jeder von ihnen ein Schloß auf seinen Gütern bauen soll, vielleicht um die Bevölkerung und den Anbau zu vergrößern und zu erweitern.

billigt dir alles das, was du gethan haft, so wie du meiner großen Person geschrieben hast. Meine Großheit hat nichts mehr dir zu sagen, berührt dir den Kopf, und zeichnet sich auf diese Weise:

Muhammed Ben Abu el Aabbas, durch Gottes Gnade, Vierter Mulei, dein großer Gebieter. Kairuan, den 6ten des Monats Reginab 246 Muhammeds."

473.

Am 20sten Tag des Monats Almoharoan 247 haben wir zwei Briefe abgeschickt, einen nach Zanklah und den andern nach Susa mit einer Barke für unsern Mulei. Das an den Emir von Zanklah geschickte Papier lautete also:

Alaabbas Ben Alfadli Ben Fazàrrh küßt dir das Angesicht, und sagt dir, o Aabd Allah Ben Alaabbas, daß meine Großheit sehr schwer krank ist, und deswegen hat meine Großheit zugleich mit diesem Papier einen Mann von meinem Rath geschickt, welchem du die Regierung von Zanklah übergeben wirst; denn deine Person soll sogleich nach Balirmu kommen, um meiner großen Person beizustehen. Sie hat dir nichts mehr zu sagen, küßt dir das Angesicht, und zeichnet sich also:

Der Emir Chbir Alaabbas Ben Alfadli Ben Fazàrrh, dein Vater. Balirmu, den 20sten des Monats Almoharoan 247 Muhammeds."

Diesem Mittel muß man ohne Zweifel die Vermehrung der Einwohner Siciliens zuschreiben, welche man ungeachtet der beständigen Kriege auf die Zahl von ungefähr drei Millionen wird anwachsen sehen, wie auch die häufige Ausführung des Getreides; über neunmal hundert tausend Lasten in jedem Jahr.

474.

Das an unsern Mulei geschickte Papier lautete also:

Muhammed Ben Abu el Aabbas, durch Gottes Gnade, Mulei, Alaabbas Ben Alfadli Ben Fazarrh, mit dem Angesicht zur Erde, küßt die Hände ihrer Großheit, und macht ihr bekannt, daß er seit drei Tagen sich mit Fieber krank fühlet, und nach dem Emir von Zanklah, seinen Sohn geschickt hat, um ihm in der Krankheit beizustehen, und zu regieren in Ermanglung seines Vaters. Indessen bittet er ihre Großheit, daß wenn er zum Tod kommen sollte, ihre große Herrlichkeit seinen Sohn Aabd Allah Ben Alaabbas, welcher sehr tapfer ist, zum Emir Chbir von Sicilien erwählen wolle. Ich hoffe, daß ihre Großheit mir diese Gnade thun wolle. Ich habe nichts mehr zu sagen; mit meinem Angesicht zur Erde küsse ich die Hände ihrer großen Person, und zeichne mich also:

Alaabbas Ben Alfadli Ben Fazárrh, durch Gottes Gnade, Emir Chbir von Sicilien, Knecht der Großheit des Mulei. Balirmu den 20sten des Monats Almoharoan 247 Muhammeds."

475.

Am 26sten des Monats Aufah 247 haben wir ein Papier unsers Mulei empfangen, welches uns von der Barke gebracht wurde, die wir am 20sten des Monats Almoharoan abgeschickt hatten, und es lautete also:

Muhammed Ben Abu el Aabbas, durch Gottes Gnade, Mulei, berührt dir den Kopf, grüßt dich sehr, und sagt dir, o Alaabbas Ben Alfadli Ben Fazárrh, daß meine Großheit dein Papier empfangen hat; gegeben am 20sten Tag des Monats Almoharoan 247, in welchem meine große Person gelesen hat, daß du mit Fieber krank seyst: dieß hat meiner Großheit sehr mißfallen. Sie hofft, daß du bald genesest; wenn jedoch sich der Fall geben sollte, daß du zu sterben hättest, so thut meine Großheit dir die Gnade, zum Emir Chbir von Sicilien deinen Sohn Aabd Allah Ben Alaabbas Ben Fazārrh zu ernennen, und dieses Papier mußt du deinen Rath lesen lassen, damit er wisse, wer dein Nachfolger ist. Indessen hat meine Großheit nichts mehr dir zu sagen; sie berührt dir den Kopf, und zeichnet sich auf diese Weise:

Muhammed Ben Abu el Aabbas, durch Gottes Gnade, Vierter Mulei, dein Gebieter. Kairuan, den 7ten des Monats Ausah 247 Muhammeds."

476.

Am 8ten des Monats Rabialkem 247 ist eine Barke nach Susa geschickt worden, mit einem Brief für unsern Mulei, welcher auf diese Weise lautete:

„Muhammed Ben Abu el Aabbas, durch Gottes Gnade, Mulei, mit dem Angesicht zur Erde küssen alle Leute des Raths der Imedina Balirmu die Hände ihrer großen Herrlichkeit, und machen ihr bekannt, daß am 8ten Tag des Monats Rabialkem 247 der Emir Chbir von Sicilien, Alaabbas Ben Alsadli Ben Fazārrh [*], gestorben, und in der Moschee des Haußes seiner Tochter Aaziza begraben worden ist, denn er

---

[*] Anno 247 (qui est ann. 861) obiit ol Abbas Dominus Siciliae, cui castra filium Abdallam sufficiebant interea dum intelligeretur quem virum Africae Dominus Insulae missurus esset Rectorem. **Abilfed. Ed. Reiske**, p. 201. Man vergleiche diese Nachricht mit unserem Codex, obschon sie in der Ernennung abweicht, die sie der Armee zuschreibt.

starb in diesem Hauße, und hatte es so befohlen, eh er starb. Gegenwärtig regiert der Rath, denn Aabb Allah Ben Alaabbas Emir von Zanklah, Sohn des Emir Chbir, welcher an Statt seines Vaters *) regierte, übergab an uns die Regierung, indem er sagte, daß er nicht mehr regieren könne, wenn er nicht vorher den

---

*) Aabb Allah, Sohn des verstorbenen Alaabbas Ben Alfadli Ben Fazarrh ist, nach vorhergegangener Erlaubniß des Mulei, durch Ernennung seines Vaters in der Regierung Siciliens gelassen worden, und der Rath wollte ihn erkennen; er aber hielt nicht für gut, zu regieren, wenn nicht vorher ausdrücklicher Befehl von seinem Fürsten gekommen wäre. Abulfeda, nach Reiske, läßt uns glauben, daß die Armee ihn ausgerufen habe: Castra filium Abdalla sufficiebant. Matcus Dobelius Citero übersezte: tum populus elegit ejus filium nuncupatum Abdallah. S. Caruso Biblioth. Historica Regni Siciliae, Tom. I. histor. Saracen. in Sicilia p. 18. Wir haben das Arabische Original nicht bei der Hand, glauben aber gewiß, daß das Wort, welches der eine übersezte Castra, der andere Populus, bedeuten könne, der Rath. Nowairi berichtet uns, daß bei dem Tod des Alaabbas die Mußülmanen gleich Anfangs Achmed Ben Jakub an seine Stelle gesezt haben, und darnach Aabb Allah ibn Alaabbas im Jahr 247. Er hat einen Fehler in der Ernennung des Achmed Ben Jakub begangen; diese Person war damals in Afrika, und kam erst im Jahr 258 nach Sicilien, um auf Befehl des Mulei Muhammed Ben Hammuda zu regieren, wie bei diesem Jahr gemeldet werden wird. In einer Münze vom Jahr 245 ist der Name des Groß-Emirs also geschrieben Alaabbas Ben Alfadli Ben Jaakub Ben Fazarrh. Wer weiß, ob nicht diese mehrere Namen den Nowairi zu dem Irthum verleitet haben.

ausdrücklichen Befehl von ihrer großen Herrlichkeit empfienge. Indessen haben wir ihrer Großheit nichts mehr zu sagen: mit unserm Angesicht zur Erde küssen wir ihr die Hände, und unterschreibt sich für uns alle unser Groß-Mufty.

Der Groß-Mufty, durch Gottes Gnade, Knecht der Großheit Muhammeds Ben Abu el Aabbas Mulei. Jmedina Balirmu den 8ten des Monats Rabialkem 247 Muhammeds."

477.

Am 20sten des Monats Dschamadilaub 247 ist die Barke angekommen, welche wir am 8ten des Monats Rabialkem nach Susa geschickt hatten, mit der Antwort unsers Mulei, welche also lautete:

"Muhammed Ben Abu el Aabbas, durch Gottes Gnade, Mulei, berührt dir den Kopf, und sagt dir, o Groß-Mufty, daß meine große Herrlichkeit den Brief des Raths von Sicilien empfangen hat, welcher mit deinem Namen bezeichnet war, in welchem meine Großheit gelesen hat, daß der Rath regiert, wegen des Todes des Alaabbas Ben Alfadli Ben Fazarrh, Emir Chbir's von Sicilien; deswegen sagt dir meine Großheit in Gegenwart des ganzen Raths diese Worte zu lesen:

Muhammed Ben Abu el Aabbas, vierter Mulei, durch Gottes Gnade, befiehlt euch Männern des Raths von Sicilien allen, den Aabd Allah Ben Alaabbas, Emir von Zanklah, als euern Emir Chbir zu erkennen, und ihm zu gehorchen, als wenn es meine Person selbst wäre, und wenn jemand den Befehlen des Aabd Allah Ben Alaabbas nicht gehorchen wird, so wird er sogleich gestraft werden, als wenn er meiner Großheit ungehorsam gewesen wäre. Indessen hat euer großer Gebieter euch nichts mehr zu sagen; berührt euch allen den Kopf, und unterschreibt sich auf diese Weise:

„Muhammed Ben Abu el Aabbas, durch Gottes Gnade, Mulei der Vierte. Kairuan, den 2ten des Monats Dschamadilaud 247 Muhammeds."

478.

Am 28sten Tag des Monats Dschamadilaud 247 ist eine Barke nach Susa geschickt worden, mit einem Papier für unsern Mulei, welches auf diese Weise lautete:

„Muhammed Ben Abu el Aabbas Mulei: Aabd Allah Ben Alaabbas *) mit dem Angesicht zur Erde küßt die Hände ihrer Großheit, und macht ihr

---

*) In der Abschrift, welche wir von Nowairi besitzen, ist die Zeitrechnung, oder die Reihe der Statthalter, oder besser zu sagen, der Groß-Emire von Sicilien, sehr verwirrt, und dient nicht, die Geschichte aufzuhellen. Vielleicht hat die Arabische Abschrift, welche in Paris aufbewahrt wird, einen nachläßigen Abschreiber gehabt, daher dann in die Uebersetzung die Fehler der Original-Abschrift gekommen seyn mögen, wodurch sie einige Seiten hindurch, dunkel wird. Er sagt also, daß bei dem Tode des Alaabbas Ben Alfadli, „die Mußül„manen gleich Anfangs an seine Stelle den „Achmed Ben Jakub gesezt haben" (welcher doch in dieser Zeit in Afrika war, und erst zehen Jahre später nach Sicilien kam) „und darauf den Aabd Allah Ben „Alaabbas: zu ebenderselben Zeit schrieben „sie an den Emir von Kairuan, der ihnen „Khafadscha (Khafagia) Ben Safian im Jahr „248 schickte," (der nach dem Tod des Aabd Allah Ben Alaabbas erwählt wurde.) Vom Uebrigen werden wir in der Folge zu reden haben.

unter den Arabern. 73

bekannt, daß am 21sten des Monats Dschamadilaub der Rath das Papier gelesen hat, welches ihm ihre Großheit schickte, welches mit dem zweiten Tag des Monats Dschamadilaub 247 gezeichnet war. Kaum war das Papier gelesen, so kam er zu mir, und hat mir die Hände geküßt, indem er mir sagte, daß ihre große Herrlichkeit mich an Statt meines Vaters zum Emir Chbir von Sicilien gemacht hat: der Rath hat mich dem ganzen Volke vorgestellt, um ihm zu zeigen, wer sein Emir Chbir wäre. Indessen danke ich mit meinem Angesicht zur Erde ihrer großen Herrlichkeit für die Gnade, welche sie mir gethan hat, indem sie mich an die Stelle meines Vaters wählte, und ich hoffe ihrer großen Person Proben meiner Tapferkeit zu geben. Ich sage ihrer Großheit, daß der Rath, indem er mir den Besiz gab, mir drei tausend Stücke von Silber und acht tausend Stücke von Gold übergeben hat, und dieses ist das Geld, welches aus dem Getreide und der Gerste gezogen worden ist, welche man im Namen ihrer Großheit verkauft hat, und alles haben in diesem Jahr die Bisaner gekauft, so wohl das ihrer großen Person, als das der andern Leute. Das Geld habe ich in zwei mit meinem Namen versiegelte Kisten gethan. Ihre große Herrlichkeit wisse, daß ich nichts von diesem Geld zurückbehalten habe, wie mein Vater that, der so viel vom Hundert und wie in den Verordnungen geschrieben ist, nahm, weil ich für dieses Mal mich dieser Freiheit nicht bedienen wollte. Indessen habe ich ihrer Großheit nichts mehr zu sagen, als daß man jezt den Emir von Zanklah wird machen müssen, und den Emir von Marset Allah, und über dieses erwarte ich die Befehle ihrer Großheit, um zu wissen, wem sie diese Stellen wird geben wollen. Ich habe ihrer Großheit nichts weiter vorzustellen; mit meinem Angesicht zur Erde küsse ich ihr die Hände, und zeichne mich also:

Aabd Allah Ben Alaabbas, durch Gottes Gnade, Emir Ehbir von Sicilien, Knecht der Großheit des Mulei. Jmedina Balirmu den 23sten des Monats Dschamadilaud 247 Muhammeds."

479.

Am 6ten*) des Monats Reginab 247 haben wir einen Brief in die Stadt Mudakah geschickt, und er lautete also:

„Emir Mustafà Ben Muhammed, die große Person des Emir Ehbir Aabd Allah Ben Alaabbas küßt dir das Angesicht, und sagt dir, alle Leute bereit zu halten, die man kann; denn meine Großheit wird auf die ersten (Tage) des Monats Schawal 248 nach Mudakah mit der Armee kommen, und sie mit der Mannschaft vereinigen, welche deine Person wird gerüstet haben; wie auch deine Person bereit seyn soll. Nach diesem küßt meine Großheit dir das Angesicht, und sagt dir, ihr seine Schwester Aaziza, deine Gemalin, zu grüßen, und zeichnet sich auf diese Weise:

Aabd Allah Ben Alaabbas, durch Gottes Gnade, dein Herr. Jmedina Balirmu, den 26sten des Monats Reginab 247 Muhammeds."

480.

Am 27sten des Monats Reginab 247 ist die Barke zurückgekommen, welche am 28sten des Monats Dschamadilaud 247 nach Susa geschickt worden war, und brachte uns ein Papier von unserm Mulei, und es lautete also:

„Muhammed Ben Abu el Aabbas, durch Gottes Gnade, vierter Mulei, berührt dir den Kopf, und

---

*) Die Unterschrifft nennt aber den 26sten.   H.

meine Großheit sagt dir, o Aabd Allah Ben Alaabbas, daß sie deinen Brief empfangen hat, gezeichnet vom 28sten des Monats Dschamadilaud 247, in welchem sie gelesen hat, daß der Rath dir Besiz eines Emirs von Sicilien gegeben hat: über dieses sagt dir meine Großheit, wohl regieren zu müssen, wie dein armer Vater regierte, und deine Tapferkeit zu zeigen. Meine große Person hat das Geld empfangen, welches du in deinem Papier angezeigt hast, welches ich in den zwei mit deinem Namen versiegelten Kisten gefunden habe. Meine Großheit sagt dir, daß du dir ein anderes Mal das Geld zurückbehalten sollst, das dir zukommt, nach der Vorschrift der Verordnungen, und deswegen sollst du im künftigen Jahr zurückbehalten, was dir für zwei Jahre gehört. Indessen hat meine Großheit nichts mehr dir zu sagen, berührt dir den Kopf, und zeichnet sich also:

„Muhammed Ben Abu el Aabbas, durch Gottes Gnade, Mulei, und dein großer Gebieter. Kairuan, den 9ten des Monats Reginab 247 Muhammeds."

481.

Am 2ten Edilkadan 248 ist ein Papier von Mudakah empfangen worden, welches also lautete:

„Großer Mufty, erster Mann des Raths, Mustafa Ben Muhammed Emir von Mudakah küßt dir das Angesicht, und sagt dir, daß der Emir Chbir Aabd Allah Ben Alaabbas am 10ten des Monats Schawal mit der Armee von funfzehn tausend Mann in der Stadt Mudakah angekommen ist, wo er sie vereinigte mit der Armee, welche meine Person gebildet hatte, welche von zehen tausend Mann war. Am 15ten desselben Monats sind wir von Mudakah abgereist mit der Armee von fünf und zwanzigtausend Mann. Am 16ten desselben Monats kamen wir eine Stunde Wegs weit von Sarkusah an, wo wir uns gelagert haben, und so verweilten wir drei Tage hindurch ohne etwas zu thun, und erwarteten die Armee des feindlichen Volkes von Sarkusah. Da keine erschien, so beschloß der Emir Chbir diese Stadt zu belagern, welches wir am 20sten desselben Monats Schawal gethan haben; aber es gelang uns sehr übel, denn wir haben nichts erhalten, und haben Schaden gelitten. Denn das feindliche Volk tödete uns an dem Tag, an welchem der Angriff gethan worden ist *), hundert und acht und vierzig Mann von unserem Volk, unter welchen der Emir Chbir todt blieb durch ein Holz, das ihm bei dem Angriff auf den Kopf fiel, und ich zerbrach einen Fuß: wir haben uns zurückgezogen, da ich mit dem zerbrochenen Fuß nichts mehr thun konnte; wir haben uns für diese Nacht gelagert. Beim Anbruch des Tags am 21sten des erwähnten Monats habe ich den Leichnam des Emir Chbir nach Mudakah geschickt, um ihn in der Moschee dieser Stadt zu begraben, und habe unsre Mannschaft begraben lassen, die gestorben war. Am 22sten habe ich mich auf ein Bett sezen lassen, da ich mich mit dem zerbrochenen Fuß nicht zu Pferde sezen kann, und wir sind wieder nach der Stadt Mudakah gegangen. Am 23sten desselben Monats sind wir in Mudakah angekommen. Am 25sten habe ich den Leuten von der Armee Befehl gegeben, daß jeder sich zurückziehen und in sein Hauß gehen könne, und gegenwärtig sind sie alle fortgegangen, und mir gibt mein Fuß immer viel Marter. Meine Person sagt dir, daß sie mit dem zerbrochenen Fuß in nichts mehr dienen kann; deswe-

---

*) Hier fehlen, wie man aus dem folgenden Brief an den Mulei sieht, zweitausend, welche im Italiänischen Text ausgeblieben sind.
H.

gen, wann der neue Emir Chbir gemacht werden wird, wird man einen andern Emir nach Mudakah schicken müssen, und ich werde kommen in Balirmu zu seyn mit meiner Gemalin. Indessen habe ich nichts mehr zu sagen; küsse dir das Angesicht und zeichne mich auf diese Weise:

Der Emir Mustafá Ben Muhammed, durch Gottes Gnade, dein Freund. Stadt Mudakah den 27sten des Monats Schawal 248 Muhammeds."

482.

Am 3ten Tag des Monats Edilkaban 248 haben wir eine Barke nach Susa geschickt mit einem Papier für unsern Mulei, welches also lautete:

Muhammed Ben Abu el Aabbas, durch Gottes Gnade, Mulei, der Groß=Mufty schickt dieses Papier an seine große Person, im Namen aller Leute vom Rath, welche, zugleich mit mir, mit dem Angesicht zur Erde die Hände ihrer sehr großen Herrlichkeit küssen. Nun mache ich mit meinem Angesicht zur Erde ihrer großen Person bekannt, daß am 4ten Tag des Monats Schawal 248 der Emir Aabd Allah Ben Alaabbas von Balirmu mit fünfzehn tausend Mann abreiste, und nach der Stadt Mudakah gieng, um sie mit andern zehn tausend Mann zu vereinigen, welche der Emir dieser Stadt in Bereitschaft gehalten hatte. Am 15ten desselben Monats Schawal 248 zog der Emir mit der Armee von fünf und zwanzig tausend Mann von Mudakah aus, und gieng die Stadt Sarkusah zu belagern. Als er nach Sarkusah gekommen war, so hat er drei Tage nach seiner Ankunft auf diese Stadt den Angriff gethan ohne Nuzen, und mit Verlust unseres Volks, denn das feindliche Volk tödtete von den Unsrigen zwei tausend, hundert und acht und vierzig, unter welchen der

Emir Ebbir war *). Der Emir von Mubakah hatte das Unglück einen Fuß zerbrochen zu haben, und da man nicht fortfahren konnte, Angriffe zu geben, aus Mangel an Personen, welche die Armee angeführt hätten, so ward beschlossen sich in die Stadt Mubakah zurückzuziehen, wo sie sich gegenwärtig befindet . .
. . . .
. . . . das, was . . . . .
. . . .
. . . .
. . . . um zu wissen . . . .
. . . . mit den Leuten

---

*) Die kurze Zeit von sieben Monaten, in welchen Aabd Allah Ben Alaabbas als Groß-Emir regierte, an dessen Stelle Kafagia (Kafabscha) Ben Safian gesezt wurde, machte die Arabischen Compilatoren Abulfeda und Nowairi glauben, daß Aabd Allah nur allein durch den Willen des Volks regiert hätte, biß daß der Mulei den Groß-Emir Kafagia Ben Safian bestimmt hätte, der zur Antwort auf die erste Nachricht erwählt worden wäre.. Abulfeda, nachdem er gesagt: Castra vel populus filium Abdallam sufficiebant (das Lager oder das Volk sezte den Sohn Abdallah an die Stelle) so fügt er hinzu: Adveniebat aliquanto post ex Africa Kafagias Ben Safian. (Einige Zeit darauf kam aus Afrika Kafagia Ben Safian an.) Abilf. Ann. Moslem. Tom. I. fol. 201. Und Nowairi sagt: zu eben derselben Zeit schrieben sie (die Mußulmanen) an den Emir von Kairuan, welcher ihnen im Jahr 248 (862) Kafagia den Sohn Safian schickte. Die vorhandene Münze von Aabd Allah Ben Alaabbas Groß-Emir, deren wir kurz vorher erwähnt haben, zerstreut die Dunkelheit, in welche die zwei angeführten Arabischen Geschichtschreiber uns hätten verleiten können.

des Raths und mit dem Angesicht zur Erde küsse
ich die Hände . . . .
und zeichne mich auf diese Weise:

  Der Groß-Mufty . . . . Knecht . .
. . . .
den 3ten des Monats . . . .

483.

Am 28sten Tag Edilkadan's 248 ist die Barke
angekommen, welche wir am 3ten desselben Monats
nach Susa geschickt hatten, und sie brachte uns einen
Brief unsers Mulei, welcher also lautete:

„Muhammed Ben Abu el Aabbas, durch Gottes
Gnade, Mulei, grüßt dich und sagt dir, o Groß-Mufty
daß er deinen Brief empfangen hat, gegeben am 3ten
Tag des Monats Edilkadan 248, welchen du im Namen
des Raths gezeichnet hast, in welchem meine Großheit
den Tod des Emir Chbir Aabd Allah Ben Alaabbas zugleich mit zwei tausend hundert und acht und vierzig Mann,
gelesen hat, und daß dem armen Emir von Mudakah ein
Fuß zerbrochen sey; man muß Gedult haben. Die
Großheit deines Gebieters sagt dir, o Groß-Mufty,
daß dieser Brief dir von Kafagia Ben Safian wird
übergeben werden, welchen meine Großheit dir befiehlt
dem Rath vorzustellen, damit er von demselben als Emir
Chbir erkannt werde, und darauf soll der Rath ihn dem
Volk vorstellen, damit es wisse, wer der neue Emir
Chbir von Sicilien sey, und wem es gehorchen soll.
Meine Großheit sagt den Leuten des Raths, daß wenn
jemand dem Kafagia Ben Safian Emir Chbir nicht
gehorchen wird, er sogleich gezüchtigt werden soll, als
wenn er meiner großen Person nicht gehorcht hätte; und
dasselbe sollen alle Emire thun mit Vollziehung aller
Befehle, welche ihnen der Emir Chbir Kafagia Ben
Safian geben wird. Meine Großheit hat nichts mehr

dir zu sagen; berührt deinen Kopf, und den aller Leute des Raths, und zeichnet sich also:

Muhammed Ben Abu el Aabbas, durch Gottes Gnade, vierter Mulei. Kairuan den 16ten des Monats Edilkadan 248 Muhammeds."

484.

Am 2ten Tag des Monats Almoharoan 248 ist eine Barke nach Susa geschickt worden, mit einem Brief für unsern Mulei, welcher also lautete:

„Muhammed Ben Abu el Aabbas, großer Gebieter Mulei, Kafagia Ben Safian *) Emir Chybir von Sicilien mit dem Angesicht zur Erde küßt die Hände ihrer sehr großen Person, und macht ihr bekannt, daß ich am 28sten des Monats Edilkadan 248 in Balirnu angekommen bin, und geschickt habe, den Groß-Mufty zu rufen, sobald ich an der Küste von Khalsa ankam; ich bin nicht aus Land gegangen, als nachdem der Groß-Mufty zugleich mit den Leuten des Raths gekommen war: da ich ans Land getreten war, ging ich in das Hauß von Khalsa; und kaum war ich in dem
Hauß

---

*) Es ist oben bemerkt worden, daß Nowairi sagt, Kafagia Ben Safian sey von dem Herrn von Kairuan erwählt worden, ob er schon nicht wußte, daß dieses bei dem Tode des Aabd Allah Ben Alaabbas geschehen ist. Abulfeda thut auch Erwähnung davon. Adveniebat aliquanto post ex Africa Chafagiah Sofiani filius. (einige Zeit darauf kam aus Afrika an Khafagiab Sofian's Sohn) Annal. Moslem. Reiske. Tom. 1. fol. 401. Der Erzbischoff Airoldi besitzt eine Münze von Khafagia Ben Safian mit der Jahrzahl 252; der Abate D. Joseph Vella, eine andere von eben demselben mit der Jahrzahl 251.

Hauß angekommen, so hat der Groß-Mufty den Brief
ihrer großen Person vor allen Leuten des Raths gelesen:
nachdem er gelesen war, haben mir alle die Hände geküßt; der Rath stellte mich dem Volk vor, welches
Freudenstimmen erhob. Ich sage ihrer Großheit, daß
der verstorbene Emir Chbir keine Kinder hinterlassen
hat; das Geräthe habe ich seiner Gemalin gegeben,
und es war fast lauter Geräthe, welches sie zum Antheil erhalten hatte, der ihr bei dem Tod des Emir
Chbir Muhammed Ben Aabd Allah, ihres Vaters,
zugefallen war, und nun denke ich ihr meinen Sohn
zum Manne zu geben. Ich habe ihrer großen Herrlichkeit nichts weiter zu sagen: mit meinem Angesicht zur
Erde küsse ich ihr die Hände, und zeichne mich also:

Der Emir Chbir von Sicilien Kasagia Ben Safian, Knecht der großen Person des Mulei Muhammed Ben Abu el Aabbas. Imedina Balirmu den
2ten des Monats Almoharoan 248 Muhammeds."

485.

Am 29sten des Monats Dschamadilaub 248 ist
eine Barke nach Susa geschickt worden, mit einem
Brief für unsern Mulei, welcher auf diese Weise
lautete:

„Muhammed Ben Abu el Aabbas, durch Gottes Gnade, Mulei, der Emir Chbir von Sicilien Kafagia Ben Safian mit dem Angesicht zur Erde küßt die
Hände ihrer großen Herrlichkeit, und macht ihr bekannt,
daß ich am lezten Tag des Monats Ausah 248 drei
Männer des Raths geschickt habe, allen uns unterworfenen Statthaltern den Besuch zu machen, und zugleich
die Rechnungen mit den Emiren zu machen, über das,
was eingenommen worden ist. Am 23sten Dschamadilaub's 248 kamen jene drei Männer des Raths nach Balirmu zurück; sie haben mir die Rechnungen und das

Geld gebracht. Also sage ich ihrer großen Herrlichkeit, daß an Getreide und Gerste in diesem Jahr an die Pisaner dreißig tausend Lasten verkauft worden sind. Allemal zwei Lasten Gerste wurden um den Preiß eines großen Silberstücks verkauft, und man verkaufte zwölftausend Lasten, und an Getreide sind achtzehn tausend Lasten um ein Goldstück für jede zwei Lasten verkauft worden; an Oel sind acht tausend Lasten, um zwei Goldstücke jede Last, verkauft worden. Von allem diesem Geld hat sich meine Person so viel genommen, als die Verordnungen sagen, und das Uebrige habe ich in zwei mit meinem Namen versiegelte Kisten gethan, welche ihre Großheit zugleich mit diesem Brief empfangen wird. An Getreide und Gerste von der neuen Aerndte sind im Namen ihrer Großheit aufbewahrt worden, mit einbegriffen den Antheil, der mich trift, vierzigtausend Lasten an Getreide, und fünf und dreißig tausend an Gerste, ausser dem Zuwachs, welcher in den Magazinen bleiben wird, in welchen das Volk sein Getreide und seine Gerste aufbewahrt, um sie aus Sicilien zu schicken.

Ich sage ihrer großen Herrlichkeit, daß ich zum Emir der Stadt Zanklah meinen Sohn Muhammed Ben Kafagia, und zum Emir der Stadt Marset Allah den Aabb Alrahman Ben Muhammed gemacht habe, einen Sohn des Emir Chbir Muhammed Ben Aabb Allah, welcher vor Alaabbas Ben Alfadli Ben Fazärrh starb, und ich hoffe, daß ihre große Herrlichkeit sie mir billigen wird. Ich stehe jezt im Begriff mich mit der Stadt bekannt zu machen; ich lasse einige Dämme an der Küste machen, und lasse einen Ort bauen, wo man Barken, Schelandien, und Schiffe bauen könne; denn, wenn ich eins von solchen Schiffen bauen will, so ist kein tauglicher Ort vorhanden; und deswegen habe ich den Grund dazu gemacht.

Ich sage ihrer großen Person, daß ich die Männer meines Raths um ihre Gesinnungen über das gefragt habe, was in Ansehung des Volks von Sicilien geschehen soll, und wegen den Unternehmungen zur See. Ich dächte, zwei Rathsversammlungen zu machen, damit die Sachen besser gehn; einen Rath, der den Landsachen angehörte, und einen Rath, der den See-Sachen angehörte, denn diejenigen welche wissen, wie die Land-Sachen gehen, verstehen sich zuweilen nicht auf die Seegeschäfte; und diejenigen, welche die Seegeschäfte wissen, kennen die Landgeschäfte nicht. Wann für die Landgeschäfte Rath gehalten werden wird, so soll er in meinem Hauße innerhalb des Landes gehalten werden, und wann Rath gehalten werden soll für Sachen, welche das Meer betreffen, so soll er in meinem Hauß der Küste von Khalsa gehalten werden. Ich hoffe, daß ihre große Person diesen meinen Gedanken billigen wird. Ich habe ihrer großen Herrlichkeit nichts weiter zu sagen, mit meinem Angesicht zur Erde küsse ich ihr die Hände, und zeichne mich auf diese Weise:

Der Emir Chbir von Sicilien Kasagia Ben Safian, durch Gottes Gnade, Knecht der Großheit des Mulei Muhammed Ben Abu el Aabbas. Imedina Balirmu, den 29sten des Monats Dschamabilaub 248 Muhammeds."

486.

Am 6ten des Monats Reginab 248 haben wir ein Papier von Mudakah empfangen, geschickt von Mustafa Ben Muhammed, Emir dieser Stadt, und es lautete also:

"Kasagia Ben Safian Emir Chbir, Mustafa Ben Muhammed mit dem Angesicht zur Erde küßt die Hände ihrer großen Person, und macht ihr bekannt, daß, da die lezte Schlacht zu Sarkusah geliefert wurde, ich das Unglück hatte, mir den Fuß zu brechen, und ich kann nicht gut gehen, und halte mich mit der Krücke; so, daß ich nicht mehr im Stande bin, zu dienen, und wenn der Fall seyn wird, einen Angriff mit dem feindlichen Volk machen zu müssen, so werde ich es nicht thun können, da mir die Gesundheit fehlt; deswegen sage ich ihrer Großheit, einen andern Emir an meine Stelle zu machen, welcher in den Gelegenheiten, die vorkommen werden, dienen könne, und nicht immer mit gebundenen Händen stehe, wie die Nothwendigkeit mich stehen macht. Ich habe ihrer Großheit nichts weiter zu sagen, mit meinem Angesicht zur Erde küsse ich ihr die Hände, und zeichne mich also:

Der Emir Mustafa Ben Muhammed, durch Gottes Gnade, Knecht der Großheit des Emir Chbir. Stadt Mudakah den 2ten des Monats Reginab 248 Muhammeds."

487.

Am 10ten des Monats Reginab 248 haben wir einen Brief an den Emir von Mudakah geschickt, welcher also lautete:

„Kafagia Ben Safian, durch Gottes Gnade, Emir Chbir, küßt dir die Stirne, grüßt dich, und sagt dir, o Mustafa Ben Muhammed, daß meine große Person deinen Brief empfangen hat, geschrieben am 2ten Tag des Monats Reginab 248, in welchem meine Großheit gelesen hat, wie du nicht mehr dienen kannst, weil du den Fuß gebrochen hast, eine Sache, die meiner großen Herrlichkeit mißfiel, indem sie hörte, daß sie sich deiner tapfern Person nicht bedienen könne. Meine Großheit wird dir jedoch ein anderes Amt geben, da sie gesehn hat, daß du wahrhaftig ein Mann von großem Verstande bist, und deswegen bestimmt dich meine Großheit zum ersten Mann des See-Rathes, und dieses Amt wirst du ausüben können, da es nur Arbeiten des Geistes erfordert. Meine Großheit sagt dir, daß Aali Ben Aamar dir dieses Papier übergeben wird, welchen meine große Person zum Emir von Mudakah gemacht hat: deine Person soll jedoch fortfahren zu regieren, so lang sie sich in Mudakah befinden wird, und Aali Ben Aamar wird seine Regierung anfangen, wann du abreisen wirst, und meine Großheit giebt dir die Freiheit, dich nach deinem Willen aufhalten, und mit deiner Bequemlichkeit nach Balirmu kommen zu können. Meine große Person sagt dir, o Mustafa Ben Muhammed, daß du in Balirmu ein sehr schönes Hauß hast, und außer dem Hauß der Aaziza hast du das Hauß deiner Mutter, und deswegen läßt dir meine Großheit kein andres Hauß zurüsten; wann du nach Balirmu kommst, und ein andres Hauß wolltest, so wirst du es dir bauen lassen. Meine Großheit hat nichts mehr dir zu sagen, küßt dir die Stirne, grüßt dich, und unterschreibt sich also:

Kafagia Ben Safian, durch Gottes Gnade, Emir Chbir von Sicilien, dein Herr. Imedina Balirmu, den 10ten des Monats Reginab 248 Muhammeds."

488.

Am 25sten des Monats Reginab haben wir einen Brief unsers Mulei empfangen, mit der Barke, welche am 29sten des Monats Dschamabilaud 248 nach Susa geschickt worden war, welcher Brief also lautete:

"Muhammed Ben Abu el Aabbas, durch Gottes Gnade, Mulei, berührt dir den Kopf, grüßt dich, und meine große Person sagt dir o Emir Chbir, Kafagia Ben Safian, daß sie deinen Brief empfangen hat, geschrieben am 29sten des Monats Dschamabilaud, mit welchem meiner Großheit das in diesem Jahr aus den geschehenen Verkäufen zusammengebrachte Geld übergeben worden ist, und sie hat auch gelesen, wie viel neues Getreide und neue Gerste sich aufbewahrt finde. Meine Großheit hat Vergnügen gehabt, da sie gehört hat, daß deine Person das Zeughauß bauen läßt für die Verfertigung der Barken, und auf diese Weise wird es nicht mehr nöthig seyn, daß man sie von Susa zu schicken habe. Meine große Herrlichkeit sagt dir, o Kasagia Ben Safian, daß sie deinen Gedanken billiget, einen andern Rath zu machen, um das Seewesen zu regieren, abgesondert von dem Rath, welcher die Sachen von Sicilien regiert, und indessen bestätigt dir meine große Person alles, was du vorgeschlagen hast. Meine Großheit bestätigt dir die Emire, welche du erwählt hast, und billigt dir, was du weiter gethan hast, nachdem, was du meiner großen Herrlichkeit mit deinem Papier vom 29sten des Monats Dschamabilaud 248 geschrieben hast. Meine Großheit hat dein Papier, geschrieben am 2ten Tag des Monats Almoharoan 248, empfangen, in welchem meine große Person gelesen hat, daß das Volk von Balirmu Vergnügen gezeigt hat, da der Rath dich demselben vorgestellt hat. Meine große Herrlichkeit sagt dir, wohl gethan zu haben, deinem Sohn die Wittwe des verstorbenen Emir Chbir zur Gemalin zu geben; es hat dir nie an Verstand gefehlt, und du weißt deine Sachen sehr gut zu machen. Meine Großheit hat nichts mehr dir zu sagen; berührt dir den Kopf, und unterschreibt sich auf diese Weise:

Muhammed Ben Abu el Aabbas, durch Gottes Gnade, Vierter Mulei. Kairuan den 7ten des Monats Reginab 248 Muhammeds."

489.

Am 15ten des Monats Rabialkem 249 ist eine Barke nach Susa geschickt worden, mit einem Brief für unsern Mulei, welcher auf diese Weise lautete:

"Muhammed Ben Abu el Aabbas, durch Gottes Gnade, Mulei, Kasagia Ben Safian, mit dem Angesicht zur Erde küßt die Hände ihrer Großheit, und macht ihr bekannt, daß er den Brief, geschickt von ihrer großen Person im verfloßnen Jahr, mit dem Datum vom 7ten des Monats Reginab 248, erhalten hat, zur Antwort, daß ihre große Herrlichkeit das Geld empfangen hatte. In diesem Jahr ist nichts verkauft worden; das Getreide und die Gerste vom verfloßnen Jahr ist noch aufbewahrt, und auch das Volk hat nichts verkauft, da die Bisaner nicht gekommen sind zu kaufen, und da ich kein Geld zusammen gebracht habe, so habe ich nichts geschickt. In diesem Brief wird ihre Großheit das Papier finden, welches alles zeigt, was die Leute, welche Felder besitzen, nach dem Inhalt der Verordnungen bezahlt haben. Ich sage ihrer Großheit, daß eine sehr große Menge Sachen aus Sicilien geht, ohne etwas zu zahlen; und alle die Sachen, welche die Bisaner bringen, um sie in Sicilien zu verkaufen, zahlen auch nichts. Dieß geht nicht gut, man muß diese Leute zahlen machen, sowohl, wann sie die Sachen ausführen, die in Sicilien hervorgebracht werden, als wann sie Sachen aus andern Ländern nach Sicilien bringen: auf diese Weise gewinnen diese Leute, und werden auch wir gewinnen, und die Leute werden sich darüber nicht beklagen können. Ehe ich dieses thue, will ich die Erlaubniß ihrer großen Herrlichkeit. Ich sage ihr, daß ich hoffe, im neuen Jahre werde das Zeughauß vollendet werden, und sogleich werde ich große Barken bauen lassen; ich habe nach diesem nichts mehr ihrer Großheit zu sagen, außer, daß der Emir von Mudakah, Mustafà Ben Muhammed entsagt hat, Emir zu seyn, weil in der lezten Schlacht, welche zu Sarkusah gegeben worden ist, ihm der Fuß gebrochen ist: er hat mir einen Brief geschrieben, und mir gesagt, daß er nicht mehr dienen könne, weil er untauglich geworden sey, und ich habe sogleich einen andern Emir gemacht, welcher Aalì Ben Aamar heißt, der ein sehr tapferer Mann ist, und Mustafà Ben Muhammed habe ich zum Oberhaupt des See-Rathes erwählt, weil er ein Mann von großem Verstand ist, und dieses Amt wird er sizend ausüben, ohne nöthig zu haben, auf den Füßen zu seyn, und wenn ihre Großheit mir die Erlaubniß geben wird, die Zollhäußer zu machen, so will ich ihn zum Oberzollbeamten machen, weil er überdieß ein Mann von großem Verstand und reich ist: er hat das Hauß der Aaziza, welches schöner ist, als das, welches ihre Großheit hat, denn alles Geld, was ihm als sein Antheil zufiel, als der Emir Chbir Muhammed Ben Aabd Allah, sein Vater starb, verwendete er auf dieses Hauß im Namen seiner Gemalin, und daher habe ich keinen reichern Mann als ihn, dem ich soviel Geld anvertrauen könnte, als von den Zöllen, welche man machen wird, eingenommen werden wird. Ich habe nichts weiter ihrer großen Person zu sagen, erwarte die Befehle ihrer Großheit, und mit meinem Angesicht zur Erde küsse ich ihr die Hände, und unterschreibe mich auf diese Weise:

Der Emir Chbir von Sicilien Kafagia Ben Sasian durch Gottes Gnade, Knecht der Großheit des Mulei Muhammed Ben Abu el Aabbas. Jmedina Balirmu, den 15ten des Monats Rabialkem 249 Muhammeds."

490.

Am 28sten des Monats Dschamadilaud ist die Barke gekommen, welche wir am 15ten des Monats Rabialkem 249 nach Susa geschickt hatten, die uns einen Brief unsers Mulei brachte, und er lautete also:

"Muhammed Ben Abu el Aabbas, durch Gottes Gnade, Mulei, berührt dir den Kopf, und sagt dir, o Kasagia Ben Sasian, Emir Chbir von Sicilien, daß meine Großheit deinen Brief empfangen hat, gegeben am 15ten des Monats Dschamadilaud 249, in welchem meine große Person gelesen hat, daß in diesem Jahr nichts verkauft worden ist, und du deswegen kein Geld geschickt hast. Meine große Herrlichkeit sagt dir, daß sie auch gelesen hat, du seyst der Meinung, man sollte Zollhäußer errichten. Meine Großheit befiehlt dir, deine Gedanken aufzuzeichnen, wie du diese Zollhäußer machen wolltest, und wie man die Leute sollte zahlen machen; Du wirst hernach die Anzeige meiner großen Herrlichkeit schicken, welche, wenn sie bei Lesung derselben sehen wird, daß das, was du vorschlägst, billig ist, es dir bestätigen wird. Meine große Herrlichkeit sagt dir, o Kasagia Ben Sasian, daß meine große Person nicht weiß, wie viel gegenwärtig aus Sicilien eingenommen wird, und glaubt dem, was deine Person vorstellt, und, wenn du sagen willst, es sey wenig oder viel eingenommen worden, so ist es in deiner Freiheit, und deswegen schlägt meine Großheit dir vor, ein Gewisses aufs Jahr zu zahlen, und alles, was die Leute nach dem Inhalt der Verordnungen zahlen, wird deine Person nehmen, und du wirst meiner Großheit in jedem Jahr die Summen schicken, welche du zu zahlen dich verbinden wirst, und diese Sache wird gut für deine Person seyn, und gut für meine Großheit, denn so wird sie wissen, was sie einnehmen soll, ohne

Verdacht zu haben, daß deine Person betrogen habe: hierüber wird deine Person reiflich denken, und dann meiner Großheit antworten. Meine Großheit hat Vergnügen gehabt, daß du zum Oberhaupt des See-Rathes den Emir Mustafa Ben Muhammed erwählt hast, und daß du ihn zum Oberhaupt der Zölle machen willst, wenn diese werden gemacht werden. Nach diesem hat meine Großheit nichts mehr, dir zu sagen; sie berührt dir den Kopf, und zeichnet sich also:

Muhammed Ben Abu el Aabbas, durch Gottes Gnade, vierter Mulei. Kairuan, den 8ten des Monats Dschamadilaud 249 Muhammeds."

491.

Am 20sten des Monats Edilkaban 250 haben wir eine Barke nach Susa abgefertigt, mit einem Brief für unsern Mulei, und er lautete also:

„Muhammed Ben Abu el Aabbas, durch Gottes Gnade, Mulei: der Emir Chbir Kafagia Ben Safian, mit dem Angesicht zur Erde küßt die Hände ihrer Großheit, und macht ihr bekannt, den Brief ihrer großen Person empfangen zu haben, geschrieben am 8ten des Monats Dschamadilaud 249, welchen ich mit vieler Aufmerksamkeit gelesen habe. In demselben schlägt ihre Großheit vor, in jedem Jahr eine gewisse Summe Geldes von mir zu wollen, und daß ich hernach jene Summe für meine Rechnung nehme, welche das Volk verbunden ist, aus seinen Feldern zu bezahlen, nach der Vorschrift der Verordnungen, wie auch das, was jedes Jahr von den Leuten eingenommen wird, welche Getreide und Gerste in die Magazine bringen, um sie aus Sicilien auszuführen. Hierüber biete ich ihrer großen Person an, im Monat Reginab jeden Jahrs hundert und funfzig tausend Krus zu zahlen, und ich will für meine Rechnung alles Getreide, alle Gerste,

Oel, und Wolle nehmen, welche die Leute in jedem
Jahr nach dem Inhalt der Verordnungen zahlen: mit
der Bedingung überdieß, daß nach dem Verhältniß,
als andre Ländereien werden erworben werden, die Zahlung zunehmen soll. Ich kann mich nicht zu einer größern Summe verbinden, weil die höchst gerecht ist,
welche ich vorgeschlagen habe, und dieser Vertrag soll
auf das Jahr 251 anfangen, indem ich ihn in diesem
Jahr nicht vollziehen kann; denn den ersten des Monats Rabialkem 250 will ich ausziehen, um Eroberungen zu machen, und wann ich nach Balirmu werde zurückgekommen seyn, will ich ihrer großen Person meine
Gedanken in Ansehung der Zollhäußer schreiben, um sie
zu lesen, und zu sehen, ob sie dieselben weise und gerecht finden wird. Nach diesem habe ich ihrer großen
Person nichts mehr zu sagen; mit meinem Angesicht
zur Erde küsse ich ihrer Großheit die Hände, und unterschreibe mich also:

Der Emir Chbir von Sicilien Kafagia Ben Sa-
fian, durch Gottes Gnade, Knecht der Großheit des
Mulei. Imedina Balirmu den 20sten des Monats
Edilfaban 250 Muhammeds."

492.

Am 28sten Tag des Monats Edilfaban 250 haben wir einen Brief an den Emir von Mubakah geschickt, und er lautete also:

„Der Emir Chbir von Sicilien Kafagia Ben
Safian küßt dir die Stirne, und gibt dir Nachricht,
Emir Aah Ben Aamar, alle Mannschaft bereit halten
zu müssen, die du kannst: auf den ersten Tag des Monats Rabialkem wirst du dich mit den Leuten fertig halten, die du gerüstet haben wirst, und wirst meine Großheit erwarten, um mit zu gehen, Eroberungen zu machen. Meine Großheit hat nichts mehr dir zu sagen,

küßt dir die Stirne, grüßt dich sehr, und zeichnet sich auf diese Weise:

Kafagia Ben Sasian, durch Gottes Gnade, Emir Chbir, dein Herr. Imedina Balirmu den 28sten des Monats Edilkaban 250 Muhammeds."

493.

Am 26sten des Monats Almoharoan 250 ist die Barke gekommen, welche am 10ten des Monats Edilkaban 250 nach Susa geschickt worden war, und sie brachte einen Brief unseres Mulei, und er lautete also:

"Muhammed Ben Abu el Aabbas, durch Gottes Gnade, Mulei, berührt dir den Kopf, und sagt dir, o Emir Chbir Kafagia Ben Sasian, daß meine Großheit dein Papier geschrieben am 20sten des Monats Edilkaban 250, empfangen hat, in welchem meine Großheit gelesen hat, daß deine Person hundert und funfzig tausend Krus des Jahrs bezahlen, und alles das nehmen will, wovon du meiner großen Person geschrieben hast. Meine Großheit sagt dir, damit zufrieden zu seyn: also auf den Monat Reginab 251 sollst du anfangen zu bezahlen: in diesem Jahr wird alles für meine Rechnung verkauft werden, wie es gewöhnlich ist. Meine große Person hat Vergnügen gefunden, da sie in deinem Brief gelesen hat, daß du auf den Monat Rabialkem ausziehen wirst, um Eroberungen zu machen, und wann du nach Balirmu zurückgekommen seyn wirst, so wirst du meiner Großheit schicken, was du in Ansehung der Weise, Zollhäußer zu errichten, gedacht haben wirst, damit meine große Person es lese. Nach diesem hat meine Großheit nichts weiter, dir zu sagen; sie berührt dir den Kopf, und zeichnet sich also:

Muhammed Ben Abu el Aabbas, durch Gottes Gnade, vierter Mulei. Imedina Kairuan, den 7ten des Monats Almoharoan 250 Muhammeds."

494.

Am 28ſten des Monats Dſchomadilaud 250 haben wir eine Barke mit einem Brief für unſern Mulei nach Suſa geſchickt, welcher auf dieſe Weiſe lautete:

„Muhammed Ben Abu el Aabbas Mulei, der Emir Chbir von Sicilien Kafogia Ben Safian mit dem Angeſicht zur Erde küßt die Hände ihrer Großheit, und macht ihr bekannt, wie ich am 4ten Tag des Monats Räbialkem 250 von Balirmu mit einer Armee von funfzehntauſend Mann ausgezogen bin. Vor meiner Abreiſe habe ich die Regierung den Leuten meines Raths gelaſſen. Am 10ten des erwähnten Monats kam ich mit meiner Mannſchaft in der Stadt Mudakah an, habe zwei Tage hindurch in dieſer Stadt zugleich mit den meinigen geruhet, welchen andre fünftauſend beigeſellt worden ſind, welche mich der Emir von Mudakah hat bereit finden laſſen. Vor Untergang der Sonne war ich eine halbe Stunde Wegs weit von der Stadt Nehetu: ich habe mich gelagert, und habe meine Mannſchaft ruhen laſſen. Beim Anbruch des Tags am 13ten deſſelben Monats haben wir unſern großen Angriff gegeben, welcher, ob ſchon er uns groſſe Mühe gekoſtet hat, dennoch einen ſehr glücklichen Ausgang hatte, und kurz vor Untergang der Sonne waren wir bereits Meiſter dieſer Stadt *). Die Leute, welche nicht fliehen konnten, wurden alle mit der Schärfe des Schwerdts getödtet, ohne irgend einem den Tod zu ſparen, weil alle gegen uns geſtritten hatten; ſo gar die Weiber warfen Steine oben von den Baſteyen herab auf uns, während daß wir ſie niederriſſen. Sobald wir uns alſo von die-

---

*) Die Eroberung der Stadt Noto wird von der Arabiſchen Chronik beſtätigt: Anno 6372 (864) tradita eſt Natis. Cron. di Cambridge unter dem angeführten Jahr.

ser Stadt Meister gemacht haben, haben wir Lager gefaßt, und ich habe die Leute ruhen lassen. Am 14ten desselben Tages habe ich die Unsern zählen lassen, und habe gefunden, daß tausend, hundert und sieben und dreißig Mann gestorben waren; von dem feindlichen Volk weiß ich die Todten nicht, indem ich davon keine Zählung gehalten habe, sondern sobald sie zusammen gebracht waren, sind sie verbrannt worden. Ich sage jedoch ihrer großen Person daß es mehr als die Unsrigen gewesen sind. Ich habe alles Geräthe zusammen bringen lassen das in den Häußern aufbewahrt war, und habe es meiner Mannschaft austheilen lassen, und sie war damit sehr zufrieden. Es haben sich fünftausend Ladungen Getreide, und zweitausend Gerste gefunden; ich habe sie in der Festung aufbehalten lassen, zum Vorrath der Mannschaft, welche ich zur Besazung in dieser Stadt gelassen habe. An Geld sind gesammelt worden, zwanzig tausend Stück von Silber, und sechstausend Stücke von Gold, und eine Kiste voll Gold und Silber, das die Frauen gebrauchen. Das Kupfergeld habe ich zurückgelassen, daß es zu Bezahlung der Leute diene, welche die bei der Belagerung gemachten Ruinen ausbessern müssen. Ich habe Befehl gegeben, daß die Festung wieder hergestellt werden sollte, die sehr schön ist. Am 26sten des Monats Rabialkem bin ich von Nehetu abgereist: vor meiner Abreise habe ich sechstausend Mann zur Besazung zurückgelassen, welchen ich auferlegt habe, daß sie schicken sollten, ihre Weiber und Kinder zu holen, um in dieser Stadt zu wohnen. Ich befahl auch dem Statthalter, daß er alle Felder vertheilen sollte, deren wir uns bemächtigt haben, und daß er mit dem zurückgelassnen Getreide und Gerste, der Mannschaft, welche in Besazung geblieben, aushelfen, und mir hernach Rechnung von dem geben sollte, was verbraucht worden seyn wird. An demselben Tag,

an welchem ich von Nehetu abgereist bin, kam ich in der Stadt Mudakah an: daselbst habe ich die Leute gelassen, welche sich da mit meiner Armee vereinigt hatten, und ich verweilte daselbst fünf Tage. Am 6ten Tag des Monats Dschamadilaud 251 bin ich von Mudakah mit der Mannschaft abgereist, welche mir geblieben war, und am 11ten desselben Monats Dschamadilaud 251 kam ich in Balirmu an: kaum war ich angekommen, so habe ich die Mannschaft entlassen, damit jeder in sein Hauß gienge: ich habe . . . . . . wohl
. . . .

Ich sage ihrer Großheit, daß alles in den Magazinen aufbewahrte Getreide und Gerste des verfloßnen Jahrs bereits verkauft war, und jene drei Männer vom Rath, welche ich geschickt habe, um die Rechnungen mit den Emiren zu machen, haben mir viertausend Zarmaßbub und zehntausend Krus gebracht, welche ihre Großheit in der Kiste finden wird, welche ich zugleich mit diesem Brief abgeschickt habe. Vom Oel und von der gewobenen Wolle ist nichts verkauft worden.

Ich lege nun ihrer Großheit das vor, was ich in Ansehung des Zollhaußes gedacht habe:

Erstlich. Muß man zwölf Magazine, so groß als möglich, bauen: sechs von diesen werden dienen, um die Sachen aufzubewahren, welche von auſsen herein nach Sicilien kommen, und sechs andre, um diejenigen Sachen aufzubewahren, welche man von Sicilien auswärts schicken wird.

Zweitens. Wann die Sicilischen, oder unsere Leute die Sachen zum Zollhauß bringen werden, um sie aus Sicilien auszuführen, so muß, ehe diese Sachen in die Magazine gebracht werden, der Besitzer zu dem Ober=Zollbeamten gehen, um die Summe der Sachen zu sagen, welche er zum

Zollhauß bringen will. Der Oberzollbeamte, wird einen Zettel machen mit der Erlaubniß, daß dieser Mensch seine Sachen in das Zollhauß thun könne, aber er soll das Verzeichniß der Sachen, welche dieser Mensch in dem Zollhauß niedergelegt haben wird, bei sich behalten.

Drittens. Derjenige, welcher bereits von dem Oberzollbeamten die Erlaubniß genommen hat, seine Sachen im Zollhauß nieder legen zu können, soll den Zettel, welchen ihm der Oberzollbeamte gegeben hat, dem zweiten Zollbeamten bringen, und der zweite Zollbeamte wird ihn die Sache in das Magazin thun lassen. Nachdem die Sache in das Zollhauß gethan seyn wird, so soll der zweite Zollbeamte das Verzeichniß der Summe von den Sachen, die er ins Zollhauß empfangen haben wird, dem Oberzollbeamten bringen, um gegen einander zu halten, ob es eben dieselbe Summe sey, und so oft man anders handeln wird, als diese Verordnung festsezt, so wird derjenige, der die Sachen bringen wird, das, was er drüber eingebracht haben wird, verlieren, und der zweite Zollbeamte wird sogleich abgeschaft werden.

Viertens. Wann das Volk von Sicilien seine Sachen in das Zollhauß gethan haben wird, und es findet sich ein Käufer, so soll man den Preiß der Waare in Gegenwart des Oberzollbeamten ausmachen, und wann der Preiß festgesezt seyn wird; so soll man zwei vom Hundert aus dieser Waare zahlen; und der Oberzollbeamte wird bezeugen, daß diese Leute bezahlt haben. Mit diesem Zettel in der Hand wird man zum zweiten Zollbeamten gehen, welchem der Zettel des Oberzollbeamten überreicht werden wird, und dieser soll ihn behalten, und einen andern machen, mit seiner eige-

eigenen Hand unterschrieben, in welchem er bezeugt, daß die Gebühren bezahlt worden sind, und soll die Sachen in seiner Gegenwart herausnehmen lassen. Wenn mehr Sachen herauskommen werden, als in dem Zettel bemerkt seyn wird, so werden die Herren der Sachen das Mehrere verlieren, was über die in dem Zettel angezeigte Summe seyn wird, und der zweite Zollbeamte soll seiner Stelle beraubt werden. Wann der zweite Zollbeamte die Sachen nach Maasgabe des Zettels wird haben herausnehmen lassen, so soll er den Zettel, den er empfangen haben wird, in welchem versichert wird, daß jener Mensch bezahlt habe, dem Oberzollbeamten übergeben.

Fünftens. Wenn die Schrift von dem Verkauf der Waare, welche aus Sicilien zu führen gekauft wird, nicht in Gegenwart des Oberzollbeamten geschehen wird, so soll dieser Verkauf nichtig seyn, und der Käufer soll dem Oberzollbeamten hundert Krus Strafe bezahlen.

Sechstens. Wann eine Barke auswärts her mit Waaren kommt, um sie in Sicilien zu verkaufen, so soll der Anführer der Barke, sobald er geankert haben wird, zu dem Oberzollbeamten gehen, und die geschriebene Anzeige aller Waaren vorlegen, welche Anzeige der erwähnte Oberzollbeamte behalten soll, und er wird dem Anführer der Barke eine Abschrift von derjenigen übergeben, die er ihm gegeben haben wird, und der Anführer, wann er die von dem Oberzollbeamten unterschriebene Anzeige empfangen wird, soll sie dem zweiten Zollbeamten bringen, welcher, nachdem er sie gelesen haben wird, einen bequemen Ort bestimmen wird, wo der Anführer seine Sachen aufbewahren könne.

Siebentes. Wann die Landleute kommen werden, die Waaren zu kaufen, welche auswärts her nach Sicilien gekommen sind, so soll der Handel mit dem Besitzer jener Waaren in Gegenwart des Oberzollbeamten geschehen, und die Schrift auch; und wenn es nicht auf diese Weise geschehen wird, so soll der Verkauf nichtig seyn, und der Käufer und Verkäufer sollen jeder hundert Krus dem Oberzollbeamten Strafe bezahlen.

Achtens. Wenn jemand Waaren aus Sicilien ausführen wird, und sie wird entdeckt werden, so soll die Waare demjenigen gehören, welcher den verbotenen Handel entdeckt, und den Besitzern der Waare soll keine Züchtigung gegeben werden. indem es genug ist, die Waare zu verlieren, und so ebenfalls, wenn eine Person etwas ans Land bringen wird, und es wird entdeckt, so soll derjenige, welcher den Contreband entdeckt haben wird, die Waare bekommen.

Neuntens. Alle Waaren, sowohl diejenigen, welche aus Sicilien ausgehen, als diejenigen, welche hineinkommen, sollen zwei vom Hundert bezahlen, welches Geld dem Oberzollbeamten übergeben werden soll, und alle fünf Tage soll der Oberzollbeamte dieses Geld dem Emir Ehbir bringen. Ueber die zwei vom Hundert sollen sie einen halben Krus vom Hundert dem zweiten Zollbeamten zahlen, und dieser soll alle fünf Tage dieses Geld dem Oberzollbeamten bringen, welcher sodann mit diesem Zoll alle Leute bezahlen soll, welche im Zollhauß helfen, und das, was übrig ist, wird er für sich behalten.

Zehntens. In jedem Monat sollen sowohl der Oberzollbeamte, als der zweite alle die Zettel, welche sie von allen ausgegangenen, oder eingegangenen Waaren haben werden, dem Emir Chbir bringen, um zu vergleichen, ob sie richtig seyn, oder ob Betrug dabei sey.

Elftens. Wann einige Jahre vorüber seyn und wir wissen werden, was die Zölle einbringen werden, so wird man sie in Pacht geben, nicht alle Einem, sondern man wird sie vertheilen müssen, nemlich, wer den Pacht von einer Art Waare nehmen wird, soll nicht den von einer andern Art nehmen können, und wenn einer entdeckt wird, daß er einen andern Zoll heimlich genommen habe, ohne daß er erscheine, so soll er, sobald es entdeckt seyn wird, hundert Krus demjenigen bezahlen, welcher es entdeckt haben wird, und außer dem Geld, das er bezahlt haben wird, soll man ihm sechzig Streiche mit dem Strick auf die Lenden geben vor allem Volk, damit er ein anderes mal demjenigen nicht entgegen handle, was die Verordnungen sagen.

Zwölftens. Dem Oberzollbeamten soll ein Kadhy beistehen, um die Gerechtigkeit zu verwalten, und dieser Kadhy soll von den andern Kadhy unabhängig, und allein dem Oberzollbeamten unterworfen seyn, wie der Oberzollbeamte allein dem Emir Chbir unterworfen seyn soll.

Ich sage ihrer Großheit, daß dieses meine Gedanken sind, und die des Raths: wenn sie ihrer großen Person gefallen werden, so wird sie dieselben bestätigen, sie füge Veränderungen hinzu, und thue alles das weg, was ihrer Großheit besser scheinen wird. Ich habe ihrer sehr großen Person nichts mehr zu sagen; erwarte die Befehle, um sie zu vollziehen, und mit meinem Angesicht zur Erde küsse ich die Hände ihrer Großheit, und zeichne mich also:

Kasagia Ben Sasian, durch Gottes Gnade, Emir Chbir von Sicilien, Knecht der Großheit des

Mulei. Imedina Balirniu, den 28ften des Monats Dschamadilaud 250 Muhammeds."

495.

Am 23ften des Monats Kanun Alaffam 250 ist die Barke gekommen, welche wir am 28ten Dschamadilaud's nach Susa geschickt haben, und sie brachte uns einen Brief unsers Mulei, welcher also lautete:

"Muhammed Ben Abu el Aabbas, durch Gottes Gnade, Vierter Mulei, berührt dir den Kopf, und meine Großheit sagt dir, o Emir Chbir Kafagia Ben Safian, daß sie deinen Brief, geschrieben am 28ften Tag des Monats Dschamadilaud 250, empfangen hat.

Erstlich. Meine Großheit hat gelesen, daß deine Person mit vieler Tapferkeit die Stadt Nehetu eingenommen hat welche Sache meiner großen Person sehr gefallen hat. Von dem Gelde, welches du in dieser Stadt gefunden hast, mußt du das von Gold nach Kairuan schicken, und das von Silber gibt dir meine Großheit zugleich mit dem Gold und Silber, das du zusammengebracht hast, und das ben Griechischen Frauen zum Gebrauch diente.

Zweitens. Sagt dir meine Großheit, daß sie eine mit deinem Namen versiegelte Kiste erhalten hat, in welcher meine Großheit zehntausend Krus, und viertausend Zarmahbub gefunden hat, welche der Preis des Getreides und der Gerste sind, welche in diesem Jahr verkauft worden ist. Meine Großheit hat die Verordnungen gelesen, welche du in Ansehung der Zölle vorgeschlagen hast, und sie haben meiner sehr großen Person sehr gefallen, und deswegen bestätige ich dir sie. Meine Großheit sagt dir jedoch, o Emir Chbir Kafagia Ben Safian, daß es besser wäre, von Anfang an die Zölle in Pacht zu geben, und von jeder Gattung Waare solltest du den Pacht einer einzigen Person geben, o daß, wenn es zwanzig Gattungen Waaren gibt, du den Pacht dieser verschiedenen Waaren zwanzig verschiedenen Personen geben solltest, ohne daß eine Person zwei Pachte haben könnte. Dieses könnte im ersten Jahr geschehen, denn im zweiten Jahr werden die Leute, welche einen von diesen Pachten nehmen werden, den Preiß vermehren, und auf diese Weise wird man wissen, was eingenommen wird, ohne daß du dir den Kopf zu zerbrechen brauchst, denn gewißlich wirst du von den Leuten, welche im Zollhauß helfen, bestolen werden. Der Grund, warum die Pachte nicht einer einzigen Person gegeben werden müssen, ist, weil es schwer werden kann, daß von einem einzigen alle Pachte bezahlt werden können, und, wenn er nicht bezahlt, so wird nie so viel vorhanden seyn, ihm nehmen zu können, was für alles genug seyn möchte. Also, wenn man einem jeden einen einzigen Pacht giebt, so wird es gut für uns und gut für die Leute seyn; denn viele Leute werden von diesen Pachten leben, und, wenn einer nicht zahlt, so ist leicht in seinem Hauß so viel zu finden, um uns bezahlen zu können, und, wenn der Zufall es bringen wird, daß dieser Mensch nichts im Hause habe, oder entfliehe, so werden wir wenig und nicht alles verlieren. Dieß ist die Meinung meiner Großheit, und deswegen sagt sie dir, sie zu vollziehen. Sie hat nichts mehr dir zu sagen, berührt dir den Kopf, grüßt dich sehr, und zeichnet sich also:

Muhammed Ben Abu el Aabbas, durch Gottes Gnade, Vierter Mulei. Jmedina Kairuan, den achten des Monats Kanun Alassam 250 Muhammeds."

496.

Am 10ten Tag des Monats Schahaban 250 ist ein Brief an den Emir von Mudakah geschickt worden, welcher also lautete:

„Kafagia Ben Safian, durch Gottes Gnade, Emir Chbir von Sicilien, küßt dir die Stirne, und sagt dir, o Emir Aali Ben Aamar, daß bei Lesung des gegenwärtigen du an Aali Ben Aabd Alrahman in der Stadt Kamarinah Befehl schicken sollst, damit er die Schelandien ausrüste, welche an jener Küste sind, und im Monat Adar abreise, um dem feindlichen Volk seine Tapferkeit sehen zu lassen. Meine Großheit bestimmt ihm nicht, wohin er sich zu richten habe, sondern er soll sich nach den Umständen richten, welche sich ihm darstellen werden. Wann Aali Ben Aabd Alrahman abreisen wird, mußt du es meiner Großheit melden, um über das zu denken, was ich thun soll. Ueber dieses hat sie nichts dir zu sagen, küßt dir die Stirne, grüßt dich, und zeichnet sich also:

Kafagia Ben Safian, durch Gottes Gnade, Emir Chbir von Sicilien, dein Herr. Imedina Balirmu, den 10ten des Monats Schawal 250 Muhammeds."

497.

Am 7ten des Monats Schawal 251 haben wir einen Brief von Mubakah empfangen, welcher also lautete:

Kafagia Ben Safian, durch Gottes Gnade, Emir Chbir. Der Emir Aali Ben Aamar mit dem Angesicht zur Erde küßt die Hände ihrer großen Person, und macht ihr bekannt, daß ich kaum den Brief ihrer Großheit, geschrieben am 10ten des Monats Schahaban 250 empfangen hatte, so habe ich ihn gelesen, und habe an Aali Ben Aabd Alrahman Befehl geschickt, die Schelandien auszurüsten, die in Kamarinah waren: als sie fertig waren, hat er mir Nachricht davon gegeben, und da ich Nachricht erhalten hatte, daß diese Barken in Ordnung waren, bin ich von Mubakah mit funfzig Mann zu Pferd abgereist, und nach der Stadt

Kamarinah gegangen. Ich habe gefunden, daß Aalî
Ben Aabd Alrahman bereits zwei und zwanzig Schelandien ausgerüstet hatte, mit hundert und funfzig
Mann auf jeder derselben; ich ließ ihm die Vorräthe
geben, welche für diese Mannschaft nöthig waren, und
am 1sten des Monats Schawal habe ich ihn auslaufen
lassen. Die Regierung dieser Stadt blieb dem Kadhy
biß zur Zurückkunft des Aall Ben Aabd Alrahman, und
ich habe mich in die Stadt Mudakah zurück begeben,
wo ich mich gegenwärtig befinde. Ich habe indessen
die Befehle ihrer Großheit vollzogen: ich habe ihrer
großen Person nichts mehr zu sagen: mit meinem Angesicht zur Erde küsse ich ihr die Hände, und unterschreibe mich also:

Der Emir Aali Ben Aamar, durch Gottes Gnade, Knecht des Emir Chbir. Stadt Mudakah den
3ten des Monats Schawal 251 Muhammeds."

498.

Am 26sten des Monats Edilkaban 251 haben wir
einen Brief von Mudakah empfangen, geschickt von
dem Emir dieser Stadt, und er lautete auf diese Weise:

„Emir Chbir Kafagia Ben Safian, der Emir
Aall Ben Aamar mit dem Angesicht zur Erde küßt die
Hände ihrer großen Person, und macht ihr bekannt,
daß am 10ten Tag des Monats Edilkaban 251 Aali
Ben Aabd Alrahman mit achtzehn Schelandien nach
Kamarinah zurückgekommen ist; denn da er in den
Meeren von Sarkusah auf vierzig Schelandien des
feindlichen Volks stieß, so nahmen diese vier von unsern
Schelandien, und brachten sie nach Sarkusah*). Aall

---

*) Dieser Verlust der Muhsulmanen zur See ist in der
Chronik von Cambridge angeführt: anno 6373 (865) ce-

Ben Aabb Alrahman hat nicht gestritten, weil er betrachtet hat, daß er seine Armen verloren hätte. Die feindliche Mannschaft hat die vier von unsern Schelanbien genommen, weil sie dieselben auf dem Weg eingeholt, und ohne einiges Gesecht sich davon Meister gemacht hat. Aali Ben Aabb Alrahman hat mir geschrieben, daß er bereit ist auszulaufen, um den Heereszug des feindlichen Volks zu zerstören, so bald ihre große Person ihm eine Kriegsmacht geben wird, welche der feindlichen an Stärke gleich ist; denn er wird nicht mehr mit kleinen Heerszügen auslaufen, um von dem feindlichen Volk Schimpf davon zu tragen. Ihre große Person wird über alles reiflich denken, und mir hernach ihre Befehle in Ansehung dessen geben, was ich werde thun sollen. Ich habe für jezt nichts mehr zu sagen; mit meinem Angesicht zur Erde küsse ich die Hände ihrer Großheit, und zeichne mich also:

Der Emir Aali Ben Aamar, durch Gottes Gnade, Knecht des Emir Chbir. Stadt Mudakah den 22sten des Monats Edilkadan 251 Muhammeds."

499.

Am 27sten des Monats Edilkadan 251 haben wir einen Brief an den Emir der Stadt Mudakah geschickt, und er lautete also:

"Kafagia Ben Safian, durch Gottes Gnade, Emir Chbir, küßt dir die Stirne, und sagt dir, o Emir Aali Ben Aamar, daß meine Großheit deinen Brief, geschrieben am 22sten des Monats Edilkadan 251 erhalten hat, in welchem meine Großheit gelesen hat, daß

---

perunt Romae quatuor scelandiasſ in Syracusia. Chron. Cantabrig. ap. Carus. Biblioth. Sic. unter dem erwähnten Jahr.

das Heer des feindlichen Volks uns vier Schelandien weggenommen hat; man muß hierüber Geduld haben. Du mußt dem Aali Ben Aabd Alrahman Befehl geben, die Schelandien zu entwafnen, und wann es Zeit seyn wird, so werden andre geschickt werden, und meine Großheit wird ihn auslaufen lassen mit einer Macht, welche der des feindlichen Volks gleich ist, denn er hat Recht, nicht mehr mit geringerer Macht auslaufen zu wollen. Meine Großheit hat nichts mehr dir zu sagen; küßt dir die Stirne, und zeichnet sich also:

Kafagla Ben Safian, durch Gottes Gnade, Emir Chbir, dein Herr. Imedina Balirmu, den 27sten des Monats Edilfaban 251 Muhammeds."

500.

Am 20sten Tag des Monats Reginab 251 ist eine Barke mit sechzig Mann nach Susa geschickt worden, um unserm Mulei einen Brief zu bringen, welcher auf diese Weise lautete:

"Muhammed Ben Abu el Aabbas, durch Gottes Gnade, Mulei, der Emir Chbir von Sicilien mit dem Angesicht zur Erde küßt die Hände ihrer großen Person, und macht ihr bekannt:

Erstlich. Ihre Großheit wird zugleich mit diesem Brief eine mit meinem Namen versiegelte Kiste empfangen, in welcher ihre große Person hundert und funfzig tausend Krus finden wird, und es sind die, welche ich mich verbunden habe, alle Jahr ihrer großen Person zu bezahlen, indem auf meine Rechnung alle die Einkünfte bleiben, welche hier in jedem Jahr gezogen werden, wie mir ihre große Person mit dem Brief vom 7ten des Monats Almoharoan 250 geschrieben hat.

Zweitens. Hat man bereits angefangen, die Magazine für das Zollhauß zu bauen, und man wird im neuen Jahr 252 anfangen diese Abgaben von den Leuten einzuziehen, indem auf diese Zeit die Magazine fertig seyn müssen, welche ich nahe bei meinem Hauß an der Küste bauen lasse; da dieses die beste Lage ist, wo man die Waaren mit Leichtigkeit wird ausschiffen und einschiffen können. Ich sage ihrer Großheit, daß zwölf Magazine nicht für alles genug sind; daher lasse ich deren vierzig bauen, damit jeder, der einen Zoll übernehmen wird, einen Ort habe, wohin er die dem Zoll unterworfene Waare thun könne, den er genommen haben wird, und jede Gattung Waare von der andern abgesondert sey, und auf diese Weise werden die Sachen besser gehen.

Ich sage ihrer Großheit, daß ich im Monat Schawal zwei und zwanzig Schelandien angeführt von Aali Ben Aabd Alrahman von Kamarinah habe auslaufen lassen, welcher dem feindlichen Heer begegnete, das doppelt zahlreich war, als das Unsrige; die zwei Heere haben sich nicht angegriffen, aber auf dem Weg hat das Griechische Heer vier von unsern Schelandien eingeholt, und sie zu Sklaven gemacht. Ich habe befohlen, daß zwanzig Schelandien gebaut werden sollten, um eine große Kriegsmacht zu machen, und zu versuchen, ob es möglich ist, die feindliche Kriegsmacht zu zerstöhren. Ich melde ihrer großen Person, daß ich eine Armee von zwanzig tausend Mann zu bilden gedenke, und die Anführung derselben meinem Sohn Muhammed Ben Kasagia Emir von Zanklah, zu geben, und ich werde ihn in das feste Land schicken, um zu sehen, ob Eroberungen gemacht werden können. Ueber dieses will ich die Billigung ihrer Großheit.

Ich sage ihrer Großheit, ihr hundert und funfzigtausend Krus geschickt zu haben, und es ist für meine Rechnung geblieben, was ihre Großheit weiß: in diesem Jahr aber habe ich von dem Menigen mehr als die

Hälfte des Geldes hinzugefügt, weil die Sachen in einem sehr geringen Preiß verkauft worden sind, aber man muß Geduld haben.

Ich werde die Zölle in Pacht geben, wie mir ihre große Person geschrieben hat, und wann sie werden gegeben werden, welches geschehen wird, wann die Magazine fertig seyn werden, so will ich ihrer großen Herrlichkeit davon Nachricht geben. Ich sage ihrer Großheit, daß ich das Geld von Gold, welches in der Stadt Nehetu gefunden worden ist, ihrer großen Person nicht schicken kann, weil man es schmelzen und zu unserm Gebrauch prägen muß, um es auf die Erbauung des Zeughaußes und der Zollhäußer zu verwenden: ich bin sicher, daß ihre große Herrlichkeit es mir billigen wird, denn ich habe das Silbergeld, welches ihre große Person mir geschenkt hat, schmelzen lassen: überdieß fehlt auch für Sicilien das Geld, das ich ihrer Großheit geschickt habe; so daß ich gegenwärtig fast ohne Geld bin. Ich hoffe, daß in dem neuen Jahr die Gerste und das Getreide in einem theuern Preiße verkauft werden, und so werde ich mich von dem Verlust erholen können, den ich in diesem Jahre gehabt habe. Ich habe ihrer großen Person nichts mehr zu sagen; mit meinem Angesicht zur Erde küsse ich ihr die Hände, und unterschreibe mich auf diese Weise:

Kasagia Ben Sasian, durch Gottes Gnade, Emir Chbir von Sicilien, Knecht der Großheit des Mulei, Muhammed Ben Abu el Aabbas. In medina Balirmu den 20sten des Mondts Reginab 257 Muhammeds."

501.

Am 16ten des Monats Rabialkem 252 haben wir ein Papier aus Nehetu empfangen, geschickt von dem Emir Aali Ben Aamar, und es lautete also:

„Kàfagia Ben Safian, durch Gottes Gnade, Emir Chbir von Sicilien. Aali Ben Aamar Emir von Mudakah mit dem Angesichte zur Erde küßt die Hände ihrer großen Person, und macht ihr bekannt, daß am 2ten des Monats Rabialkem 252 das feindliche Volk sich der Stadt Rakusah bemächtigt hät: unsere ganze Mannschaft, welche in Besazung war, hatte Zeit zu fliehen, und kam nach Mudakah. Als ich diese unangenehme Nachricht hörte, habe ich eine Armee von zwölftausend Mann gebildet, und bin am 7ten des Monats Rabialkem von Mudakah ausgezogen, und drei Stunden vor Untergang der Sonne in der Stadt Rakusah angekommen. Ich habe mit dem feindlichen Volk nicht geschlagen, weil alles davon floh, und wir sahen es unter unsern Augen sich auf den Weg gegen die Stadt Nehetu machen. Ich habe die Meinigen ruhen lassen, und schlief in dieser Nacht nichts, weil ich immer an das dachte, was geschehen sollte, und da ich mit dem Kadhy berathschlagte, ward beschlossen zwei Stunden vor Tag von Rakusah abzuziehen, um zu suchen, das feindliche Volk einzuholen, ehe es sich der Stadt Nehetu bemächtigte. Zwei Stunden und eine halbe vor Untergang der Sonne kamen wir bei der Stadt Nehetu an. In geringer Entfernung sahen wir schon, daß das feindliche Volk diese Stadt belagerte, und daß die sechstausend Mann der Besatzung sich wohl vertheidigten, aber wir waren versichert, daß wann es sich in die Länge biß auf den Abend verzögert hätte, sie sich ergeben hätten. Das feindliche Volk, da es meine Armee sah, floh davon, und rettete sich in die Stadt Sarkusah. Wir zogen in die Stadt Nehetu, und ich fand, daß von der Mannschaft der Besazung, dreihundert und zwei und vierzig Mann gestorben waren, und von den Feinden fünfhundert und zehen, ich habe unsere Mannschaft begraben, und die Feinde verbrennen laſſen. Nun laſſe ich die wenigen Zerſtörungen, welche von dem feindlichen Volk gemacht worden ſind, ausbeſſern: ich entferne mich nicht von dieſer Stadt, wenn ich nicht den Befehl dazu von ihrer Großheit haben werde. Ich ſage ihrer großen Perſon, daß dieſe Stadt nahe bei Sarkuſah iſt: es wäre beſſer, daß ihre Großheit mich in dieſer Stadt ließe, und nach Mudakah einen Statthalter ſchickte; denn, wenn ich in dieſer Stadt bin, werde ich ſuchen, mich wohl zu befeſtigen, und wir werden uns rüſten, Sarkuſah zu belagern, und es wird keine Furcht ſeyn, daß, wann ich daſelbſt mich aufhalte, ſie uns die Stadt Nehetu nehmen. Indeſſen erwarte ich die Befehle ihrer Großheit, um zu wiſſen, was ich vollziehen ſoll, und mit meinem Kopf zur Erde, küſſe ich die Hände ihrer großen Perſon, und zeichne mich auf dieſe Weiſe:

Der Emir Aali Ben Aamar, durch Gottes Gnade, Knecht des Emir Chbir von Sicilien. Stadt Nehetu, den 12ten des Monats Rabialkem 246 Muhammeds."

502.

An eben demſelben Tag, den 16ten des Monats Rabialkem 252 haben wir einen Brief in die Stadt Nehetu geſchickt, und er lautete alſo:

"Kaſagia Ben Saſian, durch Gottes Gnade, Emir Chbir küßt dir das Angeſicht, und ſagt dir, Emir Aali Ben Aamar, daß meine Großheit deinen Brief, gegeben am 12ten des Monats Rabialkem, erhalten hat, in welchem ich geleſen habe, daß das feindliche Volk ſich der Stadt Rakuſa bemächtiget hat, und im Begriff war, ſich der Stadt Nehetu zu bemächtigen, und deine Perſon mit ſo viel Verſtand in wenigen Tagen die Armee ausgerüſtet, die Stadt Rakuſah wieder eingenommen, und die Stadt Nehetu befreiet, und die Mannschaft, die daselbst in Besatzung war, gerettet hat, welche von den Feinden mit der Schärfe des Schwerdtes getödtet worden wäre, und deswegen sagt dir meine Großheit, daß du als ein sehr großer Mann gehandelt hast. Meine Großheit befiehlt dir, o Emir Aali Ben Aamar, in Nehetu zu bleiben, indem meiner großen Person dein Gedanke gefallen hat, und meine Großheit sagt dir, daß sie bereits einen Stadthalter nach Mudakah geschickt hat, welcher deiner Person unterworfen seyn soll. Meine Großheit hat für jetzt nichts mehr dir zu sagen; küßt dir die Stirne, und unterschreibt sich auf diese Weise:

Kafagia Ben Safian, durch Gottes Gnade Emir Chbir von Sicilien. Imedina Balirmu den 16ten des Monats Rabialkem 252 Muhammeds."

503.

Am 16ten des Monats Reginab 252 ward eine Barke mit hundert Mann nach Susa geschickt, um unserm Mulei einen Brief zu bringen, welcher also lautete:

„Muhammed Ben Abu el Aabbas, durch Gottes Gnade, Mulei, der Emir Chbir mit dem Angesicht zur Erde küßt die Hände ihrer großen Person, und sagt ihr:

Erstlich. Daß ich am 20sten des Monats Reginab 251 eine Barke mit sechzig Mann nach Susa geschickt habe, um eine Kiste zu überbringen, in welcher hundert und funfzig tausend Krus waren, welches gerade das Geld ist, das ich verbunden bin, ihrer Großheit alle Jahre zu bezahlen, und einen Brief, welcher von verschiedenen andern Sachen redete: Die Barke ist nicht nach Balirmu zurückgekommen, und ich habe auch keine Nachricht erhalten, ob ihre große Herrlichkeit das Geld und den Brief empfangen habe, und diese Begebenheit thut mir sehr weh im Herzen, weil ich nicht weiß, was dieser Barke geschehn seyn mag.

Zweitens. Mit diesem Brief soll ihre Großheit eine Kiste empfangen, wo sie das Geld finden wird, welches ich verbunden bin, alle Jahre ihrer großen Person zu bezahlen.

Drittens. Sage ich ihrer großen Herrlichkeit, daß das feindliche Volk sich von Rakusah Meister gemacht hat, und im Begriff war, sich der Stadt Nehetu zu bemächtigen; aber als der Emir Aali Ben Aamar davon gehört hatte, so ging er mit einer Armee von zwölftausend Mann und er hat nicht allein die Stadt Rakusah wieder eingenommen, sondern auch verhindert, daß das feindliche Volk die Stadt Nehetu eroberte, und gegenwärtig wohnt der Emir Aali Ben Aamar in der Stadt Nehetu.

Viertens. Die Magazine, wo das Zollhauß gemacht werden soll, sind beinahe geendiget, und auf den Monat Schawal 253 werden die Leute anfangen im Zollhauß zu zahlen, und wann diese Einnahme angefangen seyn wird, so werde ich ihrer großen Person alles melden.

Fünftens. Sage ich ihrer großen Person, daß ich auf den Monat Edilkadan 253 meinen Sohn Muhammed Ben Kafagia, Emir von Zantlah in das feste Land schicken werde, mit einer Armee von zwanzig tausend Mann, um zu sehen, ob er etwas erobern, und Probe seiner Tapferkeit geben könne. Ich kann ihm keine größere Anzahl Mannschaft geben, um mich nicht derjenigen zu bemächtigen, welche in den Gelegenheiten streiten kann, welche sich mir darbieten werden; um so mehr, da ich in Person auszuziehen gedenke, um die Stadt Sarkusah zu belagern, und deswegen sage ich ihrer großen Person, daß wenn sie eine Armee nach Kalafta wird schicken können, um sich mit der Armee meines Sohnes zu vereinigen, so wird es gewiß seyn, um große Dinge zu thun, denn er ist ein sehr tapferer Mann.

Sechstens. Melde ich ihrer Großheit, daß das Zeughauß schon vollendet ist, und gegenwärtig baut man Schelandien, denn ich denke eine große Kriegsrüstung zur See zu machen; damit, wann die Stadt Sarkusah belagert werden wird, man sie zu Meer und zu Land angreiffen könne, indem diese Stadt fest ist, und von viel Mannschaft vertheidigt wird. Nach diesem habe ich ihrer großen Person nichts weiter zu sagen; mit meinem Angesicht zur Erde küsse ich die Hände ihrer Großheit, und unterschreibe mich also:

Kafagia Ben Safian, durch Gottes Gnade, Emir Chbir von Sicilien, Knecht der Großheit des Mulei Muhammed Ben Abu el Aabbas. Jmedina Balirmu, den 1ten des Monats Reginab 252 Muhammeds."

504.

Am 27sten des Monats Schahaban 252 kam die Barke an, welche wir am 16ten Tag des Monats Reginab nach Susa geschickt hatten, und sie brachte uns einen Brief unsers Mulei, welcher also lautete:

„Muhammed Ben Abu el Aabbas, durch Gottes Gnade, Mulei, berührt dir den Kopf, und sagt dir, o Emir Chbir Kafagla Ben Safian, daß meine Großheit das empfangen hat, was du geschickt hast.

Erstlich. Die Kiste ist mir übergeben worden, worin meine Großheit hundert und funfzig tausend Krus gefunden hat, und diese hat sie im Monat Schahaban 251 erhalten, mit deinem Brief, geschrieben am 20sten des Monats Reginab 251, auf welchen meine Großheit geantwortet hat, worinn sie alles das billigte und bestätigte, was du meiner großen Person in diesem

diesem Brief geschrieben haſt. Da die Barke nicht nach Balirmu zurückgekommen iſt, ſo wird ſie durch einen böſen Sturm verloren ſeyn.

Zweitens. Zugleich mit dem Brief, den du an meine große Perſon geſchickt haſt, habe ich die Kiſte empfangen, in welcher das Geld war, welches du verbunden biſt meiner großen Perſon jedes Jahr zu zahlen. Der Brief, in welchem du meiner großen Perſon die Nachricht von dem Gelde gegeben haſt, war mit dem Datum des 16ten Tags des Monats Reginab 252. Meine Großheit hat geleſen, daß Aali Ben Aamar mit viel Verſtand die Stadt Rakuſah wieder genommen, und die Stadt Nehetu befreiet hat.

Drittens. Meine große Perſon hat mit Vergnügen gehört, daß die Magazine, wo das Zollhauß gemacht werden ſoll, beinahe vollendet ſeyn, und man auf den Monat Schawal 253 anfangen wird, die Gebühren der Zölle einzuziehen, und die Leute bezahlen zu machen.

Viertens. Meine große Perſon ſagt dir, o Kafagia Ben Safian, daß meiner Großheit dein Gedanke ſehr gefallen hat, den Emir von Zanklah, deinen Sohn Muhammed Ben Kafagia auf das feſte Land zu ſchicken, um zu ſehen, ob er Eroberungen machen könne, und daß du ihm eine Armee von zwanzig tauſend Mann geben wirſt. Meine Großheit ſagt dir, daß ſie auf den Monat Schawal in Zanklah zwanzig tauſend Mann finden laſſen wird, um ſich mit der Armee deines Sohnes zu vereinigen, und auf das feſte Land zu gehen, und mit vierzig tauſend Mann werden ſie etwas Gutes thun können.

Fünftens. Meine große Perſon hat großes Vergnügen empfunden, da ſie hörte, daß das Zeughauß vollendet ſey, und daß gegenwärtig Schelandien gebauet werden. Meiner Großheit gefiel dein Gedanke ſehr, eine große Rüſtung zur See zu machen, und

so die Stadt Sarkusah so wohl zu Meer, als zu Land
anzugreiffen: auf diese Weise kann es seyn, daß du dich
dieser Stadt bemächtigen wirst, und du wirst wohl thun,
in Person zu gehen, um sie zu belagern, um so deine
Tapferkeit dem feindlichen Volk zu sehen zu geben.
Meine Großheit hat für jezt nichts mehr dir zu sagen;
berührt dir den Kopf, und unterschreibt sich auf diese
Weise:

Muhammed Ben Abu el Aabbas, durch Gottes
Gnade, vierter Mulei, dein großer Gebieter. Kairuan, den 7ten des Monats Schahaban 252 Muhammeds."

505.

Am 20sten des Monats Schawal 253 haben wir
einen Brief von Susa empfangen, an uns geschickt
von unserem Mulei, mit einer Barke, und er lautete
also:

Muhammed Ben Hammuda Abu el Aabbas *),
fünfter Mulei, durch die Gnade Gottes: meine Großheit

---

*) Die Reihe der Herren von Afrika, oder der Mulei ist
bei Abulfeda nicht recht unterschieden. Er hatte im Jahr 242
den Muhammed Abu 'l Abbas aufgezeichnet, den er in diesem
Jahr als gestorben angibt, und ihm Abu Ibrahim Ahmad
folgen läßt. Im Jahr 249 berichtet er den Tod eben desselben,
und gibt ihm zum Nachfolger seinen Bruder Zejadatollah Abu
Muhammed Ben Muhammadi. Anno 249 (863)
obiit . . Abu Ibrahim Ahmad filius Muhammadi, filii
Ibrahimi, filii 'l Aglabi, Dominus Africae, cujus in locum succeffit frater Zejadatollah Abu Muhammed filius
Muhammadi. Ann. Moslem. f. 202. Diesen Zejadatollah sagt er darauf nach einer Regierung von achtzehn Monaten todt: Anno 250 (864) ... obiit Zejadatollah

sagt dir, o Emir Chbir Kafagia Ben Safian, dir
zwanzig tausend Mann geschickt zu haben, um sich mit
der Mannschaft zu vereinigen, welche dein Sohn anführen soll, und sie sollen sich zusammen finden in Zanklah, um von da nach dem festen Land zu gehen. Deine
Person weiß nun, wer dein neuer großer Gebieter ist:
indessen sagt dir meine Großheit, daß sie hofft, die
Proben deines Sohnes Muhammed Ben Kafagia zu
hören. Meine Großheit hat nichts weiter dir zu sagen;
berührt dir den Kopf, grüßt dich, und zeichnet sich
auf diese Weise:

Muhammed Ben Hammuda Abu el Aabbas, durch
Gottes Gnade, fünfter Mulei. Imedina Kairuan, den
2ten des Monats Schawal 253 Muhammeds."

(ejus nominis secundus) filius Muhammadi, filii Ibrahimi
filii 'l Aglabi, Dominus Africae post exactos in principatu octodecim menses, cui nepos ex fratre successit Abu
Abdallah Muhammed (secundus) filius Ahmadi, filii Muhammadi (primi) quem modo dicebamus Ibrahimi filium,
et nepotem al Alglabi esse. Abilf. Ann. Mosl. f. 203.
Wir haben nicht Ursache, dieser chronologischen Reihe zu folgen, wo die mancherlei Beilegung der Namen den Verfasser
zu Fehlern kann verleitet haben, und vielleicht ist irgend ein
Antheil an der Regierung, welcher in Afrika von dem Herrn
von Kairuan dem Abu Ibrahim Ahmad, und darauf dem
Sejabatollah gegeben worden ist, Ursache gewesen, die Zahl der
Herren in der Zeitrechnung zu vervielfältigen. Diesem Aabd
Allah Muhammed Ben Ahmadi, von welchem er im Jahr
250 redet, gibt er hernach im Jahr 257 den Namen Muhammed Ben Ahmadi, welcher mit dem unsrigen übereinkommt.
Wir folgen also der Ordnung des Codex, der Münzen und
der Nachrichten von Marokko, und lassen auf Muhammed
Ben Abu el Aabbas, der im Jahr 252 lebte, den Muhammed
Ben Hammuda Abu el Aabbas folgen.

506.

Am 2ten Tag des Monats Reginab 253 haben wir eine Barke nach Susa geschickt mit einem Brief für unsern Mulei, welcher also lautete:

Muhammed Ben Hammuda Abu el Aabbas, durch Gottes Gnade, fünfter Mulei; der Emir Chbir von Sicilien Kasagia Ben Sasian mit dem Angesicht zur Erde küßt die Hände ihrer Großheit, und macht ihr bekannt:

Erstlich. Am 20sten des Monats Schawal 253 habe ich das Papier ihrer Großheit empfangen, welches am 2ten Tag des Monats Schawal 253 gegeben war, in welchem ich den Namen meines neuen großen Gebieters geschrieben gesehen habe.

Zweitens. An eben demselben Tag, den 20sten des Monats Schawal kamen in Zanklah zwanzig tausend Mann an, welches diejenigen sind, die ihre Großheit abgeschickt hat, und ich habe an eben demselben Tag erfahren, daß sie angekommen waren, weil mein Sohn mir einen Mann aus Zanklah geschickt hat, um mir die Nachricht zu geben, daß er sich bereits mit der von ihrer großen Person abgefertigten Mannschaft vereinigt hätte, und am 25sten des Monats Schawal 253 ist er mit der Armee von vierzig tausend Mann von Zanklah nach Kalafra gegangen; aber noch weiß ich nicht, was diese Armee gethan habe: ich vermuthe jedoch, daß, da sie nicht nach Sicilien zurückgekommen ist, dieses ein Zeichen sey, daß sie vorrücke, welches mir Vergnügen macht.

Drittens. Zugleich mit diesem Brief habe ich eine mit meinem Namen gesiegelte Kiste abgeschickt, in welcher ihre Großheit die hundert und funfzig tausend Krus finden wird, welche ich in jedem Jahr ihrer großen Person zu bezahlen schuldig bin.

Viertens. Die vierzig Magazine, welche ich habe bauen lassen, um in dieselben das Zollhaus zu thun, sind bereits geendigt, und gegenwärtig macht man einen Thurm, um dem Oberzollbeamten und dem zweiten Zollbeamten zur Wohnung zu dienen. Ich sage ihrer Großheit, daß das Gebäude des Zollhauses sehr schön ausgefallen ist, denn ich habe es mit hohen Mauern umgeben lassen, und es sind zwei Thore daran; durch das eine kommt die Waare in das Zollhauß, durch das andere geht sie hinaus. Beim Eintritt in das Zollhauß findet man einen großen Hof; in der Mitte baut man den Thurm, welcher dienen wird, daß der Ober- und der zweite Zollbeamte daselbst wohnen, und wo die Leute seyn müssen, welche schreiben, und die Leute, welche die Magazine bewachen: nahe an dem Thor des Thurms habe ich einen großen Brunnen machen lassen, welcher sehr schön ist, und dienen wird, daß die Leute trinken: an dem Thor, welches Land einwärts sieht, sowohl als an dem, welches nach dem Meer sieht, habe ich zwei große Brunnen, an jedem Thor einen, machen lassen, welche sehr schön ausgefallen sind, und diese werden dienen, daß sowohl die Menschen, als die Thiere trinken, welche die Waaren in das Zollhauß bringen.

Fünftens. Die Leute, welche die Einnahme der Zölle haben, können nicht in den Magazinen schlafen, sondern des Abends soll jeder sein Magazin schließen, und den Schlüssel mit sich nehmen.

Sechstens. Wann die Sonne untergeht, soll man die Thore des Zollhaußes in Gegenwart des Oberzollbeamten, und nicht des zweiten Zollbeamten, schließen, und die Schlüssel der Thore des Zollhaußes soll der Oberzollbeamte nehmen, und sie in sein Hauß tragen.

Siebentens. Wenn bei Nacht jemand ein Magazin öffnen, und etwas stehlen wird, so soll der Oberzollbeamte es bezahlen; wenn aber bei Tag gestohlen werden wird, so soll der Oberzollbeamte nicht bezahlen, denn jeder soll sein Magazin in Acht nehmen.

Achtens. Wenn einer etwas stehlen wird, und er wird ergriffen werden, so soll der Kadhy des Zollhaußes den Menschen sogleich henken lassen, der gestohlen haben wird, und, wenn er nicht gestohlen haben wird, und er wird angetroffen, indem er eben stiehlt, so soll er ihn auch henken lassen.

Neuntens. Wenn sich bei Nacht in dem Zollhauß ein Mann oder eine Frau findet, welche nicht mit dem Ober- oder mit dem zweiten Zollbeamten reden müssen, oder mit einer andern Person, welche von der Wache wäre, so soll der Kadhy sie henken lassen, weil diese Leute zeigen, hineingegangen zu seyn, um zu stehlen.

Zehntens. Ehe das Zollhauß geschlossen wird, soll der zweite Zollbeamte alles untersuchen, um zu sehen, ob irgend ein Mensch verborgen sey, und wenn man irgend einen antreffen wird, so soll der Kadhy ihn henken lassen; wenn er schlafen wird, so soll man ihn aufwecken, und ihn hinaus schicken, ehe das Zollhauß geschlossen wird; wie auch, ehe das Zollhauß geschlossen wird, soll der zweite Zollbeamte zugleich mit dem Oberzollbeamten in allen Magazinen umhergehen, um zu sehen, ob sie wohl verschlossen seyn.

Ich sage ihrer großen Person, daß ich diese Verordnungen in einen Stein habe einhauen lassen, und habe ihn in die Mauer des Thors des Zollhaußes, welches Land einwärts sieht, einsetzen lassen, damit die Leute die Verordnungen und die Geseze des Zollhaußes wissen.

Ich sage ihrer Großheit die Vertheilung der Magazine, die ich gemacht habe, und wie ich die Zolleinnahmen gegeben habe.

Erstlich. Die Magazine habe ich auf diese Weise vertheilt: zwanzig derselben dienen, um die Waaren aufzubewahren, welche auswärts her nach Sicilien kommen, und diese Waaren müssen durch das Seethor hinein kommen, und wenn man sie durchs Landthor hineinbringen wird, so wird sie als Contreband weggenommen werden. Die andern zwanzig sind bestimmt, um die Waaren aufzubewahren, welche aus Sicilien hinausgehen: und diese müssen durch das Landthor hineinkommen, und wenn jemand sie durch das Seethor hineinbringen wird, so soll sie als Contreband weggenommen werden.

Zweitens. Die Waaren, welche ausgeführt werden, sollen durch das Seethor hinausgebracht werden, und wenn Jemand seine Waaren durch das Landthor hinausbringen lassen wird, so soll, obschon er die Zollgebühr bezahlt hätte, diese Waare als Contreband genommen werden, und der Oberzollbeamte soll diese Waaren den Leuten austheilen, welche das Zollhaus bewachen, damit sie aufmerksam seyn.

Auswärts her kommen folgende Waaren nach Sicilien.

Erstlich. Seidenwaaren und ungewobene Seide: Der Zoll dieser Waare ist für zwei tausend und drei hundert Krus in jedem Jahr in Pacht gegeben; und ich habe demjenigen, der den Pacht genommen hat, ein Magazin angewiesen, um diese Waare aufzubewahren.

Zweitens. Tuchwaaren sind für fünf tausend Krus jährlich gegeben worden, und ich habe ein Magazin bestimmt, um sie aufzubewahren.

Drittens. Habe ich den Pacht der Leinwand um sieben tausend Krus jährlich gegeben, und habe ein Magazin angewiesen, um sie aufzubewahren.

Viertens. Habe ich den Pacht der Sachen von Geruch, Rauchwerk, und Arzneien für zweitausend und fünf hundert Krus des Jahrs gegeben, und für dergleichen Sachen habe ich ein Magazin angewiesen.

Fünftens. Habe ich den Pacht des Eisens für vier tausend Krus des Jahrs gegeben, mit einem Magazin, es aufzubewahren.

Sechstens. Habe ich den Pacht des Kupfers für zwei tausend und vier hundert Krus des Jahrs gegeben, und habe ein Magazin angewiesen, um es aufzubewahren.

Siebentens. Habe ich den Pacht der Sachen gegeben, welche zum Färben der Waaren dienen, und für alle Arten von Holz für tausend sieben hundert und sechzig Krus des Jahrs, und habe zu ihrer Aufbewahrung ein Magazin angewiesen.

Achtens. Habe ich den Pacht aller der Waaren gegeben, welche mit Gold oder Silber besezt seyn werden, sowohl von Seide, als von Wolle für zweitausend und vier hundert Krus des Jahrs, mit einem Magazin zum Gebrauch derselben.

Neuntens. Habe ich den Pacht der eisernen, kupfernen, goldenen und silbernen Sachen, welche gearbeitet sind, um Gebrauch davon zu machen, um acht hundert und acht und dreißig Krus jährlich, gegeben, und habe für dieselben ein Magazin angewiesen.

Zehentens. Habe ich den Zoll der Datteln für tausend und sechshundert Krus des Jahrs, gegeben, und habe zwei Magazine gegeben, um sie aufzubewahren.

Elftens. Habe ich den Pacht . . . . tausend fünf hundert und dreißig . . .

des Jahrs, und habe ein Magazin angewiesen für .
. . . .

Zwölftens. Habe ich das Pech und die Seile, welche zu den Barken und Schiffen dienen, um dreihundert und sechzig Krus des Jahrs, in Pacht gegeben, und habe ein Magazin bestimmt, um sie aufzubewahren. Dieß sind die Zölle, welche von den Waaren bezahlt werden, die von außen her nach Sicilien kommen.

Waaren, welche aus Sicilien ausgeführt werden.

Von den Waaren, welche aus Sicilien ausgeführt werden, habe ich den Pacht der Zölle auf folgende Weise gegeben:

Erstlich. Ich habe den Pacht des Zuckers für neunhundert Krus des Jahrs gegeben, und habe ein Magazin gegeben, um diese Waare aufzubewahren.

Zweitens. Ich habe den Pacht des Wachses für sechshundert und vierzig Krus jährlich gegeben, mit einem Magazin, um es darin niederzulegen.

Drittens. Ich habe den weißen Honig und den schwarzen Honig für tausend Krus des Jahrs in Pacht gegeben, und ein Magazin, um ihn aufzubewahren.

Viertens. Ich habe die Wolle, welche aus Sicilien ausgeführt wird, sowohl gewobene, als rohe, für sechshundert Krus des Jahrs in Pacht gegeben, und habe zwei Magazine angewiesen, um sie aufzubewahren.

Fünftens. Ich habe das Oel für neunhundert und sechzig Krus des Jahrs, in Pacht gegeben, mit zwei Magazinen, um es aufzubewahren.

Sechstens. Ich habe den Reiß für zweihundert Krus des Jahrs, in Pacht gegeben, mit einem Magazin, um ihn aufzubewahren.

Siebentens. Ich habe das Holz, welches auswärts geschickt wird, für hundert und dreißig Krus des Jahrs in Pacht gegeben, und habe kein Magazin dazu angewiesen, weil das Holz ausserhalb der Magazine aufbewahrt wird.

Achtens. Ich habe alle Sachen aus Thon, welche in Sicilien gemacht, und auswärts geschickt werden, für hundert und zwanzig Krus jährlich in Pacht gegeben, mit einem Magazin, sie aufzubewahren.

Neuntens. Ich habe den Marmor für sechs hundert Krus des Jahrs, in Pacht gegeben, und habe ihm ein Magazin angewiesen.

Zehntens. Ich habe das Quecksilber, welches aus Sicilien ausgeführt wird, für hundert Krus des Jahrs in Pacht gegeben, und habe ein Magazin angewiesen.

Elftens. Ich habe die eingesalzenen Fische, welche aus Sicilien ausgeführt werden, für dreitausend und zwanzig Krus des Jahrs gegeben, und habe dazu drei Magazine angewiesen.

Zwölftens. Ich habe das Fleisch in Pacht gegeben, welches die Genueser alle Jahre einsalzen, und den Pacht haben sie selbst für zweitausend vierhundert und funfzig Krus des Jahrs genommen, und ich habe drei Magazine angewiesen, um diese Waare aufzubehalten.

Dreizehntens. Ich habe die Oliven in Pacht gegeben, welche aus Sicilien ausgeführt werden, für hundert und sechzig Krus des Jahrs, und habe dazu zwei Magazine angewiesen.

Vierzehntens. Ich habe den Flachs und den Hanf, der aus Sicilien ausgeführt wird, um vierhundert Krus jährlich, in Pacht gegeben, und habe zwei Magazine angewiesen.

Funfzehntens. Ich habe das Seilwerk, welches aus Sicilien ausgeführt wird, für hundert Krus des Jahrs in Pacht gegeben, mit einem Magazin, um diese Waaren aufzubehalten: und dieses Magazin ist eins von denen, welche bestimmt sind, die Waaren aufzubewahren, die von aussen herein nach Sicilien kommen, von welchen sechs ohne Bestimmung übrig geblieben sind, und deswegen versehe ich damit die Leute von Sicilien, welche Waaren aus Sicilien ausführen wollen.

Sechzehntens. Ich habe die Zibeben, die Feigen, die Kirschen, und Pflaumen, welche jährlich von den Sicilischen Leuten getrocknet, und an die Bisaner, und Genueser verkauft werden, in Pacht gegeben. Diesen Zoll habe ich den Genuesern in Pacht gegeben für fünftausend Krus des Jahrs, und habe zwei Magazine bestimmt, um diese Sachen aufzubewahren.

Siebenzehntens. Ich habe die Butter, das Schmalz und den Käß, der aus Sicilien ausgeführt wird, für dreitausend, hundert und zwanzig Krus des Jahrs, gegeben. Die Pachter dieses Zolls sind die Bisaner, und ich habe ihnen zwei Magazine angewiesen, um diese Sachen aufzubewahren.

Achtzehntens. Ich habe alle Felle, welche aus Sicilien ausgehen, für siebenhundert und zwanzig Krus in Pacht gegeben, und diesen Pacht haben die Genueser genommen, welchen ich ein Magazin gegeben habe.

Ich sage ihrer Großheit, daß ich sechs Männer meines Raths abgeschickt habe, um allen uns unterworfenen Statthaltern und Emiren Nachricht zu geben, daß sie bekannt machen sollen, daß Niemand Waaren aus Sicilien ausgehen lassen kann, wenn er sie nicht vorher nach Balirmu bringt, und wenn einer

Waaren von irgend einer Küſte Siciliens ausführen, und entdeckt werden wird, ſo wird derjenige, welcher dieſen Contreband entdecken wird, denſelben erhalten, und durch dieſes Mittel wird kein Contreband getrieben werden.

In der Folge denke ich ein Zollhauß in Zanklaḥ, und eines in Zanklaḥ zu machen, um den Leuten Bequemlichkeit zu verſchaffen; denn von den entfernten Orten her wird es ſehr unbequem, die Waare nach Balirmu zu bringen, aber für jezt muß man es machen, wie ich ihrer Großheit geſchrieben habe.

Von allen, welche Pachte übernommen haben, habe ich das jährliche zum Voraus eingefordert, und das Geld habe ich alles im Namen ihrer Großheit aufbewahrt.

Ich habe den Leuten des Raths keinen Pacht gegeben, vielmehr habe ich befohlen, daß, wenn man entdecken wird, daß einer von ihnen Antheil an einem Pacht habe, er ſogleich von ſeiner Stelle abgeſchafft werden ſoll. Wenn jemand vom Rath einen Pacht wird nehmen wollen, ſo ſteht es ihm frei; aber ehe er den Pacht nimmt, ſoll er ſein Amt aufgeben: bis jezt hat keiner wegen des Pachts das Amt aufgegeben. Ich ſage ihrer Großheit, daß die Biſaner und Genueſer alle Pachte übernommen haben, und unſere Leute haben nur drei genommen. Wann ein wenig Zeit vorüber ſeyn wird, ſo muß man andre Magazine bauen, um andre Zölle auf gewiſſe andere Sachen, welche aus Sicilien gehen, feſtzuſetzen; aber nach und nach wird alles geſchehen. Die Leute ſind nicht mißvergnügt geweſen über dieſen Zoll.

Ich ſage ihrer Großheit, daß ich auf das neue Jahr ausziehen werde, um die Stadt Sarkuſaḥ zu belagern, und dazu rüſte ich mich nach und nach. Ich hoffe, daß ihre Großheit alles das billigen wird, was ich bis jezt gethan habe. Ich habe ihrer Großheit nichts mehr zu sagen: erwarte die Befehle ihrer großen Herrlichkeit, und mit meinem Angesicht zur Erde küsse ich ihr die Hände, und unterschreibe mich auf diese Weise:

Kasagia Ben Sasian, durch Gottes Gnade, Emir Chbir von Sicilien, Knecht der Großheit des Mulei. Jmedina Balirmu den 2ten des Monats Reginab 253 Muhammeds."

507.

Am 17ten des Monats Schahaban 253 haben wir ein Papier von unserem Mulei empfangen, welches uns von der Barke gebracht wurde, die wir am 2ten des Monats Reginab 253 nach Susa geschickt hatten, und das Papier unsers Mulei lautete also:

"Muhammed Ben Hammuda Abu el Aabbas, durch Gottes Gnade, fünfter Mulei, berührt dir den Kopf, und sagt dir, o Emir Chbir Kasagia Ben Sasian, daß meine Großheit deinen Brief empfangen hat, gegeben am 2ten des Monats Reginab 253, mit welchem meiner Großheit überbracht worden sind . . . . . .
. . . .
. . . . daß . . . . . Person
. . . . meine
Großheit hat die Verordnungen gelesen, welche . .
. . . . für den Zoll, und wie du die Pachtungen gegeben hast: du bist immer ein Mann von großem Verstand gewesen. Meine Großheit bestätigt dir hierüber alles, was du in Ansehung der Zölle gethan hast, und meine Großheit sagt dir, daß du sehr wohl gethan hast, zum Voraus das Jährliche von den Leuten einzufordern, welche die Pachtungen übernommen haben, denn so werden wir gewiß nicht verlieren. Meine Großheit sagt dir, daß du ihr das Geld schicken

sollst, welches du von den Zöllen eingenommen hast, und deine Person soll für dieses Jahr zehn vom Hundert zurückbehalten: ein anderes Jahr werden wir eine andere Uebereinkunft machen, denn meine Großheit denkt dir vorzuschlagen, ihr in jedem Jahr ein Gewisses zu geben, und daß das für deine Rechnung bleibe, was von den Zöllen eingenommen werden wird. Du mußt indessen überlegen, daß nun in jedem Jahr die Pachte der Zölle immer mehr wachsen werden, denn die Leute werden größeres Anerbieten über das gegenwärtige Pachtgeld thun. Uebrigens wirst du aus den Zetteln der Waaren, welche ausgehen, und welche kommen, sehen können, wie groß der Vortheil sey; denn in diesem Jahr, da es das erste Mal ist, sind die Pachtungen mit verschlossenen Augen gegeben worden, weil du nicht wußtest, was aus Sicilien ausgeht, und was in Sicilien hineinkommt. Die Bisaner und Genueser sind verschmizte Leute, und deswegen haben sie sich eingelassen, die Pächter der Zölle zu seyn. Jedoch möge ihnen das, was sie gewinnen werden, gesegnet seyn. Meine Großheit hat gelesen, daß die von deinem Sohn angeführte Armee bereits in Kalafra ist, und daß du nicht weißt, was sie gethan hat: sobald du gute Nachrichten haben wirst, sollst du sie meiner Großheit schreiben.

Meine Großheit hatte Vergnügen, da sie in deinem Papier gelesen hat, daß du dich rüstest, zu gehen, um die Stadt Sarkusah zu belagern; aber meine Großheit sagt dir, daß du dich nicht von Balirmu entfernen sollst, wenn du nicht vorher gute Nachrichten von deinem Sohne hast, wegen irgend einer Verrätherei, welche das feindliche Volk machen könnte. Es hat meiner Großheit Vergnügen gemacht, da sie gelesen hat, wie du das Zollhauß hast bauen lassen, und sie begreift, daß es sehr schön seyn muß. Meine Großheit wird vielleicht im neuen Jahre kommen, jene Insel zu sehen, denn sie hat immer sagen gehört, daß es eine sehr treffliche Insel sey, und daß herrliche Städte darauf seyn, und deswegen hat sie Lust, sie zu sehen. Nach diesem hat meine Großheit nichts mehr dir zu sagen, bestätigt dir alles, was du gethan hast, wie du in deinem Brief geschrieben hast, denn du hast dich in allem als ein Mann von großem Verstand betragen, wie du immer gewesen bist, und ich hoffe, daß du in Sicilien große Dinge thun wirst, denn du bist nicht alt, indem man einen Mann von sieben und funfzig Jahren jung nennen muß, und deswegen wirst du sehr leben, und große Dinge in Sicilien thun können. Meine Großheit berührt dir den Kopf, grüßt dich, und unterschreibt sich auf diese Weise:

Dein großer Gebieter Muhammed Ben Hammuda Abu el Aabbas, durch Gottes Gnade, fünfter Mulei. Kairuan, den 3ten des Monats Schahaban 252 Muhammeds."

508.

Am 13ten des Monats Ebilkaban 254 haben wir ein Papier von Turant *) empfangen, welches uns Muhammed Ben Kafagia schickte, und es lautete auf diese Weise:

„Emir Chbir von Sicilien, Kafagia Ben Safian, Muhammed Ben Kafagia, mit dem Angesicht zur Erde küßt die Hände ihrer Großheit, und macht ihr bekannt, daß wir in Kalasra viele Städte eingenommen haben, und wir haben sie zerstört: wir sind in das Land hineingedrungen, und sind auf die Armee des Kaisers Luduviku gestoßen, welche Armee über sechzigtausend Mann stark war. Ich habe mich entfernt, und

---

*) Turant, Taranto.

gegen Barisanah *) auf den Weg gemacht, wo ich meine Residenz mit der Armee gemacht hatte. Die Armee Luduviku's kam, uns in Barisanah einzuschließen, wir haben eine sehr große Schlacht gegeben, und das feindliche Volk tödtete uns sechstausend Mann. Da wir in die Stadt gezogen waren, hat die feindliche Armee uns den Angriff gegeben, wir vertheidigten uns für diesen Tag; als die Sonne untergieng, so hat sich die feindliche Mannschaft zurückgezogen, um auszuruhen. Ich habe mit dem Kadhy berathschlagt, und habe also gesagt: Höre, o Kadhy, die Armee der Feinde ist doppelt zahlreicher, als die unsrige, und wir werden nie Sieger seyn können **). Wenn wir diese Stadt nicht in dieser

---

*) Barisanah, Bari.

**) Der Canonikus Pratilli wünschte, um die Nachrichten aus diesen Zeiten zu ordnen, daß irgend ein Codex entdeckt würde, um der Geschichte der Saracenischen Unternehmungen und Einfälle in die Griechischen und Longobardischen Provinzen, welche heut zu Tage das Königreich Neapel ausmachen, mehr Licht und eine gewisse Ordnung zu geben; ein Wunsch, den die Erzählung unseres Codex nicht ganz erfüllen kann. Die Afrikaner und Spanier kannten schon seit langer Zeit diese Gegenden, und hielten sich nach ihrem Belieben darin auf, so daß Radelchi und Siconolfus sich ihrer als Hülfstruppen bedienten, wie Erkempertus im Jahr 848 berichtet, daß Sicouolfus von Salerno (contra Ageraenos, Radelchisius Lybicos, Ismaelitas Hispanos asciuit) die Ageräner, Radelchi die Lybier, die Spanischen Ismaeliten (wenn es anders nicht heißen soll Ismaelitas, Hispanos) zu Hülfe genommen habe: und als der Friede zwischen diesen zwei Fürsten im Jahr 852 geschlossen wurde, so verspricht Radelchi im 24sten Artikel: nullum

dieser Nacht verlassen werden, so werden
sie uns mit der Schärfe des Schwerdtes
tödten, deswegen wäre es gut in eben dieser Nacht auszuziehen. Der Kadhy hat mir
also geantwortet: Höre, o mein Gebieter, deine Meinung ist sehr gut, und ich habe
nichts zu sagen, denn sonst werden wir
alle, so viel wir sind, in Stücken gehauen
werden. Wir haben also in dieser Nacht den Abzug

---

lum Saracenum in meum . . . adjutorium . . tam de
his qui in Prouincia Beneventani Principatus sunt, quam de
illis, qui extra Beneventanam Provinciam sunt; und Ludwig der zweite hatte mehrere Male wider sie Krieg geführt,
und den Befehlshaber gefangen gemacht, den sie Sultan nann-
ten, ein Wort, das hernach die Chronikenschreiber verderbten,
indem sie die Person Seodans damit bezeichneten. Die Stellen, welche in den Chroniken der mittlern Zeit enthalten sind,
sind so verwirrt und dürftig, daß die sorgfältigsten und ein-
sichtsvollesten Geschichtschreiber Baronius, Muratori und Gri-
maldi keine zusammenhängende Erzählung daraus zusammen-
sezen konnten. Wir schränken uns also auf das ein, was die
erzählte Unternehmung und das Schicksal der Arabisch-Sici-
lischen Armee unter der Anführung des Muhammed Ben Kafagia betrifft, und glauben, daß sie in die ersten Jahre des
Kaisers Basilius 867 gesezt werden könne, mit welchem das
Jahr 253 übereinkommt. Dieser Kaiser bat in dem angeführten Jahr Ludwig um seine Hülfe und um seine Armee, um
die Saracenen aus Bari und aus der Provinz zu vertreiben:
Basilius de iis profligandis cogitans per Legatos a Dolicho
Franciae Rege petiit, ut sibi in exscindendis impiis hosti-
bus auxilia praebeat (Cedren. und Zonaras Basilio imperante.) Ludwig, um dieses Gesuch zu erfüllen, befahl im
Königreich Italien jene große Truppenaushebung, welche uns

gemacht, und am 28ten des Monats Schawal kamen wir in der Stadt Turant an, wo ich gegenwärtig bin mit der Mannschaft, die mir lebendig geblieben ist. Ich sage ihrer Großheit, daß es besser wäre, uns nach Sicilien zurückzuziehen, denn, wenn wir hier bleiben werden, so werden wir, über das, daß wir so viel Gold und Silber verlieren werden, das gewonnen worden ist, von den Waffen der Armee Luduviku's getödtet werden. Wenn ihre Großheit mir noch weitere dreißig tausend

---

der unbekannte Cassineser aufbehalten hat, und welche Camillus Peregrinus berichtet. Auf diese in Apulien versammelte Armee, welche aus mehr als sechzig tausend Mann bestand, scheint Muhammed Ben Kafagia gestoßen zu seyn, denn da er sehr weit ins Land hineingedrungen, wie er sagt, und eine Schlacht geliefert worden war, blieb sie siegreich, so daß die Arabisch-Sicilische Armee, da sie sich unter Bari zurückgezogen hatte, wieder streiten mußte; darauf den Angriff aushielt, für gut fand, sich zu entfernen, und sich nach Taranto, dann nach Reggio und endlich nach Messina zurückzuziehen. Ludwig schloß ihn immer weiter ein, gieng nach Reggio, und glaubte den Mußulmanen den Uebergang zu verwehren, und, nicht zufrieden mit seinen Siegen, wollte er gar nach Sicilien kommen, und bat, man möchte ihm ein Geschwader schicken, um die Seemacht der Sicilier in Unterwürfigkeit zu halten. Von diesem allem gibt er in einem Brief an Basilius Nachricht: de caetero noveris exercitum nostrum, Bari triumphis nostris submissa, Sarracenos Tarenti pariter et Calabriae humiliasse simul et comminuisse ... Nos enim Calabria .. expugnata Siciliam disposuimus libertati restituere ; . . nulla ergo tarditas ... in mittendo stolo proveniat. Epist. Ludovici ad Basilium a Baronio edita ad ann. 871. no. 51. ex Erkemperto, et ex Columnensi Bibliotheca no. 70.

Mann schickte, so wollte ich der Armee des feindlichen Volks das Angesicht nicht abwenden. Ich habe indessen die Beute, die wir erobert haben, alle in die Stadt Rivah geschickt, um nahe bei Sicilien zu seyn. Ich sage also ihrer Großheit, mir die Befehle mit Eilfertigkeit zu geben, um zu wissen, was ich zu thun habe. Es ist mir nichts weiter zu sagen übrig; mit meinem Angesicht zur Erde küsse ich die Hände ihrer großen Person, und zeichne mich auf diese Weise:

Muhammed Ben Kafagia, durch Gottes Gnade, Emir, Knecht seines Vaters, des Emir Chbir von Sicilien. Stadt Turant, den 28sten des Monats Schawal 254 Muhammeds."

509.

An eben demselben Tag den 13ten des Monats Edilkadan 254 ward ein Brief nach der Stadt Turant an den Emir Muhammed Ben Kafagia geschickt, welcher auf diese Weise lautete:

"Kafagia Ben Safian, durch Gottes Gnade, Emir Chbir von Sicilien, dein Vater, küßt dir das Angesicht, grüßt dich, und sagt dir, o Muhammed Ben Kafagia, daß meine Großheit deinen Brief empfangen hat, geschrieben am 28sten des Monats Schawal 254; meine Großheit hat gelesen, daß du dich gegenwärtig in der Stadt Turant befindest, weil du genöthiget gewesen bist, die Stadt Barisanah zu verlassen, als Luduviku kam, dich zu belagern. Hierüber sagt dir meine Großheit, daß du sehr wohl gethan hast, jene Stadt zu verlassen, da die Armee Luduviku's so zahlreich ist. Meine Großheit hat deinen Brief in dem Rath lesen lassen, und es ist beschlossen worden, dich mit der ganzen Mannschaft, welche lebendig geblieben ist, nach Sicilien zurückgehen zu lassen, und du mußt auf diese Weise thun: Erstlich, alle die Sachen, welche du in Turant hast, mußt du in die Stadt Rivah schicken, um sie hernach in die Stadt Zanklah kommen oder bringen zu lassen. Zweitens. Vor deinem Abzug von Turant mußt du die Regierung dieser Stadt den Leuten des Landes geben, und du mußt unter ihnen alle die Wohnungen und Felder austheilen, welche den Feinden gehörten; denn, wenn du es so machst, so werden die Einwohner, wann die Armee Luduviku's dahin gehen wird, Widerstand thun, um sich nicht die Regierung aus ihren Händen nehmen zu lassen, und die Sachen zu verlieren, die du ihnen gegeben haben wirst. Ich sehe wohl, daß sie der Armee Luduviku's nicht werden die Stirne bieten können; aber immer werden sie ein wenig Leute tödten. Ebendasselbe mußt du in der Stadt Rivah thun, und allem diesem Volk mußt du die Wohlthaten thun, die du kannst, damit sie sich deiner erinnern, und deines Volks; denn die Griechen werden gewißlich diesen Leuten nicht Gutes erweisen, vielmehr werden sie dieselben mishandeln, da diese Feinde Gottes nichts als Böses thun können. Wann du in Rivah ankommen wirst, mußt du einen Brief nach Zanklah an den Emir schicken, damit er dir alle Barken schicke, die du nöthig haben wirst, und wenn dir die von Zanklah nicht genug seyn werden, so kannst du schicken, die übrigen Barken zu nehmen, die an der Küste von Mela sind. In der Folge wird man alsdann darauf denken, eine große Armee nach Kalasra zu schicken, um die Armee Luduviku's zu zerstören; für jezt müssen wir alle unsere Kräfte anwenden, um uns der Oerter in Sicilien zu bemächtigen, welche nicht unser sind, und dann werden wir nach und nach alles thun. Indessen hat meine Großheit nichts mehr dir zu sagen, küßt dir das Angesicht, und unterschreibt sich also:

Kafagia Ben Safian, durch Gottes Gnade, Emir
Chbir von Sicilien, dein Vater. Jmedina Balirmu,
den 13ten des Monats Ebilkadan 254 Muhammeds."

510.

Am 15ten des Monats Aufah 254, hat man einen Brief aus Zanklah empfangen, welchen Muhammed Ben Kafagia, Emir der Armee von Kalafra überschickte, und er lautete also:

"Emir Chzir von Sicilien Kafagia Ben Safian, durch Gottes Gnade, mein Vater, mit meinem Angesicht zur Erde küsse ich die Hände ihrer Großheit, und mache ihr bekannt, den Brief ihrer Großheit, geschrieben am 13ten des Monats Ebilkadan 254, empfangen zu haben, als ich in der Stadt Turant war, in welchem ich die Befehle ihrer Großheit gelesen habe. Ich schickte deswegen sogleich, die Leute von der Besatzung zu rufen, die ich in der Stadt Kusenzah *), und Katansar **) gelaßen hatte, und habe jenen Statthaltern Befehl gegeben, daß sie ihre Statthalterschaft an die Großen der Stadt abtreten sollten, und daß man die Felder, welche der Mannschaft von der Besazung ausgetheilt worden waren, unter die ärmsten Leute jener Besazung vertheilen sollte, und auch die Wohnungen sollten vertheilt werden; gewiß werden diese Leute dem Griechischen Volke mehr feind werden, als wir, und sie werden sich gerne in Stücken hauen lassen, um nicht zu verlieren, was wir gegeben haben, und die Großen, um sich nicht die Regierung aus ihren Händen nehmen zu lassen.

Ich habe ebendasselbe in der Stadt Turant und Rivah gethan: als ich von Turant abreiste, haben alle

---

*) Kusenzah, Cosenza.
**) Katansar, Catanzaro.

Leute angefangen zu weinen, indem sie sagten, daß sie ihren Vater verloren haben. Ich habe alle getröstet, und versichert, daß ich in kurzer Zeit zurückkommen, und ihnen andre Dinge bewilligen würde. Ich kam am 2ten des Monats Ausah in die Stadt Rivah, und sogleich fertigte ich eine Barke mit einem Brief an den Emir von Zanklah ab, worin ich ihm auftrug, mir alle Barken zu schicken, die er hätte, welche er mir bald geschickt hat; ich habe sie mit allen Sachen beladen, die ich hatte, und habe sie nach Zanklah geschickt, und bei der Zurückkunst, welche die Barken an die Küste von Rivah gemacht haben, haben wir uns eingeschifft, und wir fuhren nach Zanklah über, wo wir gegenwärtig sind. Ehe ich abreiste, habe ich in Rivah gethan, was ich in den andern Städten, von welchen wir Meister waren, gethan hatte. Am 8ten des Monats Ausah, welches eben der Tag meiner Abreise von Rivah war, kam ich in der Stadt Zanklah an. Am 13ten des Monats Ausah kamen von Rivah nach Zanklah, an Männern, Weibern und Kindern tausend, achthundert und sieben und vierzig Personen, welche von dort geflohen sind, weil die Armee Lubuviku's nach dieser Stadt gieng, in der Meinung, daß wir noch daselbst wären. Die Einwohner thaten Widerstand, und die Feinde tödeten alles Volk, was nicht entfliehen konnte; ich habe sie aufgenommen, als so viel Söhne, denn die Armen flohen zu ihrem Vater, und man muß sie anstellen, wo sie ihr Brod verdienen können: gegenwärtig gebe ich ihnen zu essen. Ich sage ihrer Großheit, daß wir den Tod vielen von unsern Leuten erspart haben, und ich weiß nicht, ob, wenn wir noch wenige Tage weiter geblieben wären, wir Zeit gehabt hätten, uns nach Zanklah zurück zu ziehen; denn das feindliche Volk ist alles an der Küste von Rivah, um uns den Uebergang zu verwehren, weil sie glauben, daß wir noch in Kalafra wären. Ich melde ihrer Großheit, daß ich eben heute sechs Barken von Zanklah nach Balirmu abgefertigt habe, auf welchen ihre Großheit vierzehn Kisten voll Silbergeld, zwei Kisten mit Goldmünzen, dreißig Kisten mit Kupfermünzen, und fünf andre Kisten voll Sachen von Gold und Silber empfangen wird, welche die Frauen, um sich zu schmücken, an sich zu tragen pflegen. Alle diese Kisten sind mit meinem Namen gesiegelt, und sie wird eine Barke mit verarbeiteten Eisen und Kupfer beladen finden. Auf den andern Barken sind die Sachen, welche unsre Leute gewonnen haben, welche ein jeder von den unsrigen seinen Weibern und Kindern schickt; und deswegen wird ihre Großheit Befehl geben müssen, daß jedermann gehe, die Sachen zu nehmen, nachdem sie sich gezeichnet finden, denn in jedem Pack ist ein mit dem Namen der Person, geschriebenes Papier, welcher es gehört. Ich habe nichts weiter zu sagen, erwarte die Befehle ihrer Großheit, um zu wissen, was ich thun soll, denn ich bin gegenwärtig ohne Befehlshaberstelle, indem diese in der Hand meines Bruders ist, welcher meine Stelle eines Emir von Zanklah vertritt. Er kam mir, als ich in Zanklah ankam, mit vieler Güte entgegen, und wollte mir die Hände küssen, aber ich habe es nicht zugegeben, und habe ihn auf die Stirne geküßt; er wollte mir auch die Regierung abtreten, die ich auch nicht habe annehmen wollen, ehe ihre Großheit es mir befehlen wird. Er thut nichts ohne es vorher mir zu sagen, deswegen habe ich diesen Mann in mein Herz gethan, denn er ist ein sehr guter Mann. Ich mit meinem Angesicht zur Erde küsse die Hände ihrer Großheit, und unterschreibe mich also:

Muhammed Ben Kasagia, Knecht des Emir Chybir, Kasagia Ben Safian, durch Gottes Gnade, seines Vaters. Stadt Zanklah den 14ten des Monats Ausah 254 Muhammeds."

511.

Am 26sten des Monats Ausah 254 ward ein Brief an den Emir von Zanklah, und ein anderer an Muhammed Ben Kasagia geschickt. Der an den Emir von Zanklah geschickte lautete also:

Kasagia Ben Sasian, durch Gottes Gnade, Emir Chbir, küßt dir die Stirne, grüßt dich sehr, und meine Großheit sagt dir, o Sasian Ben Kasagia, daß dein Bruder Muhammed Ben Kasagia mir geschrieben hat, daß du sehr getröstet bist, deinen Bruder zu sehen, und daß, nachdem du ihn kaum gesehen hast, ihm die Regierung hast abtreten wollen, eine Sache, die meiner Großheit sehr gefallen hat, weil du Gehorsam gegen deinen größern Bruder gezeigt, und ihm hast sehen lassen, ihm das wiedergeben zu wollen, was du an seiner Stelle genießest: indessen sagt dir meine Großheit, daß du alle Befehle vollziehen sollst, welche dir dein Bruder geben wird, ehe er von Zanklah nach Balirmu abreist. Meine Großheit hat für jezt nichts mehr dir zu sagen; küßt dir das Angesicht, und unterschreibt sich also:

Kasagia Ben Sasian, durch Gottes Gnade, Emir Chbir von Sicilien, dein Vater. Balirmu den 26sten des Monats Ausah 254 Muhammeds."

512.

Der an Muhammed Ben Kasagia geschickte Brief lautete auf diese Weise:

"Kasagia Ben Sasian, durch Gottes Gnade, Emir Chbir von Sicilien, dein Vater, grüßt dich, küßt dir das Angesicht, und sagt dir, Muhammed Ben Kasagia, daß meine Großheit deinen Brief, geschrieben am 14ten Tag des Monats Ausah 254, empfangen hat, in welchem sie alles gelesen hat, was du vor deiner Abreise aus Kalasra gethan hast, und du hast dich in allem mit Verstand betragen.

Erstlich. Meine Großheit sagt dir, nach Basirmu kommen zu müssen. Ehe du von Zanklah abreisest, mußt du daselbst fünftausend Mann von denen, welche unser Mulei geschickt hat, zurücklassen, und fünftausend von eben dieser Mannschaft mußt du in die Stadt Mela schicken, zur Verstärkung dieser zwei Städte, denn es ist sehr leicht, daß die Armee Ludwiku's nach Sicilien komme, und sich einiger Städte bemächtige, und du mußt dem Emir von Mela schreiben, daß er auf der Hut stehen solle, und daß er den Leuten, welche du ihm schicken wirst, zu essen geben soll von unsern Vorräthen, so lang bis ich ihm Befehl gebe, nichts mehr zu geben. Eben dasselbe mußt du in Zanklah thun: die Leute, welche dir übrig sind, mußt du mit dir nach Balirmu nehmen. Meine Großheit sagt dir, daß die Barken in Balirmu angekommen sind, welche du von Zanklah geschickt hast, und sie hat alles das Gold, Silber, Kupfer, Eisen, und Geld empfangen, das du gemeldet hast. Meine Großheit glaubte nicht, daß in Kalasra so große Reichthümer wären, und deswegen hat deine Person viel mehr gethan, als meine Großheit dachte, und mit Grund suchte die feindliche Armee dich aufzureiben, und deine Person hat mit so viel Verstand gewußt, sich davon zu befreien. Meine Großheit sagt dir, daß du sehr wohl gethan hast, die Leute mit Freundlichkeit zu behandeln, welche, verfolgt von den Feinden, kamen, sich in Zanklah zu retten, und deswegen mußt du sie vor deiner Abreise anstellen, und wenn sich nichts findet, wozu man sie in Zanklah gebrauchen könnte, so mußt du sie nach Balirmu bringen, so werden sie sogleich angestellt werden, daß sie sich das Brod erwerben können. Meine Großheit hat die Sachen übergeben, welche deine Leute ihren Weibern und Kindern geschickt haben. Meine Großheit hat nichts mehr dir zu sagen; die Barken hat sie nach Zanklah zurückgeschickt, küßt dir das Angesicht, und zeichnet sich also:

Kafagia Ben Safian, durch Gottes Gnade, Emir Chbir von Sicilien, dein Gebieter. Balirmu, den 26sten des Monats Aufah 254 Muhammeds."

513.

Am 8ten des Monats Reginab ist eine Schelandie nach Susa geschickt worden, mit hundert Mann und einem Brief für unsern Mulei, welcher also lautete:

„Muhammed Ben Hammuda Aabu el Aabbas, durch Gottes Gnade, fünfter Mulei: der Emir Chbir von Sicilien mit dem Angesicht zur Erde küßt die Hände ihrer großen Person, und macht ihr bekannt, was folgt:

Erstlich. Ich sage, der Brief sey mir überbracht worden, welchen mir ihre Großheit geschickt hat, geschrieben am 3ten Tag des Monats Schahaban 253, in welchem ich gelesen habe, daß ihre Großheit mir die Zölle in Pacht geben will. Ich sage ihrer Großheit, daß ich mich auf jedes Jahr verbinde sechzigtausend Krus zu bezahlen, und alle Zölle, welche gegenwärtig sind, und welche errichtet werden werden, sollen zu meinen Gunsten laufen: mehr kann ich nicht bezahlen, denn in den ersten Jahren werde ich sicher viel dabei verlieren.

Zweitens. Zugleich mit diesem Brief wird ihre Großheit zwei Kisten empfangen: in einer ist das Geld, welches ich schuldig bin, jährlich zu bezahlen, und in der andern ist das Geld, was aus dem Pacht der Zölle gezogen worden ist, wie ich ihrer Großheit mit dem Brief vom 2ten des Monats Reginab 253 geschrieben habe, indem ich mir die Zehn vom Hundert zurückbehalten habe, wie mir ihre Großheit geschrieben

unter den Arabern. 139

hat mit dem Brief gegeben am 3ten Tag des Monats Schahaban 253.

Drittens. Ich sage ihrer Großheit, daß mein Sohn auf dem festen Lande viele Städte eingenommen und zerstöret hat; aber Luduviku hat eine sehr große Armee gebildet, um die unsrige aufzureiben. Mein Sohn, als ein Mann von großem Verstande, hat eine einzige Schlacht geliefert; eine große Anzahl der Seinigen blieb todt, und da er dieses sah, hat er sich in die Stadt Turant zurückgezogen, und meiner Person eilfertig Nachricht gegeben, daß er dreißig tausend Mann nöthig hätte, um sie mit seiner Armee zu vereinigen, und auf dem festen Land zu bleiben, ohne sich vor Luduviku zu fürchten. Ich habe diese Mannschaft nicht schicken können, um Sicilien nicht von Menschen zu entblößen, welche dienen. Also habe ich in Vereinigung meines Raths beschlossen, meinen Sohn mit der von ihm angeführten Armee nach Sicilien kommen zu lassen, und behielt mir vor, ihn in der Folge wieder nach Kalafra zu schicken, wenn wir Meister von ganz Sicilien seyn werden. Bei der Zurückkunft, die mein Sohn nach Sicilien gemacht hat, brachte er eine Menge Geldes, welches ich ihrer Großheit nicht schicke, weil Luduviku mit seiner ganzen Mannschaft auf der Küste von Rivah ist, und es ist zu befürchten, daß er versuche, nach Sicilien überzugehen. Daher, um eine Landung zu hindern, welche er in Zänklah, oder in Mela machen könnte, habe ich in jeder von diesen Städten fünftausend Mann mehr in Besatzung zu lassen befohlen, welchen man von diesem Geld zu essen geben muß, welches sie mit ihrer Tapferkeit gewonnen haben, und deswegen habe ich es ihrer Großheit nicht geschickt. Wenn aber nicht alles wird ausgegeben werden, so will ich das, was übrig bleiben wird, sogleich ihrer Großheit schicken. Ich sage überdieß, daß nun, da mein Sohn sich in Balirmu befindet, ich in dem neuen Jahre ausziehen, und gehen werde, Sarkusah zu belagern. Meine Person hat sehr Vergnügen gehabt, indem sie las, daß ihre Großheit sich vielleicht entschließen wird, nach Sicilien zu kommen; ich wünsche es mit Verlangen, und versichere sie, daß sie schöne Sachen sehen wird, und vornehmlich in meinem Garten der Kuba, welcher sehr groß ist, voll Pomeranzenbäumen und andern Bäumen, und geziert mit allerlei Brunnen. Ich bereite jezt eben ein Hauß, wo ihre Großheit wohnen soll, wann sie nach Balirmu kommt. Wenn ihre Großheit will, daß ich ihr meine Armee schicke, um sie nach Sicilien zu bringen, so will ich sie sogleich schicken, und daher wird sie mir davon Nachricht geben müssen. Ich habe nichts weiter zu sagen: hoffe, daß ihre Großheit alles billigen wird, was ich gethan habe, und mit meinem Angesicht zur Erde küsse ich die Hände ihrer Großheit, und zeichne mich also:

Kasagia Ben Safian Emir Chbir von Sicilien, durch Gottes Gnade, Knecht der Großheit des Mulei Muhammed Ben Hammuda Abu el Aabbas. Balirmu, den 8ten des Monats Reginab 254 Muhammeds."

514.

Am 20sten des Monats Schahaban 254 haben wir einen Brief unsers Mulei empfangen, welcher uns durch die Schelandie gebracht ward, die wir am 8ten des Monats Reginab 254 nach Susa geschickt hatten, und er lautete auf diese Weise:

"Muhammed Ben Hammuda Abu el Aabbas berührt dir den Kopf, grüßt dich sehr, und meine Großheit sagt dir, daß sie deinen Brief, gegeben am 8ten Tag des Monats Reginab 254 empfangen hat.

Erstlich. Meiner Großheit sind zwei Kisten übergeben worden, in welchen sie das Geld gefunden hat, welches aus den Zöllen gezogen worden ist, und das andre Geld, das du mir in jedem Jahr zu bezahlen verbunden bist.

Zweitens. Meine Großheit hat gelesen, daß deine Person sechzig tausend Krus des Jahrs anbietet, so daß du für deine Rechnung den ganzen Nuzen der Zölle behältst. Meine Person begnügt sich, und deswegen sollst du jedes Jahr zweihundert und zehentausend Krus schicken. Meine Großheit hat gelesen, daß du deinen Sohn aus Kalasra sich nach Sicilien hast zurückbegeben lassen wegen der Beweggründe, die du meiner Großheit geschrieben hast, welche dir sagt, sehr wohl gethan zu haben. Wann sie beschließen wird, nach Sicilien zu kommen, so wird sie dir Nachricht davon geben, und wird dich wissen lassen, ob sie deine Armee wollen wird. Meine Großheit billigt alles, was du gethan hast, wie du meiner Großheit in deinem Brief, gegeben am 8ten des Monats Reginab 254, geschrieben hast.

Meine Großheit hoft, daß, wenn du gehst, die Armee anzuführen, welche du hast in Bereitschaft stellen lassen, um Sarkusah zu erobern, du dich gewißlich Meister von dieser Stadt machen wirst, und wann dieses geschieht, so mußt du es mir zu meinem Trost sogleich schreiben. Meine Großheit hat für jezt nichts mehr dir zu sagen, berührt dir den Kopf, und unterschreibt sich also:

Muhammed Ben Hammuda Abu el Aabbas, durch Gottes Gnade, fünfter Mulei. Kairuan, den 2ten des Monats Schahaban 254 Muhammeds."

515.

Am 20sten des Monats Rabialkem 255 ist eine Barke mit einem Brief für unsern Mulei nach Susa geschickt worden, welcher auf diese Weise lautete:

„Muhammed Ben Hammuda Abu el Aabbas, durch Gottes Gnade, fünfter Mulei, Muhammed Ben Kasagia mit dem Angesicht zur Erde macht ihrer Großheit bekannt, daß am 2ten Tag des Monats Rabialkem 255 der Emir Chbir mein Vater von Balirmu mit einer Armee von fünf und dreißig tausend Mann abgereist ist, nachdem er von Balirmu auch zwanzig Schelandien hat auslaufen lassen, um sich mit denen zu vereinigen, welche an der Küste von Kamarinah waren; damit, während daß mein Vater die Stadt Sarkusah zu Land angriffe, die Schelandien sie zur See angriffen. Vor seiner Abreise hat er mich in Balirmu gelassen, um die Geschäfte der Stadt zu besorgen, und den Rath nicht zu verlassen.

Also sage ich ihrer Großheit, daß unsre Seearmee die Armee des feindlichen Volks zerstört hat, und unsre Schelandien haben siebenzehn von denen der Feinde genommen, welche Aali Ben Alrahman nicht nach Kamarinah, sondern nach Balirmu gebracht hat. Mein Vater, als er eine Stunde Wegs weit von Sarkusah ankam, lagerte er sich mit seiner Mannschaft. Am 9ten desselben Monats kam er zu einer blutigen Schlacht mit der feindlichen Armee, welche von Krisafiu angeführt wurde: als die Sonne untergieng, zog die feindliche Armee sich zurück, und mein Vater lagerte sich, wo er vor der Schlacht gelagert war. In dieser Nacht näherte sich ein Mensch von denen, welche Gott nicht fürchten, heimlich, wo mein Vater schlief, tödtete ihn *)

---

*) Kasagiah Sofiani filius, quem multis rei Christianae damnis multisque partis victoriis insignem, militum suo-

unter den Arabern. 143

und floh in die Stadt Sarkusah. Unsere Leute bemerkten es nicht in Zeit, denn, wo mein Vater schlief, war keine Person, aber, da sie auf das Geschrei herbei gelaufen waren, welches mein Vater erhob, da er sich verwunden sah, so fanden sie ihn todt. Da die Leute der Armee meinen Vater todt gesehen haben, so haben sie beim Anbruch des Tages viele Männer abgeschickt, welche den Leichnam nach Balirmu brächten, den ich in der Moschee der Kuba habe begraben lassen. Als die Armee ihr Oberhaupt todt sah, hat sie sich nach Balirmu zurückgezogen, und auch die Schelandien, da sie diese so schlimme Nachricht gehört haben, sind nach Balirmu gekommen.

Ich sage ihrer Großheit, daß die Leute des Raths, da sie den Tod meines Vaters erfahren hatten, mir die Regierung gegeben haben; ich wollte sie aber nicht annehmen; aber hernach ließ ich mich bewegen, weil der Groß-Mufty mich verband, und ich, um ihm zu gehorchen, regiere nun, biß ihre Großheit einen andern Emir Ehbir schicken wird. Ich bitte aber mit meinem Angesicht zur Erde ihre Großheit, dem Emir Ehbir, der von ihrer Großheit erwählt werden wird, zu befehlen, daß er, wann er nach Sicilien kommt, mir die Anführung einer großen Armee geben solle, mit welcher ich gehen könne, Rache wegen des Blutes zu nehmen,

---

rum aliquis nec opinantem sustulit. Sicarius a peracta caede ad infideles perfugit. Abilf. Ann. Mosl. Reisk. Tom. I. fol. 201. Nowairi setzt den Tod des Kafagia in dieses Jahr, und hat uns den Namen des Mörders aufbehalten. „Er fuhr fort Einfälle in das feindliche Land zu machen, bis er von einem seiner Soldaten, Namens Kalfoun Ben Abouziad al Haouazi . . . im Jahr 255 (869). getödet wurde.

das mein Vater vergossen hat; denn ich will mich nach Sarkusah begeben, und diese Stadt erobern, oder aber sterben, wo mein armer Vater getödtet worden ist, und vielleicht werde ich den in die Hände bekommen können, der ihn getödtet hat.

Ich sage ihrer Großheit, daß die Schelandien acht tausend Stücke Silbermünzen gebracht haben, welche auf den feindlichen Schelandien gefunden worden sind, und daher habe ich sie zugleich mit diesem Brief abgeschickt, und ihre Großheit wird sie in der mit meinem Namen gesiegelten Kiste finden. Nach diesem habe ich ihrer Großheit nichts mehr zu sagen: die Leute der Armee sind in ihre Häußer geschickt worden. Die Zahl derjenigen, welche in der Schlacht starben, die mein Vater mit Krisasiu geliefert hat, ist drei tausend, hundert und acht und vierzig Mann: die von den Todten des feindlichen Volks weiß man nicht. Der Sklaven, welche unsre Schelandien gebracht haben, sind zweitausend Mann, welche alle mit den Eisen an den Füßen zur Arbeit der Felsen bestimmt worden sind. Von den unsrigen, welche auf den Schelandien waren, sind in dem mit der feindlichen Armee geschehenen Angriff, acht hundert und sechs und vierzig gestorben. Mit meinem Angesicht zur Erde küsse ich ihrer Großheit die Hände, und unterschreibe mich auf diese Weise:

Muhammed Ben Kafagia, durch Gottes Gnade, Knecht der Großheit Muhammed's Ben Hammuda Abu el Aabbas, fünften Mulei. Imedina Balirmu, den 20sten des Monats Rabialkem 255 Muhammeds."

516.

Am 26sten des Monats Dschamadilaud 255 ist die Barke gekommen, welche wir mit einem Brief für unsern Mulei, am 20sten des Monats Rabialkem, nach Susa geschickt hatten, und sie hat uns zwei Briefe gebracht,

bracht, einen an die zwei Rathsversammlungen gerichtet, welcher auf diese Weise lautete:

„Die Großheit Muhammed's Ben Hammuda Abu el Aabbas, durch Gottes Gnade, fünfter Mulei von Telesin, Costantina, Tunes, Sicilien und Kairuan, befiehlt den Leuten sowohl des Landraths, als des Seeraths, die in Balirmu wohnen, Muhammed Ben Kafagia als ihren Groß-Emir zu erkennen, und die Großheit des Mulei befiehlt den Leuten der zwei Rathsversammlungen von Sicilien, sowohl vom Land, als vom Meer, den Groß-Emir, Muhammed Ben Kafagia als ihren Gebieter und Vater anzusehen, wie wenn es die Großheit des Mulei selbst wäre, und die Großheit des Mulei räumt dem erwähnten Groß-Emir die Gewalt ein, dem, der nicht den Befehlen gehorchen wird, welche der Groß-Emir geben wird, diejenigen Züchtigungen zu geben, von welchen die Verordnungen reden *). Die Großheit des Mulei befiehlt den Leuten sowohl des Landraths, als des Seeraths, daß, nachdem sie den neuen Groß-Emir anerkannt haben,

---

*) Huic (Kafagia) sufficiebant Siculi filium Muhammedem, quod eorum judicium Africae Dominus Muhammed filius Ahmadi 'l Aglabites ratum habuit. Abilf. Ann. Mosl. Reiske. T. I. fol. 201. Anno 255 (868) succeffit in Sicilise Principatum Muhammed Kafagiae filius Sofiani nepos defuncto patri. Ebendaf. fol. 207.

Nowairi bei Erzählung eben dieser Nachricht: „der „Sohn (des Kafagia) Muhammed ward erwählt, um ihm „zu folgen, und ward von dem Emir von Kairuan bestätigt."

Der Erzbischoff Airoldi besizt eine Münze von diesem Groß-Emir mit dem Jahr 257; und der Abate Vella zwei, eine von Silber und eine von Kupfer, welche beide das Jahr 255 haben.

sie ihn auch von allem Volk von Balirmu anerkennen
lassen sollen; damit es wisse, wer sein neuer Gebieter
und Vater sey. Die Großheit des Mulei sagt dem Groß-
Emir Muhammed Ben Kasagia, daß er die Gerechtigkeit verwalten soll, wie die Verordnungen vorschrei-
ben; daß er die Leute sowohl des Land- als des Seerathes lieben soll, wie seine Brüder, und eben dasselbe
sey auch für die Emire gesagt; damit er in allem, was
er zu unternehmen gedenkt, von dem Rath wohl bera-
then, und von den Emiren wohl bedient werde, sowohl
in der Regierung, die sie haben, als bei den Gelegenheiten einer Belagerung, die sich anbieten werden. Die
Großheit des Bufaras sagt dem Groß-Emir, wenn
er die Gerechtigkeit nicht verwalten wird, wie in den
Verordnungen festgesezt ist, so gibt die Großheit des
Mulei den beiden Rathsversammlungen Gewalt, die
Regierung aus den Händen des Groß-Emirs zu nehmen, und selbst in der Regierung zu seyn; aber in einem solchen Umstand sollen sie alles sogleich mit einem
Brief der Großheit des Mulei melden, damit er einen
andern Groß-Emir schicke, oder mache: in dem Brief,
den die beiden Rathsversammlungen in einer solchen Gelegenheit an die Großheit des Mulei schreiben werden,
soll der Beweggrund bemerkt seyn, wegen dessen sie dem
Groß-Emir die Regierung genommen haben. Diesen Brief wird man alsdann den Rath von Kairuan lesen lassen, um zu untersuchen, ob die Rathsversammlungen von Sicilien ihm die Regierung mit Recht genommen haben; denn, wenn sie ungerechter Weise die
Kühnheit gehabt haben werden, dies zu thun, so wird
die Großheit des Mulei ihn wieder in die Regierung
einsezen, und die Männer vom Land- und Seerath, die
in dem Brief unterschrieben seyn werden, der an die
Großheit des Mulei geschickt worden seyn wird, außer-
dem daß sie das Amt als Räthe verlieren werden, sollen

als rebellische Leute erdrosselt werden. Diesen Brief, welcher von dem Groß-Mufty als Oberhaupt des See- und Landraths geöffnet werden wird, soll man von dem Groß-Kadhy in Gegenwart der Leute der beiden Rathsversammlungen lesen lassen, und hernach soll er von eben demselben vor dem Volk von Balirmu gelesen werden, und so werden die Leute der beiden Rathsversammlungen das Volk erkennen lassen, wer der neue Groß-Emir sey. Indessen grüst die Großheit des Mulei die Leute des Landrathes und des Seerathes, und alles Volk, und unterschreibt sich auf diese Weise:

Muhammed Ben Hammuda Abu el Aabbas, durch die Gnade Gottes, Mulei von Sicilien, Costantina, und Telesin, der mit seinen Waffen immer die Erde hat zittern gemacht, und sie mit der Hülfe Gottes und Muhammeds, des Apostels Gottes, zittern machen wird. Kairuan, den 9ten des Monats Dschamadilaud 255 Muhammeds."

517.

Der andre Brief, welchen unser Mulei an ebendemselben Tag, den 9ten des Dschamadilaud, schickte, und der uns auch am 26sten des Dschamadilaud gebracht wurde, lautete also:

„Muhammed Ben Hammuda Abu el Aabbas, durch Gottes Gnade, fünfter Mulei, berührt dir den Kopf, und sagt dir, o Muhammed Ben Kafagia, daß meine Großheit deinen Brief empfangen hat, geschrieben am 20sten des Monats Rabialkem 255, in welchem meine Großheit die Nachricht von dem Tod deines Vaters, des Emir Chybir von Sicilien erhalten hat. Diese Nachricht hat dem Herzen meiner Großheit höchsten Schmerz gebracht, noch vielmehr, da ich die Weise hörte, wie dieser Unglückliche gestorben ist. Gewiß hätte er die Stadt Sarkusah eingenommen, wenn er nicht diese Verrätherei erlitten hätte; um so viel mehr, da unsere Flotte die feindliche Flotte zerstöret hatte: aber man muß Gedult haben. Meine Großheit sagt dir, daß du für jezt nicht gehen sollst, die Stadt Sarkusah zu belagern, indem du dich vorher mit Sicilien bekannt machen mußt. Meine Großheit hat das Geld empfangen, welches auf den Schelandien gefunden worden ist, die zu Sklaven gemacht wurden. Meine Großheit hat dir die Gnade gethan, dich an die Stelle deines Vaters zum Emir Chbir von Sicilien zu machen, weil die Leute der Rathsversammlungen dir die Regierung gegeben haben, ein Zeichen, daß du ein Mann von Verstand bist, wie dein unglücklicher Vater war.

Meine Großheit sagt dir, daß sie dir mit diesem Brief einen Beutel geschickt hat, in welchem ein Papier ist, durch welches meine Großheit dich zum Emir Chbir von Sicilien einsezt. Wann du den Beutel kaum empfangen hast, so mußt du ihn dem Groß-Mufty in Gegenwart der Leute sowohl des Landrathes als des Seerathes lesen lassen, und der Groß-Mufty soll das Papier von dem Groß-Kadhy, in der Versammlung dieser Leute, und hernach vor dem Volk von Balirmu lesen lassen. Meine Großheit sagt dir, o Muhammed Ben Kafagia, daß, ehe du die Stadt Sarkusah belagerst, du die Inseln Malta und Aoudest wegnehmen sollst, denn wenn du von diesen Meister bist, so wird das Volk von Sarkusah nicht haben, woher es Hülfe bekommen könnte; denn von Sicilien kann es keine erhalten; weil unsere Leute, welche in der Stadt Nehetu sind, jede Hülfe hindert, welche diesen Leuten von Sarkusah geschickt werden könnte. Also sagt dir meine Großheit, eine große Flotte in Bereitschaft zu stellen, zu deren Commando du einen tapfern Mann bestimmen, und ihn schicken wirst, diese zwei Inseln zu erobern. Du mußt die Leute mit ihm in Begleitung seyn lassen, welche dir von jenen zwanzig tausend Mann lebendig geblieben sind, die meine Großheit deinem Vater geschickt hat, als deine Person auf das feste Land gieng: diese Leute wird man auf jenen Inseln festgesezt lassen, welchen hernach meine Großheit die Weiber und Kinder schicken wird, und du wirst sehen, daß, wenn du Meister dieser zwei Inseln bist, du in weniger Zeit die Stadt Sarkusah einnehmen wirst. Meine Großheit hat für jezt nichts mehr dir zu sagen; berührt dir den Kopf, grüst dich, und zeichnet sich also:

Muhammed Ben Hammuda Abu el Aabbas, durch Gottes Gnade, Mulei. Imedina Kairuan, den 9ten des Monats Dschamadilaud 255 Muhammeds."

518.

Am 2ten des Monats Reginab 255 haben wir eine Barke abgeschickt, um unserem Mulei einen Brief zu bringen, welcher also lautete:

„Muhammed Ben Hammuda Abu el Aabbas, durch Gottes Gnade, fünfter Mulei, der Emir Chbir von Sicilien Muhammed Ben Kasagia mit dem Angesicht zur Erde küßt die Hände ihrer Großheit, und macht ihr bekannt, den Brief, geschrieben am 9ten des Monats Dschamadilaud, empfangen zu haben, mit welchem mir ein Beutel übergeben worden ist, den ich sogleich dem Groß-Musty gegeben habe, welcher ihn in Gegenwart der Leute von den zwei Rathsversammlungen geöffnet hat, und der Groß-Kadhy hat es vor ihnen gelesen. Nachdem das Papier ihrer Großheit gelesen war, so haben die Leute der zwei Rathsversammlungen mir die Hände geküßt, und haben mich dem Volk vorgestellt, welches anfieng Freudenstimmen zu erheben.

Ich sage ihrer Großheit, daß ich nicht sogleich Barken mit einem Brief nach Susa geschickt habe, um ihrer Großheit für die gegen mich erwiesene Wohlthätigkeit zu danken, da sie mich zum Emir von Sicilien gemacht hat, um Leute nicht unnüzer Weise zu ermüden, sondern ich habe gewartet, daß der Monat Reginab käme, die Zeit, in welcher das Geld an ihre Großheit geschickt wird. Ich melde also ihrer Großheit, daß sie mit diesem Brief zwei mit meinem Namen versiegelte Kisten empfangen wird, in welchen ihre Großheit hundert und funfzig tausend Krus finden wird, und es sind diejenigen, welche in jedem Jahr mein Vater gegen die Einnahmen zahlte, welche er für seine Rechnung zurückbehielt; sie wird auch sechzig tausend Krus finden, welche ihrer Großheit in jedem Jahr bezahlt werden müssen in Ansehung der Zölle. Ich sage ihrer Großheit, daß ich nun gehen werde, mich mit der Regierung bekannt zu machen, und dann werde ich anfangen, eine große Kriegsrüstung von Barken in Bereitschafft zu stellen, um sie nach Malta zu schicken, um uns dieser Insel zu bemächtigen, wie mir ihre Großheit befohlen hat; denn wenn ich diese Insel nehme, so werden wir die Stadt Sarkusah mit Leichtigkeit erobern, und ich sehe wohl, daß ihre Großheit sehr weislich denkt: wenn mein Vater sich mit solchen Gesinnungen betragen hätte, so wären wir vielleicht zu dieser Stunde Meister der Stadt Sarkusah. Ich thue ihrer Großheit zu wissen, daß ich in Balirmu gegen fünftausend Sklaven habe, und sie größtentheils gebrauche, Erde zu tragen; und Steine, um das Meer zu trocknen, welches in die Stadt hineingeht, das unnüzes Meer ist, und wo das Meer ausgetrocknet wird, da werden Häußer gebaut werden, wie zu den Zeiten meines Vaters geschehen ist; daher sind heut zu Tage die Thürme, welche auf dem Meer gebaut waren, im Lande, weil man das Meer hat austrocknen laſſen, und um dieſe Thürme her ſind Häußer gebaut worden. Eine Stunde Wegs weit von der Stadt ſind zwei Berge, woraus Waſſer in Menge quellen, und aus dieſen laſſe ich ein kleines Meer von ſüßen Waſſer machen, zu meinem Vergnügen, und um meinen Anverwandten einige Aufmunterung zu geben, und beſonders meiner Mutter, welche immer den Verluſt ihres Mannes beweint. Nahe an dieſem ſüßen Meer, das ich machen werde, laſſe ich ein großes Hauß bauen, in welchem ich eine ſchöne Moſchee bauen werde, und ich werde Bäder darin machen *), und wann alles geendigt iſt, werde ich die Frauen meines unglücklichen Vaters mit den Weibern und Kindern, und mit allen meinen Schweſtern ſchicken, um an dieſem Ort zu wohnen: ich habe das Meer, die Moſchee und die Bäder gemacht, damit nichts daran fehle. Um an dieſem Werk zu arbeiten, habe ich zweitauſend Sklaven beſtimmt, außer unſern Leuten, weil ich will, daß es bald geendigt werde, damit, wann ihre Großheit nach Sicilien kommt, ſie es ſehe; denn ich habe die Einrichtung gemacht, daß es demjenigen gleich ſey, welches die Großheit des verſtorbenen Mulei in Kairuan hat machen laſſen. Ich ſage ihrer Großheit, daß ich ſehr wünſche, daß es ihr gefallen möchte, meinen Bruder Safian Ben Kafagia, als Emir von Zanklah, zu beſtätigen, welches ein ſehr tapferer Mann iſt, und fähig, mit Anſtand die Stelle zu behaupten, welche ich hatte. Für jezt habe ich ihrer Großheit nichts weiter zu ſagen,

---

*) Noch ſind viele Gebäude dieſes Palaſtes von Maredolce (vom ſüßen Meer) übrig; die Moſchee iſt auch noch ganz erhalten, und man erkennt die Bäder, welche durch Sorgfalt des Fürſten von Torremuzza vor der Zerſtörung bewahrt worden ſind; den See erkennt man auch noch.

mit dem Angesicht zur Erde küsse ich ihr die Hände, und unterschreibe mich also:

Muhammed Ben Kafagia, durch Gottes Gnade, Knecht der Großheit des Mulei Muhammed Ben Hammuda Abu el Aabbas. Imedina Balirmu, den 2ten des Monats Rabialkem 255 Muhammeds."

519.

Am 18ten des Monats Schahaban 255 ist die Barke gekommen, welche wir am 2ten des Monats Reginab 255 nach Susa geschickt hatten, und sie brachte uns einen Brief unsers Mulei, welcher also lautete:

"Muhammed Ben Hammuda Abu el Aabbas, durch Gottes Gnade, fünfter Mulei, berührt dir den Kopf, und meine Großheit sagt dir, o Emir Chbir von Sicilien Muhammed Ben Kafagia, daß sie deinen Brief empfangen hat, welcher den 2ten des Monats Reginab 255 gezeichnet war, und sie hat zugleich zwei mit deinem Namen versiegelte Kisten erhalten, in welchen meine Großheit zweihundert und zehntausend Krus gefunden hat, welches diejenigen sind, die dein Vater bezahlen mußte, und noch jedes Jahr deine Person fortfahren wird zu bezahlen. Meine Großheit hat sich gefreut, da sie gelesen hat, daß das Volk von Balirmu Vergnügen gehabt habe, daß du zum Emir Chbir von Sicilien gemacht worden bist. Meine Großheit hat in deinem Papier gelesen, daß du dich gegenwärtig von der Regierung Siciliens unterrichtest, und daß du ein süßes Meer, ein Hauß und ein Bad machen lässest, um deinen Leuten zu dienen. Hierüber sagt dir meine Großheit, daß du sehr wohl gedacht hast, und um es demjenigen gleich zu machen, welches mein Vater gemacht hat, ohne zu fehlen, so hat meine Großheit zugleich mit diesem Brief dir die Zeichnung geschickt, weil du es demjenigen gleich machen willst, welches der Vater

meiner Großheit gemacht hat. Meine Großheit billigt,
daß du die Sklavenleute arbeiten läßest; du mußt jedoch aufmerksam seyn, um dich vor einer Verrätherei in
Acht zu nehmen, welche dir diese Leute machen könnten;
denn fünftausend sind eine beträchtliche Zahl, und deswegen muß man sie immer mit den Eisen an den Füßen
halten. Meine Großheit nahm Vergnügen, da sie in
deinem Brief las, daß du gedacht hast, deinen Bruder Safian Ben Kafagia *) in die Stelle eines Emirs
von Zanklah zu sezen, die du inne hattest, und deswe-

---

*) Während daß Safian Ben Kafagia als Emir zu Messina regierte, ward das Gebäude zu unentgeldlicher Beherbergung, oder Ernährung der Kranken, oder der Armen, oder
der Reisenden (Pilgrime) errichtet, von welchem der Stein
redet, der erst kürzlich in dem Hauße des F. Luigi Ruffo,
(Commendatore, e Moncada dell' Ordine Gerosolimitano)
gefunden worden ist. Der Fürst von Torremuzza hat die Inschrift dieses Steins dem Herrn Prof. Gerhard Olaus Tychsen nach Teutschland geschickt, und dieser hat eine Uebersezung davon gegeben, welche, ein einziges Wort ausgenommen,
in allem derjenigen gleich ist, welche der Abate Vella (der
Italiänische Uebersezer dieses ganzen Werks) davon gemacht
hatte.

Congregabimus vos. Volumus a vobis neque gratiarum actionem,
Neque remunerationem, nisi faciem (id est, cultum) Dei liberalis.
Safian filius Kafagiae
Emir Zanclae.

Vella hat das erste Wort Saturabimus übersezt, obschon er sagt, daß es auch die Bedeutung Congregabimus haben könne; eine Verschiedenheit, die aus der verschiedenen
Deutung der Arabischen Charaktere entsteht.

gen bestätigt sie ihn dir, jedoch, daß er im Alter von zwanzig Jahren seyn wird. Indessen hat meine Großheit für jezt nichts mehr dir zu sagen: sie berührt dir den Kopf, grüßt dich, und zeichnet sich also:

„Muhammed Ben Hammuda Abu el Aabbas, durch Gottes Gnade, fünfter Mulei. Kairuan den 3ten des Monats Schahaban 255 Muhammeds."

520.

Am 10ten Tag des Monats Reginab 256 haben wir eine Barke mit einem Brief für unsern Mulei nach Susa geschickt, welcher also lautete:

„Muhammed Ben Hammuda Abu el Aabbas, durch Gottes Gnade, fünfter Mulei, der Emir Chbir von Sicilien Muhammed Ben Kafagia mit dem Angesicht zur Erde küßt die Hände ihrer Großheit, und macht ihr bekannt, daß ich im verflossnen Jahr den Brief, geschrieben am 3ten Tag des Monats Schahaban, empfangen habe, in welchem ich die Zeichnung gefunden habe, damit ich nach derselben, die Zeichnung des Hauses ausführen lasse, welches im süßen Meer gebauet wird, welches beinahe vollendet ist, und ich glaube, daß in serneren drei Monaten nichts mehr zu thun übrig sey: das Meer ist bereits fertig; in dasselbe habe ich zehn Barken thun lassen, auf deren jede acht Menschen gehen können, damit meine Brüder, welche noch klein sind, und meine Söhne sich als Kinder üben, Gefechte zu machen, und tapfer werden. Alle sechs Tage wird in diesem kleinen Meer in meiner Gegenwart eine Schlacht gehalten, und jedem Mann von den Barken, welche gewinnen, schenke ich einen Krus. Ich sage ihrer Großheit, daß diese kleinen Jünglinge biß jezt vier Gefechte gehalten haben, mit einem sehr großen Muth, und auf diese Weise üben sie sich gut. Ich habe ihnen Männer angewiesen, welche in ver-

schiedenen Schlachten gewesen sind, um sie die Weise
zu fechten zu lehren, und im neuen Jahr werde ich
meine Familie an diesen Ort schicken, um daselbst zu
wohnen.

Ich sage ihrer Großheit, daß mir die Nachricht
sehr gefallen hat, die sie mir mit so viel Güte gegeben
hat, mich vor den Sklaven wegen einer Verrätherei in
Acht zu nehmen, die sie machen könnten; und da ich
dieses gelesen hatte, habe ich auf diese Weise gethan:
vor meinem Hauß innen im Lande ist eine weite Ebene,
unter welcher ein sehr großes Gefängniß ist: in demselben werden gegenwärtig die Löwen und Tiger, und meine Pferde alle abgesondert aufbehalten; denn die Löwen
sind nicht bei den Tigern, welche sich unter einander
umbringen würden. Also habe ich die Pferde herausnehmen lassen, und nachdem dieser Ort wohl gereiniget
war, habe ich ihn zu rechte machen lassen, und habe
ein Gefängniß daraus gemacht, wo funfzigtausend Sklaven seyn könnten *). Die Sklavenleute sind gern
darin, weil sie im Winter keine Kälte fühlen, und
jeder von ihnen sein steinernes Bett hat. Die Tiger
und Löwen habe ich darin nahe an dem Thor angebracht,
durch welches die Sklaven hineingehen. Wenn der
Fall es geben wird, daß bei Nachtzeit diese Sklavenleute herausgehen wollten, um eine Verrätherei zu
machen, so darf der Mann von der Wache auf der Au-
ßenseite nichts thun, als das Thor öffnen, wo die Löwen und die Tiger eingeschlossen sind, welche Thore
dahin führen, wo die Sklaven sind, und daher werden

---

*) Unter dem königlichen Palast, und rings umher ist es
überall hohl, und in einer kleinen Entfernung hat der Fürst
von Torremuzza graben lassen, wo man jezt nichts als Be-
gräbniß-Stellen und Leichname erkennt.

diese wohl vorher überlegen, ehe sie sich bewegen, denn, wenn sie sich bewegen werden, so wird die Wache sie von den Löwen und Tigern zerreissen lassen; auf diese Weise werden die Sklaven ohne viele Leute mit größerer Sicherheit bewacht, als die, womit unsre Leute sie bewachen könnten; dieses Gefängniß ist bereits fertig und das Sklavenvolk wohnt schon darin. Ich sage ihrer Großheit, daß dadurch, daß man Erde und Steine ins Meer geworfen hat, sehr große Ebnen gemacht worden sind, die ich unter den Männern des Raths vertheilt habe, welche darauf Häußer zu ihren Wohnungen bauen, und Gärten, und so wie das Meer mit der Erde und den Steinen, die hineingeworfen werden, vertrocknet wird, werde ich dergleichen einräumen; damit Häußer gemacht werden, und im Gedächtniß aller bleibe, daß, wo Meer war, heut zu Tage Thürme, Häußer und Gärten sind. Um das Meer auszutrocknen wird nichts aufgewendet, denn den Sklavenleuten muß man immer zu essen geben, und deswegen muß man sie auch arbeiten lassen.

Ich thue ihrer Großheit zu wissen, daß auf das neue Jahr die Seearmee fertig seyn wird, und ich werde schicken, die Inseln Malta und Aaudesk zu erobern, und so werde ich vollziehen, was ihre Großheit gedacht und mir geschrieben hat. Zugleich mit diesem Brief wird ihre Großheit zwei Kisten empfangen, in welchen sie zweihundert und zehntausend Krus finden wird, welches diejenigen sind, die ich verbunden bin, ihr jedes Jahr im Monat Reginab zu bezahlen. Ich habe ihrer Großheit nichts mehr zu sagen; mit meinem Angesicht zur Erde küsse ich ihr die Hände und unterschreibe mich auf diese Weise:

Muhammed Ben Kafagia, durch Gottes Gnade, Emir Ehbir von Sicilien. Imedina Balirmu, den 10ten des Monats Reginab 256 Muhammeds."

521.

Am 26ſten Tag des Monats Schahaban 256 iſt die Barke gekommen, welche wir am 10ten des Monats Reginab 256 nach Suſa geſchickt hatten, und ſie brachte uns einen Brief unſers Mulei, welcher alſo lautete:

„Muhammed Ben Hammnda Abu el Aabbas, durch Gottes Gnade, fünfter Mulei, berührt dir den Kopf, und ſagt dir, o Emir Chbir von Sicilien, Muhammed Ben Kafagia, daß meine Großheit deinen Brief, geſchrieben am 10ten des Reginab, empfangen hat.

Erſtlich. Meiner Großheit ſind zwei mit deinem Namen verſiegelte Kiſten übergeben worden, in welchen ich zweihundert und zehntauſend Krus gefunden habe, welches diejenigen ſind, welche du ſchuldig biſt, mir jährlich zu bezahlen.

Zweitens. Meine Großheit hat in deinem Brief geleſen, daß du ein ſehr großes Gefängniß gemacht haſt, um die Sklavenleute darein zu thun, und die Weiſe, wie du es gethan haſt, hat mir ſehr gefallen, und die Sklaven werden wohl denken, eine Bewegung zu machen, weil ſie von den Tigern und von den Löwen werden zerriſſen werden.

Drittens. Meine Großheit hat geleſen, daß das ſüße Meer, welches du machen ließeſt, ſchon vollendet ſey, und daß es beinahe auch das Hauß ſey; und es gefiel meiner Großheit ſehr, daß in das ſüße Meer, welches du gemacht haſt, Barken gethan worden ſind, um üben zu laſſen und zu lehren . . . . deine Söhne zu thun . . . . gewißlich, wann ſie gewachſen ſeyn werden, werden ſie ſehr tapfer werden, weil ſie vom kleinen Alter angewöhnt ſind, und deine Perſon thut ſehr wohl, mit Geld zu belohnen, wer von ihnen den Gefährten überwindet, denn so machen sie mit größerem Muth und Wetteifer die Gefechte; daher hast du in dieser Sache mit sehr großem Verstand gedacht.

Viertens. Meine Großheit hat Vergnügen, daß du eine große Seearmee ausgerüstet habest, um sie zu schicken, die Inseln Malta und Aaudeft zu erobern, und wann du dich davon Meister machen wirst, so will meine Großheit es wissen, um dir zu befehlen, deine Seearmee nach Susa zu schicken, um meinen Sohn zu führen, Sicilien zu sehen, und wann mein Sohn es gesehen haben wird, und sich nach Kairuan zurückbegeben wird, so wird meine Großheit kommen.

Fünftens. Meine Großheit hat Vergnügen, daß du den Platz, wo das Meer hineintrat, und der heut zu Tage getrocknet ist, den Leuten deiner Rathsversammlungen gegeben hast; damit sie an diesem Ort Häußer bauen, und auf diese Weise wirst du die Stadt größer und schöner machen. Meine Großheit billigt dir alles, was du gethan hast, wie du in deinem Brief, gegeben am 10ten Tag des Monats Reginab 256, geschrieben hast, denn du hast dich in allem mit sehr großem Verstand betragen. Nach diesem hat meine Großheit nichts weiter dir zu sagen; sie berührt dir den Kopf, grüßt dich sehr; und zeichnet sich also:

Muhammed Ben Hammuda Abu el Aabbas, durch Gottes Gnade, Mulei. Imedina Kairuan, den 8ten des Monats Schahaban, 256 Muhammeds."

522.

Am 28sten des Monats Ausah haben wir einen Brief von Malta empfangen, geschickt von dem Emir der Armee zur See, welcher also lautete:

„Muhammed Ben Kafagia, durch Gottes Gnade, Emir Ehbir von Sicilien, der Emir der Armee zur

See Jnaaisa Ben Aabd Allah mit dem Angesicht zur Erde küßt die Hände ihrer Großheit, und macht ihr bekannt, daß ich am 4ten des Monats Almoharoan 257 an der Küste von Marset Allah ankam, das ist, drei Tage nach meiner Abreise von Balirmu. Kaum war ich in Marset Allah angekommen, so habe ich alle die Vorräthe eingenommen, die mir nöthig waren: am 12ten desselben Monats Almoharoan war ich mit allem versehen, und reiste mit dem ganzen Heereszug ab: am 16ten kam ich an der Küste von Kamarinah an, und nachdem alle Schelandien und Barken, die sich an der Küste dieser so schönen Stadt befanden, ausgerüstet waren, lief ich am 27sten des Monats Almoharoan 257 aus. Am 28sten kamen wir auf der Insel Aaudesk an, stiegen auf der Küste von Nadur aus, und ruhten einige wenige Stunden des Tages und die ganze Nacht. Am 29sten desselben Monats machten wir uns auf den Weg nach der Stadt, und in kurzer Zeit kamen wir an; der Angriff wurde dieser Stadt gegeben, die wir in wenigen Stunden eingenommen haben. Das Griechische Volk, welches in der Festung war, wurde alles mit der Schärfe des Schwerdtes getödtet, und wir haben uns gelagert: ich habe meine Mannschaft ruhen lassen, und nachdem ich sie gezählet, habe ich gefunden, daß mir hundert und vier und sechzig Mann gestorben sind, die ich habe begraben lassen; das Griechische Volk habe ich verbrennen lassen, welches an der Zahl dreihundert und sechzig war. Man hat wenig Sachen in der Festung gefunden, welche ich unter unsre Mannschaft habe austheilen lassen, und eben derselben habe ich auch das wenige Geld ausgetheilt, welches gefunden worden ist. Das Volk des Landes hat Vergnügen an uns genommen; es kam mir die Hände zu küssen, und ich habe mich freundlich gegen alle gezeigt; sie haben funfzig Schöpse gegeben, zum Essen für unsere Mannschaft. Am ersten

Tag des Monats Ausah habe ich befohlen, daß meine Mannschaft auf der Insel umhergehen und suchen sollte, wo Häußer der Feinde wären; sie sollte alles nehmen, was sie antreffen würde, und sollte alle Griechen, die sie finden würde, mit der Schärfe des Schwerdtes tödten. Hingegen habe ich Befehl gegeben, daß, wenn einer irgend etwas von den Leuten der Insel anrühren würde, so würde ich ihm den Kopf abhauen lassen, wenn ich es erführe. Am 12ten des Monats Ausah 257 bin ich von Aaudest abgereiset, in wenig Stunden kamen wir in dem Hafen von Baulu an; vor meiner Abreise von Aaudest nach Malta habe ich tausend Mann an der Küste von Nadur gelassen, um eine Landung zu verhindern, welche das feindliche Volk machen könnte, wenn es von Malta flöhe. Nachdem wir in dem Hafen von Baulu ankamen, und ans Land stiegen, haben wir angefangen zu berathschlagen, ich und mein Kadhy, und habe zu ihm also gesagt: Höre, o Kadhy, auf dieser Insel ist viel feindliches Volk, denn du siehst schon achtzehn Schelandien von diesem Volk, und die wenigen Menschen, welche die Schelandien bewachten, flohen in das Land hinein, da sie uns gesehen haben, um den andern Nachricht zu geben. Also scheint es mir, Kadhy, daß man unsere funfzig Schelandien, und die achtzehn des feindlichen Volks nach Kamarinah schicken müsse, damit, wann wir in das Land hinein gehen werden, die Feinde keine Gelegenheit zu entfliehen haben, indem sie weder unsre, noch ihre Schelandien finden; denn diese Leute, wenn wir ins Land hineinkommen, werden anfangen zu fliehen, und werden auf unsre Schelandien fliehen; und wir werden sie verlieren. Der Kadhy hat mir also geantwortet: „Höre, o mein Gebieter, du denkst weislich, denn auf diese Weise werden wir die Insel Malta gewiß einnehmen: man müßte aber doch wenigstens zwei Schelandien zurückbehalten, damit, wann wir Meister von Malta seyn werden, wir die Bequemlichkeit haben, einen Brief an unsern Emir Ebbir schicken zu können. Ich habe ihm gesagt: Du hast Recht, o Kadhy, auf dieses hatte ich nicht gemerkt; man muß also die zwei Schelandien, die wir zurückbehalten wollen, ans Land ziehen. Daher habe ich sogleich zwei Schelandien ans Land ziehen und entwafnen lassen, und in die andern Schelandien habe ich zwanzig Mann auf jede einschiffen lassen, und habe sie nach Kamarinah geschickt, damit sie in Bereitschaft wären, wann ich Befehl schicken würde, nach Malta zurückzukommen. Nachdem diese Schelandien ausgelaufen waren, haben wir uns auf den Weg gemacht, um die Stadt zu belagern; in wenig Stunden sind wir angekommen und haben den Angriff gethan, der uns sehr gut gelang, denn beim ersten Angriff haben wir eine Bastey niedergerissen, und sind in die Stadt gegangen: wir haben alles Griechische Volk, welches in dieser Stadt in Besazung war, mit der Schärfe des Schwerdtes getödtet: man zählte unsere Mannschaft, und ich fand neunhundert und sechs und vierzig Mann Todte, die ich begraben ließ: ich habe das Griechische Volk zählen lassen, das wir getödtet haben, und man fand die Zahl von tausend und fünf und siebenzig Mann, die ich verbrennen lies: wir haben uns gelagert, um auszuruhen. *) Beim

---

*) 370. Anno 6378 capta est Malta die 21 mensis Ausah. Chron. Cantabrig.

Anbruch des Tages habe ich meine Mannschaft ausgeschickt, sich der Dörfer der Insel mit Ordnung zu bemächtigen, daß, wo sie Griechische Leute fänden, sie dieselben nicht mit der Schärfe des Schwerdtes tödten sollten, sondern sie sollten sie nach der Stadt bringen, als Sklavenleute. Ich habe auch Befehl gegeben, daß sie die Einwohner nicht anrühren sollten, und habe sie abgefertigt. An eben demselben Tag kamen die Großen der Stadt, mir die Hände zu küssen, und ich habe mich mit ihnen gefreuet. Sie haben sechzehn Ochsen gegeben, damit unsere Mannschaft sie schlachte und esse: auch kam der Bischoff derselben, und hat mir die Hände küssen wollen; ich habe es nicht erlaubt, sondern habe ihn auf die Stirne geküßt: er bat mich, daß ich die Einwohner nicht mißhandeln sollte, wie es das Griechische Volk zu machen pflegte, und ich habe ihm gesagt: Höre, o Bischoff, wir sind gute Leute, und thun Niemand etwas Böses: wir gebrauchen Strenge gegen das Griechische Volk, weil es Gottes und unser Feind ist: daher zweifle nicht, daß ich den Christen alle ihre Haabe lassen, und die nehmen werde, welche den Feinden gehört. Da der Bischoff dieses mein Reden gehört hat, so hat er mir einen Beutel im Namen der Großen dieser Stadt gegeben, in welchem fünfhundert Goldstücke waren; ich habe es genommen, und dankte ihm, und küßte ihn auf

---

Die Insel Malta ist im Alterthum sehr berühmt. Die Phönicier, die Karthager, die Griechen, die Römer herrschten darauf. Diodor lobt sie wegen ihrer vielen sehr bequemen Häfen. Cicero erwähnt ihrer mit Ruhm, wie mehrere andere alte Schriftsteller unter den Griechen und Lateinern. Heut zu Tage ist sie durch den Johanniter-Orden merkwürdig.

die Stirne und entließ ihn. Nach vier Tagen meines Aufenthalts in dieser Stadt, kam die Mannschaft zurück, welche ich ausgeschickt hatte, um sich der Dörfer zu bemächtigen, und sie hat an Griechischen Männern, Weibern und Kindern dreitausend, sechshundert und vierzehn gebracht, und mir gesagt, sie haben sich der ganzen Insel bemächtigt. An eben demselben Tag, den 20sten des Monats Ausah, an welchem mir die Unsrigen das Griechische Volk vorstellten, und mir Bericht gaben, daß wir bereits Meister der ganzen Insel wären, habe ich den Griechischen Männern die Eisen an die Füße thun lassen, und habe sie an einen Ort eingeschlossen; die Weiber und Kinder habe ich dem Bischoff übergeben, und ihm gesagt, daß, wenn das Maltesische Volk eine Frau, ein Mädchen, oder einen Knaben kaufen wollte, ich sie ihnen gern verkaufen wollte, um den Preiß von sechzig Silberstücken für jeden Kopf. Die, welche ich ihm übergeben habe, hat mich der Bischoff an einem Tag alle verkaufen lassen, und er hat mir fünftausend Silberstücke bezahlt, und ich habe ihm das Uebrige des Preißes nachgelassen. Er hat mich ersucht, ob ich nicht die Griechischen Männer verkaufen wollte, und ich habe geantwortet, daß ich es nicht thun könnte, wenn ich nicht vorher die Erlaubniß von der Großheit des Emir Chbir hätte. An Geld, welches bei dem Griechischen Volk war, sind achttausend und sechshundert Goldstücke, und fünf und zwanzig tausend Silberstücke gefunden worden, welche ich im Namen ihrer Großheit aufbehalten habe; das Geräthe, und das Kupfergeld habe ich unserer Mannschaft ausgetheilt, welche damit sehr zufrieden war. Gegenwärtig bessere ich die Zerstörungen aus, welche bei der Belagerung der Stadt gemacht worden sind. Ich sage indessen, daß ich mich nicht von dieser Insel entferne, wenn ich nicht vorher die Befehle ihrer Großheit habe, und ich werde nicht Befehl nach Kamarinah schicken, daß die Schelandien nach Malta kommen, wenn ich nicht vorher die Befehle ihrer Großheit habe. Ich habe nichts mehr zu sagen, mit meinem Angesicht zur Erde küsse ich die Hände ihrer Großheit, und unterschreibe mich also:

Jnaaisa Aabd Allah, durch Gottes Gnade, Emir der Seearmee, Knecht der Großheit des Emir Chbir Muhammed Ben Kasagia. Malta, den 22sten des Monats Ausah 257 Muhammeds."

523.

An eben demselben Tag, den 28sten des Monats Ausah 257 ist die Schelandie wieder abgefertiget worden, welche von Malta kam, mit einem Brief für den Emir der Seearmee, welcher also lautete:

"Muhammed Ben Kasagia, durch Gottes Gnade, Emir Chbir von Sicilien, küßt dir die Stirne, grüst dich sehr, und sagt dir, o Emir Jnaaisa Ben Aabd Allah, daß meine Großheit deinen Brief, geschrieben am 22sten des Monats Ausah 257 empfangen hat, in welchem meine Großheit gelesen hat, daß du mit vieler Tapferkeit die Inseln Malta und Aaudesk erobert hast, welche Sache das Herz meiner Großheit frölich gemacht hat.

Erstlich. Meine Großheit sagt dir, o Emir Jnaaisa Ben Aabd Allah, daß sie dir Gnade thut, dich als Emir von Malta zu lassen.

Zweitens. Wann du diesen Brief liesest, must du Befehl nach Kamarinah schicken, daß zwanzig Schelandien nach Malta zurükkehren sollen, welche immer in Malta bleiben sollen, um sie alle Jahre auf Streifzüge auszuschikken.

Drittens Meine Großheit sagt dir, daß die Mannschaft, welche mit den Schelandien kommt, in Malta und Aaudesk bleiben soll: auf die Insel Aaudesk mußt du viertausend Mann schicken; und deinen Sohn Aabd Allah Ben Inaaisa regieren laßen; und in Malta wirst du ungefähr zehntausend Mann zurückbehalten, indem davon einige in den Belagerungen, die du gemacht hast, gestorben sind. Du must die Leute trösten; und sie versichern, daß du in kurzem ihre Weiber und Kinder kommen laßen wirst.

Viertens. Meine Großheit sagt dir, alle Felder, welche den Feinden gehörten, unsern Leuten auszutheilen zu müssen, und ihnen auch die Häußer auszutheilen, und du mußt weder mehr, noch weniger thun, als was die Verordnungen sagen, welche dir meine Großheit in einem mit meinem Namen versiegelten Beutel zugleich mit diesem Brief schickt, und auf diese Weise werden die Sachen sehr gut gehen, und in allem wirst du dich mit Gerechtigkeit betragen.

Fünftens. Wenn du wegen der zwanzig Schelandien nach Kamarinah schicken wirst, so wirst du dem Statthalter dieser Stadt schreiben, daß er zehn Schelandien an jener Küste zurückbehalten, und die übrigen nach Balirmu schicken soll, aber mit Männern, welche von Kamarinah seyn, um seine Mannschaft nicht zu vermindern.

Sechstens. Meine Großheit sagt dir, daß du wohlgedacht hast, in Malta jene Griechische Männer nicht zu verkaufen, welche du zu Sklaven gemacht hast: du mußt sie indessen nach Balirmu schicken, um dir so viele Feinde um dich herum wegzuschaffen, um so viel mehr, da sie Weiber und Kinder in Malta haben.

Siebentens. Meine Großheit meldet dir, daß sie dir mit dem Geld, welches du aus dem Verkauf der Griechischen Weiber und Kinder gezogen hast, ein Geschenk macht, und das übrige Geld, welches du im Namen meiner Großheit aufbewahrt hast, must du nach Balirmu schicken. Meine Großheit billigt dir alles, was du gethan haſt, wie du in deinem Brief geſchrieben haſt. Meine Großheit hat nichts mehr dir zu ſagen; küßt dir das Angeſicht, grüst dich ſehr, und zeichnet ſich auf dieſe Weiſe:

Muhammed Ben Kafagia, durch Gottes Gnade, Emir von Sicilien, dein Herr.   Jmedina Balirmu, den 28ſten des Monats Auſah 257 Muhammeds."

524.

Am 29ſten Tag des Monats Auſah 257 ſchickten wir eine Barke nach Suſa, mit einem Brief für unſern Mulei, welcher alſo lautete:

„Muhammed Ben Hammuda Abu el Aabbas, durch Gottes Gnade, fünfter Mulei, der Emir Chbir von Sicilien, Muhammed Ben Kafagia mit dem Angeſicht zur Erde küßt die Hände ihrer Großheit, und macht ſie ihr bekannt:

Erſtlich. Am erſten Tag des Monats Almoharoan 257 ließ ich von Balirmu vierzig Schelandien auslaufen, auf welche ich alle die Mannſchaft habe einſchiffen laſſen, welche ihre Großheit damals ſchickte, als ich nach Kalaſra gieng, und ich erwählte zum Emir der Kriegsflotte Jnaaiſa Ben Aabb Allah, weil der arme Aali Ben Aabb Alrahman ſchon geſtorben war. Ich habe dem Emir der Kriegsflotte Befehl gegeben, daß er, eh er die Inſeln Malta und Aaudeſk belagerte, nach Kamarinah gehen, und noch zehn Schelandien nehmen, und ſie mit eben derſelben Mannſchaft bewaffen ſollte, welche ich ihm zu Balirmu gegeben habe. Am 27ſten des Monats Almoharoan lief der Emir der Kriegsflotte mit funfzig Schelandien aus; am 28ſten kam er auf der Inſel Aaudeſk an, belagerte die Stadt, und am 29ſten war er bereits Meiſter davon. In dieſer Belagerung ſind von den unſern hundert und vier und ſechzig Mann geſtorben: er zog von Aaudeſk ab, und bemächtigte ſich in wenig

Stunden des Hafens von Baulu, *) welcher der vornehmste Hafen von Malta ist; daselbst hat er achtzehn Schelandien angetroffen, welche den Feinden gehörten, und hat sich derselben bemächtiget. Eh' er ins Land hinein gieng behielt er zwei Schelandien zurük, welche er entwafnete, nachdem er sie hatte ans Land ziehen lassen, und schickte die übrigen nach Kamarinah zurück. Nach diesem hat er sich auf den Weg gemacht, um die Stadt Malta anzugreifen, welche er eroberte: in dieser Belagerung sind von unserer Mannschaft gestorben neunhundert und sechs und vierzig Mann; alle Griechen, welche in der Stadt gefunden worden waren, an der Zahl tausend und fünf und siebenzig, wurden in Stücken gehauen. Am 20sten des Monats Ausah 257 war unser Volk schon Meister von der Insel Malta.

Zweitens. Von dem Griechischen Volk, welches auf der Insel Malta zur Wohnung war, wurden drei tausend, sechshundert und vierzehn an Männern, Weibern und Kindern zu Sclaven gemacht. Der Emir der Kriegsflotte hat die Weiber und Kinder für fünftausend Silberstücke verkauft, und der Bischoff dieser Insel hat sie für Rechnung der Großen derselben gekauft. Diese Summe Geldes habe ich dem Emir der Kriegsflotte geschenkt, um zu machen, daß er vergnügt sey, und habe ihm befohlen, daß er mir die Griechischen Männer, welche Sklaven sind, nach Balirmu schicken solle, um sie nicht nahe bei ihren Weibern und Kindern zu lassen, und im Stande, unserem Volk eine Verrätherei anzetteln zu können.

Drittens. Auf dieser Insel wurden achttausend und sechshundert Stücke in Goldmünze, und fünf und

---

*) Er hat noch heut zu Tag den Namen St. Pauls Hafen (Porto di S. Paolo).

zwanzigtausend Stücke von Silber gefunden, und ich gab dem Emir der Kriegsflotte Befehl, daß er das Geld nach Balirmu schicken sollte, um es hernach ihrer Großheit zu übersenden.

Viertens. Ich habe von Kamarinah zwanzig Schelandien nach Malta schicken lassen, um an dieser Küste zu bleiben.

Fünftens. Ich habe den Emir der Kriegsflotte zum Emir von Malta gemacht, und habe ihm die zwanzig Schelandien geschickt, damit er Streifzüge machen könne.

Sechstens. Ich sage ihrer Großheit, daß ich eine Armee von dreißigtausend Mann ausrüste, um sie nach dem festen Lande zu schicken, um zu sehen, ob etwas gethan werden könne, und im neuen Jahr wird man versuchen, Sarkusah zu erobern. Die Armee, welche ich bilde, werde ich auf den ersten Tag des Monats Rabialkem nach dem festen Land schicken. Nach diesem habe ich nichts weiter ihrer Großheit zu sagen; ich hoffe, daß sie mir alles billige, was ich ihrer Großheit geschrieben habe, mit meinem Angesicht zur Erde küsse ich ihr die Hände, und zeichne mich also:

Der Emir Chbir von Sicilien Muhammed Ben Kasagia, durch Gottes Gnade, Knecht der Großheit des Mulei Muhammed Ben Hammuda Abu el Aabbas. Imedina Balirmu, den 29sten des Monats Ausah 257 Muhammeds."

525.

Am 20sten des Monats Rabialkem 257 ist die Barke angekommen, welche wir am 29sten des Monats 257 nach Susa abgefertigt hatten, und sie brachte uns einen Brief unsers Mulei, welcher also lautete:

"Muhammed Ben Hammuda Abu el Aabbas, durch Gottes Gnade, fünfter Mulei, berührt dir den

Kopf, und meine Großheit sagt dir, o Emir Chbir Muhammed Ben Kafagia, deinen Brief, geschrieben am 29sten des Monats Ausah 257 empfangen zu haben, in welchem meine Großheit gelesen hat, daß Jnaaisa Ben Aabd Allah mit so großer Tapferkeit, und mit so großem Verstand die Inseln Malta und Aaudesk eingenommen hat. Meine Großheit sagt dir, daß du im neuen Jahr deine Kriegsflotte nach Susa schicken sollst, um meinen Sohn nach Sicilien zu bringen, und wann dann mein Sohn nach Kairuan zurückkehren wird, so wird meine Großheit kommen, um Sicilien zu sehen. Meine Großheit hatte Vergnügen, da sie gelesen hat, daß du auf den ersten Tag des Monats Rabialkem eine Armee von dreißigtausend Mann nach dem festen Lande schicken wolltest. Meine Großheit hat im Monat Almoharoan andere dreißigtausend Mann nach Italien geschickt, und ich habe Nachricht erhalten, daß sie bereits die Stadt Ankuna eingenommen haben, und deswegen wäre es eine sehr gute Sache, daß die Armee, welche du schicken wirst, gienge, sich mit jener Mannschaft zu vereinigen, und so werden sie große Eroberungen machen können. Meine Großheit sagt dir, daß du von dem Gelde, welches auf der Insel Malta gefunden worden ist, nur das goldene schicken sollst, denn das silberne schenkt dir meine Großheit. Meine Großheit billigt dir alles, was du gethan hast, wie du in deinem Brief geschrieben hast. Nach diesem hat meine Großheit nichts weiter dir zu sagen, berührt dir den Kopf, und unterschreibt sich also:

Muhammed Ben Hammuda Abu el Aabbas, durch Gottes Gnade, fünfter Mulei. Jmedina Kairuan, den 2ten des Monats Rabialkem 257 Muhammeds."

526.

Am 5ten Tag des Monats Reginab 257 haben wir eine Schelandie nach Susa geschickt, mit einem Brief für unsern Mulei, welcher also lautete:

„Muhammed Ben Hammuda Abu el Aabbas, durch Gottes Gnade, fünfter Mulei, der Emir Chbir von Sicilien Muhammed Ben Kafagia mit dem Angesicht zur Erde küßt die Hände ihrer Großheit, und macht ihr bekannt, daß er den Brief empfangen hat, geschrieben am 2ten des Monats Rabialkem 257, in welchem er gelesen hat, daß ihre Großheit mir das Silbergeld geschenkt hat, welches auf Malta gefunden worden ist, wofür ich mit dem Angesicht zur Erde ihrer Großheit danke. Ich sage ihrer Großheit, mit diesem Brief zwei mit meinem Namen versiegelte Kisten abgeschickt zu haben, in welchen ihre Großheit das Geld finden wird, welches ich ihrer Großheit alle Jahre zu bezahlen verbunden bin; sie wird auch jene achttausend Stücke Goldmünzen finden, welche in Malta zusammengebracht worden sind. Ich sage ihrer Großheit, daß ich am ersten Tag des Monats Rabialkem 257 eine Armee von dreißig tausend Mann unter dem Befehl des Busa Ben Kagebis nach dem festen Land geschickt habe, welchem ich den Titel Emir gegeben habe, und ich habe diesen Mann erwählt, weil er, da ich auf dem festen Lande gewesen bin, mir Proben seiner großen Tapferkeit und seines großen Verstandes gegeben hat. Ihm habe ich befohlen, daß er sorgen sollte sich mit der Armee zu vereinigen, welche in der Stadt Ankuna ist. Ich sage ihrer Großheit, daß ich kaum Nachricht haben werde von dem, was unsere Mannschaft auf dem festen Lande gethan haben wird, so werde ich selbst gehen, die Stadt Sarkusah zu belagern. Ich habe ihrer Großheit nichts weiter zu schreiben; mit meinem Angesicht zur Erde küsse ich ihr die Hände, und sage ihr, daß ich in dem neuen

Jahr meine Kriegsflotte schicken werde, den Sohn ihrer Großheit zu überbringen, und zeichne mich also:

Der Emir Chbir von Sicilien, durch Gottes Gnade, Knecht der Großheit des Mulei. Jmedina Balirmu, den 5ten des Monats Reginab 257 Muhammeds."

527.

Am 18ten des Monats Schahaban 257 ist die Schelandie gekommen, welche am 5ten des Monats Reginab 257 nach Susa geschickt worden ist, und sie brachte einen Brief unsers Mulei, welcher also lautete:

"Muhommed Ben Hammuda Abu el Aabbas, durch Gottes Gnade, fünfter Mulei, berührt dir den Kopf, und sagt dir, o Emir Chbir von Sicilien, Muhammed Ben Kafagia, daß meine Großheit deinen Brief, gegeben am 5ten des Monats Reginab 257, empfangen hat, mit welchem mir die zwei Kassen übergeben worden sind, und das Geld, welches du mir geschickt hast. Meine Großheit hat Vergnügen gehabt, daß du eine Armee nach dem festen Lande geschickt hast, um sich mit der andern Armee zu vereinigen, welche in Ankuna ist. Meine Großheit billigt dir alles, was du in deinem Papier geschrieben hast, und hat nichts mehr dir zu sagen, berührt dir den Kopf, grüßt dich und zeichnet sich auf diese Weise:

Muhammed Ben Hammuda Abu el Aabbas, durch Gottes Gnade, fünfter Mulei. Kairuan, den 29sten des Monats Reginab 257 Muhammeds."

528.

Am 25sten des Monats Schahaban 257 ward eine Barke nach Susa geschickt, mit einem Brief für unsern Mulei, welcher also lautete:

"Muhammed Ben Hammuda Abu el Aabbas, durch Gottes Gnade, fünfter Mulei, Muhammed Ben

Abu Alhasan Groß-Mufty im Namen des ganzen Raths küßt mit dem Angesicht zur Erde die Hände ihrer Großheit, und macht ihr bekannt, daß am 22sten des Monats Schahaban 257, während daß der Groß-Emir in dem Hauß von Maredolce (süßen Meer) war, zwei Verschnittene von denen, welche seine Frauen bedienten, unversehens in der Zeit, als er in seinem Garten umher gieng, ihn mit zwei Messerstichen umbrachten, die sie ihm in den Kopf gaben, und die erwähnten Verschnittenen flohen; die Leute aber, welche in dem Garten arbeiteten, wurden es gewahr, und fiengen an, den Verschnittenen nachzulaufen, und ergriffen sie *). Sie führten sie nach Balirmu, und stellten sie meiner Person vor, und, nachdem ich sie hatte ins Gefängniß sezen lassen, ließ ich die Leute des Raths, und den Groß-Kadhy rufen. Da diese Leute versammelt waren, giengen wir in das Hauß des Emir Chbir innerhalb des Landes, wo der Rath gehalten wird. Als wir versammelt waren, ließ man die Verschnittenen in unsere Gegenwart kommen, und der Groß-Kadhy hat zu ihnen also gesagt: Höret, o ihr lasterhaften Menschen, aus welchem Beweggrund habt

---

*) Praefuit ille Muhammed Kafagiae filius usque ad annum 257 ad quem dicemus eum insidiis quorundam suorum spadonum periisse, qui tamen e fuga retracti, capite poenas luerunt. Abilf. Ann. Mosl. T. I. fol. 201.

Anno 257 (870) occiderunt Siciliae Dominum Muhammedem filium Kafagiae, herum, servi ejus, quod jam ad annum 247 diximus. Id. fol. 210.

Nowairi hat dieser Begebenheit auch Erwähnung gethan. „Er (Muhammed Ben Kafagia) ward getödtet von den Verschnittenen, seinen Sklaven, im Jahr 257 (871).

ihr euern großen Gebieter getödtet, der
euch zu essen gab, und euch als Große un-
terhielt? Sie haben also geantwortet: Höre, o
Groß-Kadhy, die Gemalin des Emir
Chbir hat uns diesen Befehl gegeben,
aus der Ursache, daß, weil sie nie Kinder gehabt hatte, ihr Mann nicht wohl
auf sie achtete, sondern die andern Weiber liebte, und ihr das Herz wegen dieser
Sache wehe that. Der Groß-Kadhy hat zu ihnen gesagt: Höret, o ihr Bösewichte, und
was hat euch Fatma versprochen, um den
Mann umzubringen. Sie haben geantwortet:
Sie hat einem jeden von uns hundert
Krus gegeben. Der Groß-Kadhy erwiederte:
Wann hat sie euch dieselben gegeben, eh'
ihr euern großen Gebieter tödtetet, oder
aber hernach? Sie haben geantwortet, daß sie ihnen
dieselbe vorher gegeben habe. Der Groß-Kadhy hat sie
wieder ins Gefängniß sezen lassen, und befahl, daß sogleich zwanzig Mann in das Hauß von Maredolce
(süßem Meer) geschickt werden sollten, um Fatma her-
beizuführen; und wir haben alle gewartet, ohne zum
Essen zu gehen. Die zwanzig Mann sind zurückgekommen, und haben Fatma in die Gegenwart des ganzen
Raths gebracht. Der Groß-Kadhy hat zu ihr gesagt:
Höre, o Fatma, gottloses Weib, warum
hast du deinen Mann von den Verschnittenen umbringen lassen, welchen du hundert
Krus jedem, ihn zu tödten, gegeben hast.
Sie läugnete. Der Groß-Kadhy hat zu ihr gesagt:
Höre, o lasterhaftes Weib, schlimmer für
dich, wenn du läugnest, denn du wirst
mehr Martern haben. Sie weinte, und antwortete, es wäre wahr, aber die Verschnittenen hätten

es nicht thun sollen, indem sie ihnen dieses gesagt hätte, weil ihr Herz von hefftiger Leidenschaft beunruhigt gewesen, und beswegen hätten sie ihr nicht gehorchen sollen. Der Groß-Kadhy ließ sie aus dem Zimmer des Rathes gehen, und hat zu den Leuten des Rathes also gesagt:

Mit dem Namen Gottes, Muhammeds, und unsers Mulei sage ich eurer Großheit, o Leute des Raths.

Erstlich. Man muß den zwei Verschnittenen, als den gottlosesten Menschen, die auf der Erde leben, den Tod geben, weil sie ihren Gebieter umgebracht haben, und es ist sehr gerecht, daß sie in einen Kessel mit Oel gethan, und zugleich mit demselben gesotten werden, biß daß nichts mehr, weder Oel, noch Fleisch von ihren Körpern übrig ist: denn die Körper müssen in Rauch aufgehen, welche das Blut ihres Herrn, des Groß-Emirs, versprützt haben.

Zweitens. Der Frau unseres unglücklichen Groß-Emirs muß man den Tod geben, und sie soll mit den Tigern zusammen gethan werden, damit sie von ihnen gefressen werde, als eine Frau von barbarischem und sehr lasterhaftem Herzen.

Drittens. Diese Hinrichtung soll geschehen, ehe die Sonne dieses Tages untergeht, damit sie von allem Volk gesehen werde; und mit dem Namen Gottes, Muhammeds, und des Mulei unterschreibe ich mich also:

Groß-Kadhy, durch Gottes
Gnade.

Also sage ich ihrer Großheit, daß sogleich die Gerechtigkeit geschehen ist, wie der Groß-Kadhy gesagt hat. Die Verschnittenen hat man auf der Ebene von Khalsa in einem Kessel mit Oel sieden laßen, und Fatma wurde mit den Tigern zusammen eingeschloßen, welche sie sogleich gefreßen haben.

Den Leichnam unsers unglücklichen Groß-Emirs, Muhammed Ben Kasagia habe ich in der Moschee begraben laßen, welche er in dem Hauße vom süßen Meer gebaut hat. Ich erwarte indeßen die Befehle ihrer Großheit, um sie zu vollziehen mit den Leuten des Rathes; ich habe nichts weiter zu sagen: mit meinem Angesicht zur Erde küße ich die Hände ihrer Großheit, und unterschreibe mich auf diese Weise:

Der Groß-Mufty, durch Gottes Gnade, Knecht der Großheit des Mulei Muhammed Ben Hammuda Abu el Aabbas. Imedina Balirmu, den 25sten des Monats Schahaban 257 Muhammeds."

529.

Am 20sten des Monats Schawal kam die Barke an, welche wir am 25sten des Monats Schahaban 257 nach Susa geschickt hatten, und sie brachte uns einen Brief unsers Mulei, welcher also lautete:

"Muhammed Ben Hammuda Abu el Aabbas, durch Gottes Gnade, berührt deinen Kopf, und den des ganzen Rathes, und meine Großheit sagt dir, o Groß-Mufty, daß sie deinen Brief, geschrieben am 25sten des Monats Schahaban 257, empfangen hat, in welchem meine Großheit die lasterhafte Mißethat gelesen hat, welche man an der Person des unglücklichen Emir Chbir von Sicilien, Muhammed Ben Kasagia begangen hat; eine Sache, die mein Herz sehr beunruhiget hat, da ein so tapferer und höchstverständiger Mann verloren gegangen ist, welcher, wenn diese Bösewichte

ihn nicht getödtet hätten, große Unternehmungen ausg[e]
führt hätte; denn obschon er das acht und dreißig[ste]
Jahr seines Lebens nicht überstieg, Sachen gethan h[at]
als wenn er ein Mann von sechzig Jahren wäre, a[ber]
man muß Geduld haben.

Meiner Großheit hat das Urtheil sehr gefall[en]
welches der Groß-Kadhy ausgesprochen hat, denn
demselben hat er Probe von großem Verstand gegeb[en]
und deswegen berührt meine Großheit ihm den Kopf.
Meine Großheit sagt dir, o Groß-Mufty, daß dir
diesen Brief zugleich mit dem, mit dem Namen meiner
Großheit versiegelten Beutel, Ahmed Ben Jaakob
übergeben wird, welches der neue Groß-Emir ist *),
daher, wenn er dir den Beutel übergeben wird, mußt
du ihn in der Zusammenkunft der zwei Rathsversammlungen

---

*) Cuius in locum Muhammed filius Ahmadi 'l Aglæ-
bita Libyae Dominus, Ahmadum filium Jakubi sufficie-
bat. Abilf: Ann. Mosl. fol. 210.
Bei Nowairi steht: „Muhammed Ben Abru al Hosain
„ward an seine Stelle gesezt, während daß die Befehle des
„Emirs (von Kairuan) erwartet wurden, welcher die Regie-
„rung der Insel dem Rabbath Ben Jakoub gab." Wenn
Rabbath ein Name Ahmed's Ben Jaakob ist, so stimmen die
Nachrichten des Nowairi mit dem Codex und mit Abilfeda
überein. Aber wenn er weiter erzählt, so ist in Ansehung
der Reihe der Statthalter, alles so sehr mit den Statthalter-
schaften vielleicht anderer Provinzen von Afrika, und besonders
von dem Großenlande, (Gran terra) einer Provinz von
Afrika, verwirrt, daß man die rechte Ordnung nicht mehr
erkennen kann. Der Erzbischoff Airoldi besizt von diesem
Groß-Emir eine goldene Münze mit dem Jahr 261; und der
Abate Vella ebenfalls eine von Silber mit dem Jahr 260.

unter den Arabern.

sungen eröffnen, und von dem Groß-Kadhy soll in Gegenwart der Leute der beiden Rathsversammlungen das Papier gelesen werden, welches sich in dem Beutel finden wird, damit sie wissen, wer der neue Emir Chbir sey, und wem sie gehorchen sollen, und hernach mußt du ihn dem Volk zeigen. Meine Großheit hat nichts mehr dir zu sagen; berührt deinen Kopf, und den aller Leute der Rathsversammlungen, und zeichnet sich also:

Muhammed Ben Hammuda Abu el Aabbas, durch Gottes Gnade, Mulei. Imedina Kairuan, den 6ten des Monats Schawal 258 Muhammeds."

530.

Am 25sten des Monats Schawal 258 ward eine Barke nach Susa geschickt mit einem Brief für unsern Mulei, und er lautete also:

„Muhammed Ben Hammuda Abu el Aabbas, durch Gottes Gnade, fünfter Mulei, Ahmed Ben Jaakob, durch Gottes Gnade, neuer Emir Chbir von Sicilien mit dem Angesicht zur Erde küßt die Hände ihrer Großheit, und macht ihr bekannt, daß ich am 20sten des Monats Schawal 258 in Balirmu angekommen bin. Kaum war ich angekommen, so habe ich geschickt, dem Groß-Mufty Nachricht zu geben, welcher sogleich kam, mich zu besuchen: ihm habe ich das Papier ihrer Großheit und den Beutel übergeben: er küßte ihn, und führte mich in das Hauß innerhalb des Landes, und nachdem er dahin alle Leute des Rathes hatte rufen lassen, so ward in ihrer Gegenwart von dem Groß-Kadhy das Papier gelesen, welches in dem Beutel war. Da die Lesung geendigt war, so küßten mir alle diese Leute die Hände, und stellten mich dem Volk vor, welches Freudengeschrey erhub, und ich habe alle gegrüst. Gegenwärtig ruhe ich von der Müdigkeit der Reise aus, und unterrichte mich von den Sachen Siciliens, um hernach zu wissen, was ich thun soll. Ich sage ihrer Großheit, daß ich aufs höchste verwundert war, als ich die Stadt Balirmu sah, denn ich hatte mir nicht eingebildet, daß sie so schön wäre, und daß die Groß-Emire so viele treffliche Sachen gemacht hätten. Ich sage ihrer Großheit, daß die Imedina Balirmu schöner ist, als Kairuan, und obschon sie ein wenig kleiner ist, so wird sie doch in kurzer Zeit groß werden, wann der Theil des Meeres ausgefüllt seyn wird, welcher täglich durch hineingeworfene Erde und Steine ausgetrocknet wird. Nach diesem habe ich ihrer Großheit nichts mehr zu sagen; mit meinem Angesicht zur Erde küsse ich ihr die Hände, und unterschreibe mich auf diese Weise:

Ahmed Ben Jaakob, durch Gottes Gnade, Emir Chbir von Sicilien, Knecht der Großheit des Mulei, Muhammed Ben Hammuda Abu el Aabbas, Imedina Balirmu den 25sten des Monats Schawal 258 Muhammeds."

531.

Am 7ten des Monats Reginab 258 haben wir eine Barke nach Susa geschickt, mit einem Brief für unsern Mulei, welcher also lautete:

"Muhammed Ben Hammuda Abu el Aabbas, durch Gottes Gnade, fünfter Mulei, der Emir Chbir von Sicilien Ahmed Ben Jaakob mit dem Angesicht zur Erde küßt die Hände ihrer Großheit, und macht ihr bekannt:

Erstlich. Zugleich mit diesem Brief habe ich
. . . .
. . . .
. . . . ihre Großheit, .
. . . .
. . daß . . . .
. . . . meiner Abreise von

Kairuan . . . .
in jedem Jahr ihrer Großheit mit Nehmung alles dessen, was das Volk jährlich, nach dem Inhalt der Geseze bezahlt; und sie wird hunderttausend Krus finden, welche ich mich verbunden habe, ihrer Großheit aus den Zöllen zu bezahlen. Ich sage ihrer Großheit, daß ich dreitausend Krus daran gewannen habe: also die Groß-Emire, welche gestorben sind, gewannen viel: in dem Jahr, welches kommt, hoffe ich mehr zu gewinnen, denn die dreitausend Krus sind mir nicht auf einen Monat zureichend. Ich sage ihrer Großheit, daß ich von unserer Mannschaft, die auf dem festen Lande ist, keine Nachricht erhalten habe; wenn ich nicht vorher Nachricht von dieser Mannschaft haben werde, so kann ich nicht auf die Belagerung der Stadt Sarkusah ausgehen: sobald ich aber Nachricht von derselben haben werde, werde ich anfangen mich zu rüsten. Ich habe ihrer Großheit nichts mehr zu sagen, mit dem Angesicht zur Erde küsse ich ihr die Hände, und zeichne mich also:

Der Emir Ebhir von Sicilien Ahmed Ben Jaakob, durch Gottes Gnade, Knecht der Großheit des Mulei. Imedina Balirmu, den 7ten des Monats Reginab 258 Muhammeds."

532.

Am 13ten Tag des Monats Schahaban 258 kam die Barke zurück, die wir am 7ten des Monats Reginab nach Susa geschickt hatten, und sie brachte uns einen Brief unsers Mulei, welcher also lautete:

"Muhammed Ben Hammuda Abu el Abbas, durch Gottes Gnade, fünfter Mulei, berührt dir den Kopf, und sagt dir, o Ahmed Ben Jaakob Emir Ebhir von Sicilien, daß meiner Großheit dein Brief übergeben worden ist, geschrieben am 7ten des Monats Reginab 258, und gleichfalls hat meine Großheit das Geld empfangen, welches jährlich zu bezahlen, du dich vor deiner Abreise von Kairuan verbunden hast.

Meine Großheit hat in deinem Brief gelesen, daß du keine Nachricht von der Mannschaft erhalten hast, welche auf das feste Land geschickt worden ist. Meine Großheit aber hat schlimme Nachrichten erhalten, indem ihr gemeldet worden ist, daß das Venetianische Volk eine Armee von hunderttausend Mann gemacht hat, und unsere Mannschaft verfolgt, und biß jezt sind von den Unsrigen eilftausend Mann todt geblieben, und deswegen fürchtet meine Großheit etwa, daß diese Leute alle werden umgebracht werden. Gegenwärtig befindet sich unsre Armee in der Stadt Neapel, denn sie hat sich von Ankuna entfernt, und ehe sie diese Stadt verließ, ward sie von unsern Leuten verbrannt; dieß gefiel meiner Großheit sehr, denn die Armee des Venetianischen Volks wird in dieser Stadt nichts finden. Meine Großheit urtheilt, daß du jezt Nachricht von dieser Mannschaft haben wirst, da sie sich in der Stadt Neapel befindet. Wann die Neapolitaner nach Balirmu kommen sollten, so mußt du sie aufnehmen, und freundlich behandeln, denn sie sind unsere Freunde, und geben unserer Mannschaft alles, was sie will, und sie empfangen sie mit Freudigkeit, wann die Unsrigen sich nach Neapel zurückziehen *). Dies gesezt, sagt dir

---

*) Die Chronik des Ubaldus, obschon sie keine sehr deutliche Nachricht enthält, scheint doch von der Art, wie die Neapolitaner unter dem Herzog Sergius, der vom Jahr 867 bis ins Jahr 878 regierte, die Saracenen behandelt haben. In quarto anno (welches mit dem Jahr 871 übereinkommt) fecit Dux Sergius unionem cum Saracenis, et pactizavit dare eis adiutorium quocumque tempore habuerint neces-

meine Großheit, dich nicht von Balirmu zu entfernen, ehe man sieht, was unsere Mannschaft auf dem festen Lande macht. Meine Großheit hat nichts mehr dir zu sagen; berührt dir den Kopf, grüst dich sehr, und zeichnet sich auf diese Weise:

Muhammed Ben Hammuda Abu el Aabbas, durch Gottes Gnade, fünfter Mulei. Kairuan, den 28sten des Monats Reginab 258 Muhammeds."

533.

Am 20sten des Monats Almoharoan 259 haben wir einen Brief aus Zanklah empfangen, welchen uns der Emir der Armee vom festen Lande schickte, welcher Brief also lautete:

"Ahmed Ben Jaakob, durch Gottes Gnade, Emir Ehbir von Sicilien: der Emir Busa Ben Kagibis mit dem Angesicht zur Erde küßt die Hände ihrer Großheit, und macht ihr bekannt, daß wir uns von der Stadt Ankunah entfernt haben, weil das Venetianische Volk hinter uns her kam: wir haben diese Stadt angezündet, und nachdem wir sie verlassen hatten, machten wir uns auf den Weg nach Napoli, und von da giengen wir nach der Stadt Salernah, welche schon unser war: daselbst verweilten wir einige Monate lang. Am 28sten des Monats Edilfadan schickte der Kaiser Basil eine sehr große Armee, und belagerte uns in der Stadt Salernah, und die Armee Basil's tödtete uns

---

sitatem . . . . in quinto anno invaserunt Neapolim, concordata prius tali magninatio (machinatio) cum Domino Sergio . . . et sine obstaculo regressu ad propria. Ubald. Chronici Neapolitani fragmenta. Camill. Peregr. ap. Pratill. tom. 3. Princ. Longobard. fol. 52.

eine sehr große Menge Volks. Wir verließen diese
Stadt, und nahmen den Weg, um uns entweder in
die Stadt Turant, oder in irgend eine andre Stadt zurückzuziehen. Am 10ten des Monats Almohar 259,
während daß wir in der Stadt Turant waren, erschien
die Armee Luduviku's, welcher uns angrif, und uns
eine sehr große Menge Volks tödtete. Wir sind geflohen, und giengen nach der Küste der Stadt Rivah:
man bestimmte eine Barke nach Zanklah, um dem
Emir dieser Stadt zu sagen, daß er uns alle Barken
schicken sollte, welche sich an jener Küste befanden, um
uns nach Sicilien überzubringen: dieser Emir hat sie
uns sogleich zugeschickt, und, da wir uns eingeschifft
hatten, sind wir in Sicherheit und lebendig in Zanklah
angekommen. Von der ganzen Mannschaft, sowohl
von derjenigen, welche unser Mulei auf das feste Land
geschickt hat, als von der Armee, welche mir ihre Großheit gegeben hat, sind nur neuntausend und vier und siebenzig Mann übrig geblieben; die andern sind alle gestorben *). Nach diesem habe ich ihrer Großheit nichts

---

*) Die Verwirrung der Begebenheiten, welche so viele
Chroniken und Geschichtschreiber in diesen Zeiten erzählen, findet sich auch bei dieser Begebenheit: was man sich auch für
Mühe geben mag, so wird man doch nichts als Widersprüche,
und verwirrte Nachrichten herausbringen. Wir wollen nur
sagen, daß das Jahr 259, worin wir sind, unserer Meinung
nach mit dem Jahr 872 und 873 übereinkommt, und vielleicht
mit der Zeit der Gefangenschaft Ludwigs, des zweiten, in Bene-
vent. Wir können aus Mangel an Nachrichten wenig von
der Einnahme der Stadt Ancona sagen.

Ueber den Zurückzug nach Neapel, und von der guten
Aufnahme der Mußulmanen hat uns die Chronik des Ubaldus
Licht gegeben. Was den Zurückzug nach Salerno betrifft, so

weiter zu sagen, von welcher ich die Befehle erwarte, damit ich wisse, was ich thun soll, und mit meinem Angesicht zur Erde küsse ich ihr die Hände, und zeichne mich also:

Der Emir Busa Ben Kagibis, durch Gottes Gnade, Knecht der Großheit des Emir Chbir von Si-

---

scheint derselbe eben die Begebenheit zu seyn, welche von den Schriftstellern angegeben wird, die von den Mußulmanen sprechen, als wären sie gekommen, um durch ein göttliches Verhängniß die Gefangennehmung Ludwigs zu rächen, und worüber der Reim gemacht worden ist, den Muratori Tom. 2. differt. med. aevi, c XLI. anführt:

Magnus Dominus Jesus Christus judicauit judicium.
Multa gens Paganorum exiit in Calabria.
Super Salerno peruenerunt possidere Civitas.

Man sieht aus dem, was Erkempertus schreibt, daß ihm die Freundschaft der Salerner mit den Saracenen bekannt war: und die Niederlage dieser Leztern, die er berichtet, während ihres Aufenthalts in Salerno, kann von der Armee des Adelgisius mit den zweien Lambert, die ganz Freunde des Kaisers Basilius geworden waren, verstanden werden. Jubente ergo Domino Caesaris ultore, statim Saraceni Salernum applicuerunt fere triginta millia . . . ambo Lamberti comites . . . ab Adelgisio honorifice suscepti sunt. Quorum auxilio fretus super Saracenorum turbas irruit, et viriliter strauit . . . Salernum enim, Neapolis, Caieta, et Amalphis tunc pacem habebant cum Saracenis. Erkempert. ann. 873. Dieß sey gesagt, um diese Begebenheiten nicht so bloß hinzugeben, nicht eben um alle Widersprüche und Dunkelheiten der Chroniken zu heben. — Anno 6380 (872) periit exercitus Moslemiorum in Salerneh. Chron. Cantabrig. dicto anno.

cilien Ahmed Ben Jaakob. Stadt Zanklah den 15ten des Monats Almoharoan 259 Muhammeds."

534.

Am 23sten des Monats Almoharoan haben wir einen Brief in die Stadt Zanklah geschickt, an Busa Ben Kagibis, Emir der Armee, welcher auf diese Weise lautete:

"Ahmed Ben Jaakob, durch Gottes Gnade, Groß-Emir von Sicilien, küßt dir die Stirne, und es sagt dir, o Emir Busa Ben Kagibis, meine Großheit, daß sie deinen Brief erhalten hat, geschrieben am 15ten Tag des Monats Almoharoan 259: meine Großheit hat ihn gelesen, und hat ihn im Rath lesen lassen, und er hat uns alle in die größte Bestürzung gesezt. Meine Großheit sagt dir, zugleich mit deiner Mannschaft nach Balirmu kommen zu müssen, damit du alles erzählest, was dir widerfahren ist, auf daß man es hernach unserem Mulei schreibe. Meine Großheit hat nichts mehr dir zu sagen, küßt dir die Stirne, und zeichnet sich also:

Ahmed Ben Jaakob, durch Gottes Gnade, Emir Chbir von Sicilien, dein Herr. Jmedina Balirmu den 23sten des Monats Almoharoan 259 Muhammeds."

535.

Am 26sten des Monats Ausah 259 ward eine Barke nach Susa geschickt, mit einem Brief für unsern Mulei, welcher also lautete:

"Muhammed Ben Hammuda Abu el Aabbas, durch Gottes Gnade, fünfter Mulei, Ahmed Ben Jaakob mit dem Angesicht zur Erde küßt die Hände ihrer Großheit, und macht ihr bekannt, daß am 15ten Tag des Monats Almoharoan 259, der Emir Busa Ben Kagibis nur mit neunhundert und vier und siebenzig Mann von dem festen Lande nach Zanklaß gekommen ist, denn alle andern, sowohl die, welche ihre Großheit nach Italien geschickt hat, als die, welche ich geschickt habe, sind vernichtet worden, indem sie größtentheils von den Armeen des Imperador Basilius, und des Imperador Luduviku getödtet worden sind; die lezte Niederlage unserer Mannschaft geschah in Salernah. Diejenigen, welche mit ihrem Emir lebend blieben, giengen nach der Stadt Turant. Während daß unsre Mannschaft in Turant war, wurde sie von der Armee Luduviku's angegriffen, welche eine große Niederlage unter den unsrigen machte. Diejenigen, welche aus den Händen der Feinde entkamen, flohen, und giengen nach der Küste von Rivah, woher sie eine Barke nach Zanklaß schickten, um dem Emir dieser Stadt zu sagen, daß er alle Barken an die Küste von Rivah schicken möchte, damit diese Mannschaft nach Sicilien übergehen könnte. Dieser Emir schickte sie sogleich, und so kamen diese Leute nach Zanklaß. Kaum war der Emir Busa Ben Kagibis in dieser Stadt angekommen, so schrieb er mir einen Brief, und gab mir Nachricht von seiner Ankunft in Sicilien mit neuntausend und vier und siebenzig Mann nur, indem die andern alle zu Grunde gegangen sind. Ich habe den Brief sogleich im Rath lesen lassen, und es ward beschlossen, den Emir mit seiner Mannschaft nach Balirmu kommen zu lassen, der kaum die Nachricht erhalten hatte, als er sich auf die Reise machte. Als sie mit ihrem Emir in Balirmu angekommen waren, lagerten sie sich auf der Ebene der Küste von Khalsa, und ich schickte sechs Männer des Raths, um mir den Emir Busa Ben Kagibis zuzuführen. Als er sich vor mir darstellte, küßte er mir die Hände, und ich küßte auch diesen Unglücklichen herzlich, der mit so viel Verstand sich aus den Händen des feindlichen Volks zu befreien wußte. Ich habe

Befehl gegeben, daß man der Mannschaft doppelte Ration geben sollte, die größtentheils von derjenigen ist, welche ihre Großheit nach Italien geschickt hat, denn von denen, welche ich geschickt habe, sind wenige zurückgekommen.

Ich sage ihrer Großheit, daß ich sehr hohes Vergnügen habe, daß der Emir Busa Ben Kagibis nicht verloren worden ist, denn es hätte ein sehr tapferer Mann gefehlt. Ich denke ihn auszuschicken, um die Stadt Sarkusah zu belagern, wenn einige Zeit vorübergehen wird. Er hat mir gesagt, daß er mich seine Tapferkeit werde erkennen lassen, und ich kann daran nicht zweifeln, denn er ist ein Mann, der in so vielen Gefechten gewesen ist, und besonders in diesen lezten, wo er mit Armeen ins Handgemenge gekommen ist, deren jede von hunderttausend Mann war, und er hat sich immer vertheidigt. Ich habe ihrer Großheit nichts mehr zu sagen, mit meinem Angesicht zur Erde küsse ich ihr die Hände, und unterschreibe mich also:

Ahmed Ben Jaakob, durch Gottes Gnade, Emir Ehbir von Sicilien, Knecht der Großheit des Mulei Muhammed Ben Hammuda Abu el Aabbas. Balirmu den 26sten des Monats Ausah 259 Muhammeds."

536.

Am 17ten des Monats Rabialkem haben wir einen Brief unsers Mulei empfangen, der uns von der Barke gebracht wurde, die wir am 26sten des Monats Ausah 259 geschickt hatten, und er lautete also:

"Muhammed Ben Hammuda Abu el Aabbas, durch Gottes Gnade, fünfter Mulei, berührt dir den Kopf, grüßt dich, und meine Großheit sagt dir, o Emir Ehbir von Sicilien Ahmed Ben Jaakob, daß sie deinen Brief, geschrieben am 26sten des Monats Ausah

259 empfangen hat, und da sie ihn gelesen hatte, hat sie die Rechnung gemacht, wie viele Leute verloren worden sind; aber man muß Geduld haben. Die Mannschaft der Feinde tödtet unsre Mannschaft, und unsre Mannschaft tödtet die ihrige; am Ende der Rechnungen, wer von beiden noch der Stärkere seyn wird, wird den Feind überwinden, und wir werden die Stärkern bleiben, wenn wir noch ein wenig Geduld haben werden, und alles wird nach und nach erobert werden. Meine Großheit hat Vergnügen gehabt, da sie gelesen hat, daß der Emir Busa Ben Kagibis lebend geblieben ist, aber von dem armen Emir, den meine Großheit geschickt hat, weiß man nicht, was aus ihm geworden ist; natürlich wird dieser sehr tapfere Mann umgebracht worden seyn. Meine Großheit sagt, daß man für jezt nicht mehr Mannschaft sterben machen muß; wann es Zeit seyn wird, Sarkusah zu belagern, so wird sie dir Nachricht davon geben. Meine Großheit hat nichts weiter dir zu sagen, berührt dir den Kopf, und zeichnet sich auf diese Weise:

„Muhammed Ben Hammuda Abu el Aabbas, durch Gottes Gnade, fünfter Mulei. Jmedina Kairuan, den 5ten des Monats Rabialkem 259 Muhammeds."

537.

Am 10ten des Monats Reginab 259 ward eine Barke nach Susa geschickt, mit einem Brief für unsern Mulei, welcher auf diese Weise lautete:

„Muhammed Ben Hammuda Abu el Aabbas, durch Gottes Gnade, fünfter Mulei, der Emir Chbir von Sicilien Ahmed Ben Jaakob mit dem Angesicht zur Erde küßt die Hände ihrer Großheit, und macht ihr bekannt.

Erstlich. Ihre Großheit soll zugleich mit diesem Brief drei mit meinem Namen versiegelte Kisten empfangen, in welchen sie dreihundert tausend Krus finden wird, welches diejenigen sind, die ich verbunden bin, ihr jedes Jahr im Monat Reginab zu bezahlen.

Zweitens. Ich sage ihrer Großheit, daß ich den Brief, geschrieben am 5ten des Monats Rabialkem 259 empfangen habe, und ich werde die Befehle vollziehen, welche sie mir mit demselben gegeben hat.

Drittens. Ich thue ihrer Großheit zu wissen, daß man gegenwärtig nichts anders in Balirmu thut, als Erde und Steine ins Meer werfen, um ebene Pläze zu machen, und die Stadt zu vergrößern, so daß wenig Meer noch auszutrocknen übrig ist. Ich versichre ihrer Großheit, daß die Imedina Balirmu eine sehr schöne Stadt geworden ist, voll Gärten, großer Häußer und Leute.

Viertens. Ich mache ihrer Großheit bekannt, daß die Bisaner, Genueser und Neapolitaner*) die Einnahme des Zolls in Pacht genommen haben: alle sehr reiche Leute. Diese haben mich gebeten, ihnen die Erlaubniß zu geben, Häußer zu ihren Wohnungen bauen zu können; damit sie ihre Familien aus ihren Ländern herbringen: ich habe ihnen gern die Erlaubniß zu bauen gegeben, und habe ihnen den Plaz verkauft, wo sie dieses thun können. Ich sage ihrer Großheit, daß es wahr ist, daß es Christen sind, aber es sind reiche

---

*) Es gab zu den Zeiten des Ugo Falcandus in Palermo die Gegenden der Pisaner und der Amalfitaner, aber man kann nicht behaupten, daß es eben dieselben gewesen seyn, in welchen diese Leute ihre Häußer bauten zu den Zeiten, von welchen hier die Rede ist: noch heut zu Tage ist die Kirche, unter dem Namen von S. Andrea de' Pisani, von S. Giorgio de' Genovesi vorhanden, und die Neapolitaner haben die Kirche des heiligen Johannes.

Leute, und mir liegt nichts daran, ob sie Christen sind: jeder lebe, wie er will, wenn er nur reich ist, denn wenn er reich ist, so bringt er mir und allen armen Leuten Nutzen, und deswegen hoffe ich, daß ihre Großheit das billigen wird, was ich gethan habe.

Fünftens. Ich sage ihrer Großheit, daß die Kinder des verstorbenen Emirs, zugleich mit ihren Müttern mich gebeten haben, sie nach Kairuan zu schicken; ich habe ihnen gesagt, ja; habe ihnen alles Geld, Gold und Silber zusammen bringen lassen, habe zwei Schelandien ausgerüstet, und habe sie zugleich mit der Barke abgeschickt, welche . . . .

. . . . deswegen wann sie vor ihre Großheit kommen, so wird sie alles nehmen müssen . . . . damit diese Kinder, wann sie groß sind, nicht arm seyn. Das Hauß vom süßen Meer habe ich von ihnen um viertausend Krus mit allem Geräthe gekauft, welches Hauß sehr schön ist, und ich lasse daselbst andre Gebäude machen, damit, wenn ihre Großheit nach Balirmu kommen wird, sie einige Tage an diesem so schönen Ort sey. Nach diesem habe ich ihrer Großheit nichts mehr zu sagen; mit meinem Angesicht zur Erde küsse ich ihr die Hände, und zeichne mich also:

Ahmed Ben Jaakob, durch Gottes Gnade, Emir Chbir von Sicilien, Knecht der Großheit des Mulei. Balirmu, den 10ten des Monats Reginab 259 Muhammeds."

538.

Am 20sten des Monats Schahaban 250 ist die Barke gekommen, welche wir nach Susa geschickt hatten, und sie brachte uns einen Brief von unserem Mulei, welcher auf diese Weise lautete:

„Muhammed Ben Hammuda Abu el Aabbas, durch Gottes Gnade, fünfter Mulei, berührt dir den Kopf, grüst dich, und sagt dir, daß mir dein Brief, geschrieben am 10ten des Monats Reginab übergeben worden ist, mit welchem sie zugleich das Geld empfangen hat, welches du jährlich meiner Großheit zu bezahlen schuldig bist. Meine Großheit sagt dir, daß du wohl gethan hast, den Bisauern, Genuesern und Neapolitanern die Erlaubniß zu geben, Häußer zu ihrer Wohnung bauen zu können, und ihre Familien nach Balirmu zu bringen . . . .

. . . . die Frauen und Kinder des verstorbenen Emir Ehbir von Sicilien angekommen, und haben sehr große Reichthümer gebracht, welche meine Großheit dadurch hat anwenden lassen, daß sie ihnen Felder kaufen ließ. Meine Großheit hatte auch Vergnügen, daß du von diesen Leuten das Hauß und den Garten vom Süßen Meer gekauft hast, und daß du es vergrößern willst. Deine Person lobt meiner Großheit beständig die Schönheit jener Imedina Balirmu, um ihr Lust zu machen, zu kommen, um so große Wunder zu sehen; aber meine Großheit kann sich nicht von Kairuan entfernen, und deswegen wird sie ihren Bruder Ebrahim Ben Muhammed schicken, welcher, wann er zurückkommen wird, ihr von diesem Balirmu Bericht geben wird. Daher meine Großheit dir sagt, auf den Monat Mars *) dreißig wohl ausgerüstete Barken nach Susa zu schicken, um

---

*) Die Araber, welche sich bis jetzt, um die Monate zu bezeichnen, der Wörter bedienten, welche ihnen ihre Sprache an die Hand gab, fangen nun an, sich der in Sicilien üblichen Namen zu bedienen. So wie jetzt Mars erscheint; so werden wir in der Folge Stnibr, Gnbr finden.

nach Balirmu den Ebrahim Ben Muhammed, Bruder meiner Großheit zu bringen, welcher meinen größten Sohn mit sich in Gesellschaft nehmen wird. Meine Großheit billigt dir alles, was du gethan hast, wie du in deinem Brief mir berichtet hast. Meine Großheit hat nichts mehr dir zu sagen; berührt dir den Kopf, und unterschreibt sich auf diese Weise:

Muhammed Ben Hammuda Abu el Aabbas, durch Gottes Gnade, fünfter Mulei. Kairuan, den 6ten des Monats Schahaban 259 Muhammeds."

539.

Am 10ten Tag des Monats Mars 259 haben wir dreißig Schelandien nach Susa geschickt, und mit denselben auch einen Brief an unsern Mulei, welcher also lautete:

„Muhammed Ben Hammuda Abu el Aabbas, durch Gottes Gnade, fünfter Mulei, Ahmed Ben Jaakob Emir Ehbir von Sicilien, mit dem Angesicht zur Erde küßt die Hände ihrer Großheit, und macht ihr bekannt, daß er zugleich mit diesem Papier dreißig Schelandien nach Susa geschickt hat; er hat auf jede derselben hundert und funfzig Mann eingeschifft, um die Großheit des Ebrahim Ben Muhommed, Bruder ihrer Großheit zugleich mit dem Sohn ihrer Großheit nach Balirmu zu überbringen. So werden sie mit eigenen Augen sehen, ob meine Verwunderung gerecht ist, und ob ich ihrer Großheit eine Sache für eine andre gesagt habe. Indessen erwarte ich mit Verlangen meine Gebieter, um sie in meine Arme aufzunehmen, und ihnen die Hände zu küssen. Ich habe ihrer Großheit nichts mehr zu sagen; mit meinem Angesicht zur Erde küsse ich ihr die Hände, und unterschreibe mich auf diese Weise:

Ahmed Ben Jaakob Emir Chbir von Sicilien, durch Gottes Gnade, Knecht der Großheit des Mulei. Imedina Balirmu, den 10ten des Monats Mars 259 Muhammeds."

540.

Am 20sten Tag des Monats Edilkadan 260 kamen die Schelandien in Balirmu an, welche wir am 10ten des Monats Mars 259 nach Susa geschickt hatten, und sie brachten uns einen Brief unsers Mulei, welcher also lautete:

"Muhammed Ben Hammuda Abu el Aabbas, durch Gottes Gnade, fünfter Mulei, berührt dir den Kopf, grüßt dich, und meine Großheit sagt dir, daß deine Gebieter dir diesen Brief in deine eigene Hände geben werden, und daher weiß deine Person, wie sie dieselben behandeln soll, denn sie sind meine Person selbst. Meine Großheit hat nichts mehr dir zu sagen; berührt dir den Kopf, grüst dich sehr, und zeichnet sich also:

"Muhammed Ben Hammuda Abu el Aabbas, durch Gottes Gnade, fünfter Mulei. Imedina Kairuan, den 2ten des Monats Edilkadan 260 Muhammeds."

541.

An eben demselben Tag, den 20sten des Monats Edilkadan 260 haben wir eine Schelandie von den in Balirmu angekommenen nach Susa abgeschickt, mit einem an unsern Mulei gerichteten Brief, welcher auf diese Weise lautete:

"Muhammed Ben Hammuda Abu el Aabbas, durch Gottes Gnade, fünfter Mulei, der Emir Chbir von Sicilien, Ahmed Ben Jaakob mit dem Angesicht zur Erde küßt die Hände ihrer Großheit, und macht

ihr

ihr bekannt, daß am 20sten Tag des Monats Ebilkaban 260 die dreißig Schelandien in Balirmu angekommen sind, auf welchen der Bruder und der Sohn ihrer Großheit, meine Gebieter, gesund und wohl angekommen sind. Als ich davon Nachricht erhalten hatte, gieng ich an die Küste, um die Hände meiner Gebieter zu küssen, und sogleich habe ich mit einer eben dieser Schelandien diesen Brief an ihre Großheit geschickt, damit sie bald die glückliche Ankunft meiner Gebieter in Balirmu wisse, und diesen Brief habe ich auf eben dieser Schelandie geschrieben. Ich kann ihr keine weitere Nachrichten geben, aber meine Gebieter werden sie ihrer Großheit geben: mit meinem Angesicht zur Erde küsse ich die Hände ihrer Großheit, und unterschreibe mich also:

Ahmed Ben Jaakob Emir Chbir von Sicilien Knecht der Großheit des Mulei. Imedina Balirmu, den 20sten des Monats Ebilkaban 260 Muhammeds."

542.

Am 22sten des Monats Almoharoan 260 ward eine Barke nach Susa geschickt, mit einem Brief für unsern Mulei, welcher also lautete:

„Muhammed Ben Hammuda Abu el Aabbas, durch Gottes Gnade, Mulei, Ebrahim Ben Hammuda, Bruder ihrer Großheit mit der Stirne zur Erde küßt ihr die Hände, und eben dasselbe thut der Sohn ihrer Großheit, Ebrahim Ben Ahmed, und ich mache ihrer Großheit bekannt, daß wir am 16ten Tag des Monats Ebilkaban 260, des Abends von Susa abgereiset sind, und am 20sten desselben Monats sind wir, durch Gottes Gnade, glücklich in Balirmu angekommen.

Erstlich. Kaum waren wir in Balirmu angekommen, so habe ich den Brief ihrer Großheit an den

Groß-Emir geschickt, welcher sogleich kam, mich auf der Schelandie zu besuchen, wo ich war; er hat mir den Kopf geküßt, und küßte auch dem Sohn ihrer Großheit die Hände; er blieb ein wenig bei mir, und hat eine von ebendenselben Barken mit einem Brief abgefertigt, um ihrer Großheit von unsrer Ankunft Nachricht zu geben: nachdem er dieses gethan hatte, ist er aus der Schelandie gestiegen, und hat mir gesagt, daß ich ein wenig Geduld haben sollte, daß er sogleich zurückkommen würde, um mich ausschiffen zu lassen, und nachdem er mir die Hände geküßt, gieng er fort. Ich sah von der Schelandie die großen Zurüstungen, welche in der Jmedina Balirmu gemacht wurden, und die Menge der Bürger, welche an die Küste kamen.

Zweitens. Nachdem zwei Stunden vorüber waren, daß der Groß-Emir ferne von mir war, habe ich ihn zu Pferd erscheinen sehen zugleich mit allen Leuten sowohl des Seerathes, als des Landrathes: sie haben mich zugleich mit dem Sohne ihrer Großheit aus der Schelandie steigen lassen: alle diese Leute küßten uns die Hände, sezten uns zu Pferde, und führten uns in das Hauß innerhalb des Landes; in allen Straßen, durch welche wir kamen, um nach dem Hauß zu gehen, erhob das Volk Freudengeschrey.

Drittens. Als wir in dem Hauße ankamen, half uns der Groß-Emir vom Pferde steigen, und ließ uns in sein großes Hauß gehen, welches sehr schön ist: er ließ uns für die wenigen Stunden des Tages, die noch übrig waren, ruhen: des Abends habe ich mit dem Sohn ihrer Großheit gegessen, und wir giengen schlafen.

Viertens. Da es Tag war, am 21sten eben desselben Monats Edilkadan kam der Groß-Emir zu mir zugleich mit den Leuten der zwei Rathsversammlungen, sie haben mir die Hände geküßt, und dasselbe

thaten sie auch mit dem Sohne ihrer Großheit. Ich
habe sie alle gegrüst, und habe ihnen allen den Kopf
berührt. Die Großen von Balirmu kamen in Gesellschaft ihres Erzbischoffs, welche mir alle die Hand geküßt haben, und dasselbe beobachteten sie mit dem Sohne ihrer Großheit.

Fünftens. Der Emir Chbir hat mir in Gegenwart der zwei Rathsversammlungen die Regierung übergeben, ich habe sie für ein wenig angenommen, aber
bald in Gegenwart der zwei Rathsversammlungen habe
ich den Emir Chbir gerufen, und habe zu ihm also gesagt: „Höre, o Ahmed Ben Jaakob, Emir
Chbir von Sicilien, meine Großheit, und
die Großheit des Sohns meines Bruders,
des Mulei, sind nach Balirmu gekommen,
um die schönen Sachen zu sehen, welche
gemacht worden sind, und nicht um zu regieren; daher wollen wir ruhig ohne Gedanken bleiben; und ich habe ihm die Regierung in Gegenwart aller Leute der Rathsversammlungen zurückge-
geben. Der Emir Chbir hat mir gesagt: Höre, o
mein großer Gebieter, ich habe gethan,
was mir zu thun zukam, und nun wird
ihre Großheit thun, was ihres Gefallens
ist. Ich habe alle diese Leute verabschiedet, und der
Emir Chbir blieb allein bei mir und bei meinem Neffen.
Wir haben zusammen gegessen, und wir essen täglich
zusammen, denn meine Großheit thut ihm diese Ehre;
des Abends allein geht er, in dem Hauße der Küste von
Khalsa zu schlafen.

Sechstens. Am 22sten ebendesselben Edilkaban 260 habe ich angefangen mit meinem Neffen
in der Stadt umher zu gehen. Die Leute der Rathsversammlungen begleiteten uns mit dem Emir Chbir,
und zeigten uns die so schönen Sachen, welche in Ba-

lirmu gemacht worden sind: ich glaube nicht eine so schöne Imedina zu finden.

Siebentens. Am 29sten des Edilkadan 260 führte uns der Emir Ehbir in das Hauß der Kuba: als ich daselbst mit meinem Neffen ankam, bin ich erstaunt gewesen, weil ich ein so großes Hauß gefunden habe, und einen schönen und sehr großen Garten, voll von Bäumen und besonders von Pomeranzenbäumen; dieser Ort gefiel mir so wohl, daß ich daselbst einen Monat und Tage verweilte.

Achtens. Am 4ten Tag des Monats Almoharoan 260 führte uns der Groß-Emir in sein Hauß vom süßen Meer. Da wir diesen Ort sahen, so waren so wohl ich, als mein Neffe voll Verwunderung, indem es uns schien, als wären wir in Kairuan, denn es ist eben dasselbe von dem, was die Großheit unsers armen Vaters gemacht hat: ein einziger Unterschied ist dabei, daß das Meer, welches die Großheit unsers Vaters gemacht hat, kleiner ist, denn ich habe das von Balirmu messen lassen und gefunden, daß es zweitausend und dreißig Meilen in Umfang hat, und das von Kairuan hat nur zweitausend in Umfang. Das Hauß ist ebendasselbe, das Bad ist ebendasselbe, und die Moschee ist ebendieselbe, und daher bedenke ihre Großheit, wie schön es ist *). Alle Tage belustige ich mich auf diesem Meere Gefechte zu halten; mein Neffe hat deren sieben mit den Barken gehalten, und hat von diesen Gefech-

---

*) Die Reisenden thun keine Erwähnung von dem See zu Kairuan, und man findet daselbst nicht mehr die Menge Wassers, welches in dieser Gegend gar nicht häufig ist. Kairuan fieng nach 262 an den Vorzug zu verlieren, die Residenz des Mulei zu seyn, denn sie ward nach Rakad verlegt. Abilf. Ann. Mosl. T. I. ad ann. 264.

ten drei gewonnen, denn viere habe ich gewonnen: des Abends belustigen wir uns mit dem Fischfang, und man fängt alle Mal eine Menge Aale.

Neuntens. Der Erzbischoff hat mir im Namen der Großen der Stadt achttausend Zarmahbub gegeben, und eben so viel meinem Neffen: wir haben sie angenommen, und haben ihm gedankt.

Zehntens. Der Emir Chbir hat mir funftausend Zarmahbub verehrt, und eben so viel meinem Neffen; wir haben sie genommen, und haben ihm gedankt.

Elftens. Der Groß-Musty und der Groß-Kadhy haben mir sowohl im Namen der Leute des Raths, als des Mußülmanischen Volks sechstausend Zarmahbub gegeben, und eben so viel meinem Neffen: wir nahmen sie und dankten ihnen.

Ich sage ihrer Großheit, daß der Aufenthalt in Balirmu mir sehr gefällt, und auch meinem Neffen; denn es sind daselbst sehr schöne Dinge: auf den Monat Rabialkem werde ich zugleich mit meinem Neffen in den Städten umhergehen, welche dem Emir Chbir unterworfen sind, und auf den Monat Reginab, wann der Emir Chbir das Geld schicken wird, das er ihrer Großheit zu bezahlen schuldig ist, werde ich mit meinem Neffen kommen, die Hände ihrer Großheit zu küssen. Ich habe nichts mehr zu sagen: mit meiner Stirne zur Erde küsse ich ihrer Großheit die Hände, und eben dasselbe thut mein Neffe; der Emir Chbir Ahmed Ben Jaakob mit dem Angesicht zur Erde küßt die Hände ihrer Großheit, und er schickt ihrer Großheit keinen Brief mit diesem, weil ich ihm gesagt habe, daß es nicht nöthig wäre, und ich zeichne mich auf diese Weise:

Ebrahim Ben Muhammed, durch Gottes Gnade, Bruder der Großheit des Mulei Muhammed

Ben Hammuda Abu el Aabbas. Jmedina Balirmu, den 22sten des Monats Almoharoan 260 Muhammeds."

543.

Am 15ten Tag des Monats Reginab 260 haben wir dreißig Schelandien nach Susa abgefertigt, und mit denselben ward ein Brief an unsern Mulei geschickt, welcher also lautete:

"Muhammed Ben Hammuda Abu el Aabbas, durch Gottes Gnade, fünfter Mulei, der Emir Chbir von Sicilien Ahmed Ben Jaakob mit dem Angesicht zur Erde küßt die Hände ihrer Großheit, und macht ihr bekannt, daß ich diesen Brief meinem Gebieter, Ebrahim Ben Muhammed, Bruder ihrer Großheit übergeben habe, und ich habe ihm auch drei mit meinem Namen versiegelte Kisten übergeben, in welchen ihre Großheit das Geld finden wird, das ich alle Jahre zu zahlen verbunden bin. Ich habe keine andre Nachrichten zu geben, denn sie wird alles sowohl von dem Bruder, als von dem Sohne ihrer Großheit erfahren, und wird erkennen, ob ich ihrer Großheit die Wahrheit geschrieben, oder aber zu viel gesagt habe, und mit meinem Angesicht zur Erde küsse ich ihr die Hände, und unterschreibe mich auf diese Weise:

Ahmed Ben Jaakob, durch Gottes Gnade, Emir Chbir von Sicilien, Knecht der Großheit des fünften Mulei. Jmedina Balirmu, den 15ten des Monats Reginab 260 Muhammeds."

544.

Am 26sten des Monats Schahaban 260 kamen die dreißig Schelandien nach Balirmu, welche den Bruder und den Sohn unsers Mulei nach Susa überbracht haben, und sie brachten uns einen Brief unsers Mulei, welcher also lautete:

„Muhammed Ben Hammuda Abu el Aabbas, durch Gottes Gnade, fünfter Mulei, berührt dir den Kopf, grüst dich sehr, und meine Großheit sagt dir, o Ahmed Ben Jaakob Emir Chybir von Sicilien, daß der Bruder meiner Großheit mir deinen Brief überbracht hat, geschrieben am 15ten des Monats Reginab, und er hat mir das Geld übergeben, welches du meiner Großheit alle Jahre zu bezahlen schuldig bist. Meine Großheit hat Bericht erhalten, daß die Jmedina Balirmu wahrhaftig schön und prächtig ist, und daß es auch andere schöne Städte in Sicilien gibt. Meine Großheit dankt dir für alles das, was du deinen Gebietern gethan hast, welche mir berichtet haben, mit wie vieler Aufmerksamkeit du dich gegen sie betragen hast, und daß du sie sehr schöne Sachen hast sehen lassen; so daß meine Großheit vielleicht im neuen Jahr nach Balirmu kommen wird; aber sie behält sich vor, dir vorher davon Nachricht zu geben, um ihr deine Kriegsflotte zu schicken. Für jezt hat meine Großheit nichts mehr dir zu sagen; sie berührt dir den Kopf, grüßt dich sehr, und zeichnet sich auf diese Weise:

Muhammed Ben Hammuda Abu el Aabbas, durch Gottes Gnade, fünfter Mulei. Jmedina von Kairuan, den 8ten des Monats Schahaban 260 Muhammeds."

545.

Am 2ten Tag des Monats Reginab 261 ward eine Barke nach Susa geschickt, mit einem Brief für unsern Mulei, welcher also lautete:

„Muhammed Ben Hammuda Abu el Aabbas, durch Gottes Gnade, fünfter Mulei, der Emir Chybir von Sicilien, Ahmed Ben Jaakob mit dem Angesicht

zur Erde küßt die Hände ihrer Großheit, und er gibt Rechenschaft, daß ich zugleich mit diesem Brief drei Kisten abgefertigt habe, in welchen ihre Großheit das Geld finden wird, welches ich alle Jahre ihrer Großheit zu bezahlen schuldig bin. Ich sage ihrer Großheit, daß ich im verfloßnen Jahr den Brief, gegeben am 2ten des Monat Schahaban 260 empfangen habe, in welchem ihre Großheit . . . . .
. . . . . daß sie mir Nachricht geben würde, um meine Kriegsflotte nach Susa zu schicken, um nach Balirmu zu überbringen . . . . ich bin immer bereit, die Befehle zu vollziehen . . . . . dieses gesezt, habe ich nichts . . . . ihrer Großheit, mit meinem Angesicht zur Erde küsse ich ihr die Hände . . . . . . auf diese Weise:
Ahmed . . . . . Ebhir von Sicilien, durch Gottes Gnade, Knecht der Großheit des Mulei . . . . . . Ben Hammuda Abu el Aabbas. Imebina Balirmu ben 2ten . . . . . 261 Muhammeds."

546.

Am 10ten Tag des Monats Schahaban 261 haben wir einen Brief unsers Mulei erhalten, gebracht von der Barke, welche am 2ten Tag des Monats Reginab 261 nach Susa geschickt worden war, und er lautete also:

„Muhammed Ben Hammuda Abu el Aabbas, durch Gottes Gnade, fünfter Mulei, berührt dir den Kopf, und sagt dir, o Emir Ebhir Ahmed Ben Jaakob, daß meine Großheit deinen Brief, gegeben am 2ten des Monats Reginab 261, erhalten hat, mit welchem meiner Großheit drei mit deinem Namen versiegelte Kisten überbracht worden sind, in welchen meine Großheit das Geld gefunden hat, welches deine Person verbunden ist, alle Jahre zu bezahlen. Meine Großheit sagt dir, daß aus Kalafra nach Kairuan viertausend siebenhundert und dreißig Mann von denjenigen gekommen sind, welche meine Großheit nach Italien geschickt hatte, und diese Leute kamen nicht alle zugleich, sondern nach und nach, und täglich kommen einige von ihnen, sie waren nämlich nicht alle von den Feinden getödtet worden, sondern flohen, als die Schlachten geliefert wurden. Meine Großheit hat hierüber Vergnügen gehabt, denn biß jezt haben wir Mannschafft, die gewiß lebendig ist, neuntausend und sieben und vierzig Mann, welche Busa Ben Kagibis nach Sicilien gebracht hat, die mit den viertausend sieben hundert und dreißig nach Kairuan gekommenen die Zahl von dreizehntausend acht hundert und vierzig Mann ausmachen, die bereits gerettet sind, und meine Großheit hofft, daß noch andre kommen, denn so haben die armen Männer gesagt, die nach Kairuan zurückgekehrt sind: sie waren alle nackend, und meine Großheit hat sie kleiden lassen. Viele Geschäfte haben nicht erlaubt, dir Befehl zu geben, die Kriegsflotte nach Susa zu schicken, um meine Großheit nach Sicilien zu überbringen, wann es aber Zeit seyn wird, so wirst du davon Nachricht erhalten. Meine Großheit hat nichts mehr dir zu sagen; sie berührt dir den Kopf, und zeichnet sich also:

„Muhammed Ben Hammuda Abu el Aabbas, durch Gottes Gnade, fünfter Mulei. Imedina Kairuan, den 26sten des Monats Reginab 261 Muhammeds."

547.

Am 20sten Tag des Monats Reginab 262 schickten wir eine Barke nach Susa, mit einem Brief für unsern Mulei, welcher also lautete:

„Muhammed Ben Hammuda Abu el Aabbas, durch Gottes Gnade, fünfter Mulei, der Emir Chbir

von Sicilien Ahmed Ben Jaakob mit dem Angesicht zur Erde küßt die Hände ihrer Großheit, und macht ihr bekannt, daß . . . . Brief . . . . .
. . . .
. . . . . mit meinem Namen . . . .
. . . . und sie wird finden in . . . .
. . . . von Silber, welche dem feindlichen Volk gehörten, denn . . . . Rabialkem habe ich dreißig Schelandien und zwanzig Barken ausgeschickt, und sie gesendet, um zu sehen, ob sie einige Beute machen könnten: sie sind in die Meere von Sarkusah gegangen, und haben zwanzig Schelandien angetroffen, welche nach Sarkusah giengen, unsere Flotte ließ sich mit den Schelandien des feindlichen Volkes ein, von welchen dreizehn Schelandien flohen . . . . . .
. . . . . sieben mit Getreide, Gerste, und Oel beladene Schelandien genommen. Ich habe alles verkaufen lassen, und . . . . meine Person die zehn vom Hundert nach den Verordnungen, habe ich das Uebrige ihrer Großheit geschickt. Auf diesen Schelandien waren vierhundert und sechzig Griechen, welche gegenwärtig mit den Eisen an den Füßen sind, in Balirmu zu arbeiten, und die Kriegsflotte zog sich am 26sten des Monats Dschamadilaud 262 nach Balirmu zurück, und nun sind die Schelandien entwafnet in dem Zeughauß: Ich habe ihrer Großheit nichts weiter zu sagen; mit meinem Angesicht zur Erde küsse ich die Hände, und unterschreibe mich auf diese Weise:

Ahmed Ben Jaakob Emir Chbir von Sicilien, durch Gottes Gnade, Knecht der Großheit des Mulei Muhammed Ben Hammuda Abu el Aabbas. Balirmu den 20sten des Monats Reginab 262 Muhammeds."

548.

Am 26ſten des Monats Schahaban 262 haben wir einen Brief unſers Mulei empfangen, der uns von der Barke gebracht wurde, welche wir am 20ſten des Monats Reginab 262 nach Suſa geſchickt hatten, und er lautete alſo:

„Muhammed Ben Hammuda Abu el Aabbas, durch Gottes Gnade, fünfter Mulei, berührt dir den Kopf, und ſagt dir, Emir Ebbir von Sicilien, Ahmed Ben Jaakob, daß meine Großheit deinen Brief, geſchrieben am 20ſten des Monats Reginab 262 empfangen hat, mit welchem meiner Großheit das Geld übergeben worden iſt, welches du jährlich zu bezahlen ſchuldig biſt, und ſie hat ſechzigtauſend Stücke Griechiſche Silbermünze gefunden. Es geſiel meiner Großheit ſehr, zu hören, daß du in dieſem Jahr die Kriegsflotte in die Meere von Sarkuſah geſchickt habeſt, und daß dieſe ſieben Schelandien als Sklaven gebracht hat; dieſe Nachrichten ſo alle auf einmal gefallen meiner Großheit ſehr. Indeſſen billigt dir meine Großheit das ſehr, was du gethan haſt, wie du in deinem Briefe geſchrieben haſt. Meine Großheit hat nichts mehr dir zu ſagen, berührt dir den Kopf, und unterſchreibt ſich alſo:

Muhammed Ben Hammuda Abu el Aabbas, durch Gottes Gnade, fünfter Mulei. Kairuan den 9ten des Monats Schahaban 262 Muhammeds."

549.

Am 3ten Tag des Monats Reginab 263 iſt eine Schelandie nach Suſa geſchickt worden, mit einem Brief für unſern Mulei, welcher alſo lautete:

„Muhammed Ben Hammuda Abu el Aabbas, durch Gottes Gnade, fünfter Mulei, der Emir Ebbir von Sicilien Ahmed Ben Jaakob, mit dem Angeſicht zur Erde küßt ihrer Großheit die Hände, und macht ihr bekannt, daß zugleich mit diesem Brief ihre Großheit dreihundert tausend Krus empfangen wird, welche sie in den, mit meinem Namen versiegelten Kisten finden wird. In diesem Jahr im Monat Rabialkem habe ich eben dieselbe Ausschickung von Schelandien und Barken gemacht, wie sie im verfloßnen Jahr gemacht worden war; aber sie zogen sich am 20sten Tag des Monats Dschamabilaub zurück, ohne etwas mitzubringen, weil sie keine Griechische Schelandie oder Barke angetroffen haben, und nun sind sie entfernt. Nach diesem habe ich ihrer Großheit nichts mehr zu sagen; mit meinem Angesicht zur Erde küsse ich ihr die Hände, und unterschreibe mich auf diese Weise:

Ahmed Ben Jaakob, durch Gottes Gnade, Emir Chbir von Sicilien, Knecht der Großheit des Mulei. Balirmu, den 3ten des Monats Reginab 263 Muhamnuds."

550.

Am 20sten des Monats Schahaban 263 haben wir einen Brief unsers Mulei mit der Schelandie empfangen, welche wir am 3ten des Monats Reginab nach Susa geschickt hatten, der also lautete:

„Muhammed Ben Hammuda Abu el Aabbas, durch Gottes Gnade, fünfter Mulei, berührt dir den Kopf, und meine Großheit sagt dir, o Emir Chbir von Sicilien Ahmed Ben Jaakob, daß meine Großheit deinen Brief, geschrieben am 3ten Tag des Monats Reginab 263 empfangen hat, und zugleich mit demselben ist mir das Geld übergeben worden, welches du alle Jahre meiner Großheit zu bezahlen verbunden bist. Meine Großheit sagt dir, o Emir Chbir Ahmed Ben Jaakob, daß du anfangen sollst, eine große Armee auszurüsten, um die Stadt Sarkusah zu erobern, und wann die Armee gebildet seyn wird, ehe sie zur Belagerung der Stadt geschickt wird, will meine Großheit es wissen, damit sie dir die Befehle über das gebe, was du thun sollst. Nach diesem hat meine Großheit nichts weiter dir zu sagen, berührt dir den Kopf, und zeichnet sich also:

Muhammed Ben Hammuda Abu el Aabbas, durch Gottes Gnade, fünfter Mulei. Kairuan, den 26sten des Monats Reginab 263 Muhammeds."

551.

Am 29sten des Monats Dschamadilaub 263 kam ein Brief unsers Mulei an uns, welcher also lautete:

"Ebrahim Ben Muhammed Ben el Aalab, durch Gottes Gnade, sechster Mulei, berührt dir den Kopf, und sagt dir, o Emir Chbir von Sicilien Ahmed Ben Jaakob, daß dieser Brief, den dir meine Großheit geschrieben hat, dir zu erkennen giebt, wer dein neuer Gebieter sey *), und wem du gehorchen mußt. Indessen hat meine Großheit für jezt nichts mehr dir

---

*) Anno 261 (874) ejusdem anni mense quinto decessit Mohammed (secundus) filius Ahmedi, filii Mohammedi (primi) filii Ibrahimi, filii 'l Aglabi, Dominus Africae, postquam suis rebus per decem annos et quinque cum dimidio menses praefuisset, habuitque fratrem Ibrahimum (secundum) successorem. Abilfed. Ann. Mosl. T. I. f. 212. Der Verfasser stimmt im Namen und in der Dauer der Regierung Muhammeds Ben Hammuda von zehn Jahren und mehr, überein. Er weicht ab in Zählung der Jahre, denn er sezt den Tod in das Jahr 261, wie er den Regierungsantritt in das Jahr 250 gesezt hatte. Wir folgen unserm Codex, und sezen ihn in das Jahr 263.

zu sagen; sie berührt dir den Kopf, und zeichnet sich also:

Ebrahim Ben Muhammed Ben el Aalab, durch Gottes Gnade, sechster Mulei, dein Herr. Imedina Kairuan, den 12ten des Monats Dschamadilaud 263 Muhammeds."

551.

Am 4ten Tag des Monats Reginab 264 ward eine Schelandie nach Susa geschickt, mit einem Brief für unsern Mulei, welcher also lautete:

"Ebrahim Ben Muhammed Ben el Aalab, durch Gottes Gnade, sechster Mulei, der Emir Ehbir von Sicilien Ahmed Ben Jaakob mit dem Angesicht zur Erde küßt die Hände ihrer Großheit, und macht ihr bekannt, daß zugleich mit diesem Brief ihre Großheit drei versiegelte Kisten empfangen soll, in welchen sie das Geld finden wird, welches ich verbunden bin, alle Jahre ihrer Großheit zu bezahlen. Ich sage ihrer Großheit, erkannt zu haben, wer mein neuer Gebieter ist, und wem ich mit meinem Angesicht zur Erde gehorchen soll. Nun, wann ich ihrer Großheit schreiben werde, was in Sicilien geschehen wird, und an welchem Orte etwas geschehen, besonders in Balirmu, und ich zeige den Ort an, so wird ihre Großheit es sogleich verstehen, weil sie in der Zeit, da sie in Balirmu gewesen ist, alle Oerter kennen gelernt hat. Nach diesem habe ich ihrer Großheit nichts mehr zu sagen: mit meinem Angesicht zur Erde küsse ich ihr die Hände, und unterschreibe mich auf diese Weise:

Ahmed Ben Jaakob Emir Ehbir von Sicilien, durch Gottes Gnade Knecht der Großheit des Mulei Ebrahim Ben Muhammed Ben el Aalab. Imedina Balirmu, den 4ten des Monats Reginab 263 Muhammeds."

553.

Am 17ten Tag des Monats Schahaban 263 ist die Schelandie angekommen, die wir am 4ten des Monats Reginab nach Susa geschickt hatten, und sie brachte uns einen Brief unsers Mulei, welcher also lautete:

„Ebrahim Ben Muhammed Ben el Aalab, durch Gottes Gnade, sechster Mulei, berührt dir den Kopf, und meine Großheit sagt dir, o Emir Chbir von Sicilien Ahmed Ben Jaakob, daß sie deinen Brief, geschrieben am 4ten des Monats Reginab 263 empfangen hat, und ihr drei Kisten übergeben worden sind, in welchen sie die dreihunderttausend Krus gefunden hat, welche du verbunden bist, mir jährlich zu bezahlen. Nach diesem hat meine Großheit nichts weiter, dir zu sagen; sie berührt dir den Kopf, und zeichnet sich also:

Ebrahim Ben Muhammed Ben el Aalab, durch Gottes Gnade, sechster Mulei. Imedina Kairuan, den 28sten des Monats Reginab 263 Muhammeds."

554.

Am 12ten des Monats Edilkaban 264 ward ein Brief in die Stadt Nehetu geschickt, welcher also lautete:

„Ahmed Ben Jaakob, durch Gottes Gnade, Emir Chbir, küßt dir die Stirne, und sagt dir, o Emir Aali Ben Aamar, daß meine Großheit wissen will, wie viele Männer du haben kannst, und was für eine Armee du bilden könntest mit diesen Leuten: du mußt mir sogleich Nachricht davon geben, damit ich meine Gedanken darnach bilden kann. Meine Großheit hat nichts mehr dir zu sagen, küßt dir die Stirne, und unterschreibt sich also:

Ahmed Ben Jaakob Emir Chbir von Sicilien, durch Gottes Gnade, dein Herr. Imedina Balirmu, den 12ten des Monats Edilkaban 264 Muhammeds."

555.

Am 15ten Tag des Monats Edilkadan 264 haben wir vier Briefe abgeschickt, einen an den Emir von Zanklah, einen andern an den Emir von Kassarjanah, den dritten an den Emir von Giargenta, und den lezten an den Emir von Marset Allah.

Der an den Emir von Zanklah geschickte Brief lautete also:

„Ahmed Ben Jaakob, durch Gottes Gnade, Emir Chbir von Sicilien, küßt dir die Stirne, und sagt dir, o Emir Safian Ben Kafagia, daß du auf den Monat Reginab 264 fünf tausend Mann in die Stadt Nehetu schicken mußt, diese Mannschaft mußt du aber nicht aus Zanklah nehmen, sondern aus den andern dir unterworfenen Orten, welche eine zahlreiche Bevölkerung haben. Indessen sagt dir meine Großheit, daß, wann die neue Aerndte gemacht ist, du die Leute abschicken mußt, von welchen meine Großheit dir geschrieben hat. Sie hat nichts mehr dir zu sagen; küßt dir die Stirne, und unterschreibt sich also:

Der Emir Chbir von Sicilien Ahmed Ben Jaakob, durch Gottes Gnade, dein Herr. Jn Medina Balirmu, den 15ten des Monats Edilkadan 264 Muhammeds."

556.

Der an den Emir von Kassarjanah geschickte Brief lautete also:

„Ahmed Ben Jaakob, durch Gottes Gnade, Emir Chbir von Sicilien, küßt dir die Stirne, und meine Großheit sagt dir, o Emir Schibet Ben Aalì, daß du, von der Mannschaft, welche du in Kassarjanah hast, auf den Monat Rabialkem 264 fünf tausend Mann in die Stadt Nehetu schicken sollst, und der Grund, warum meine Großheit nur fünftausend Mann ruft, ist,

um

um deine Mannschaft nicht zu vermindern, damit du dich wohl vor den Feinden von Tauromanah und Katine bewahren kannst; denn, wenn man nur fünftausend Mann aus jener Stadt nimmt, so ist es, als wenn gar keiner von deiner Mannschaft weggenommen worden wäre, da heut zu Tage die Stadt Kassarjanah sehr bevölkert ist, und auch die Stadt, welcher du deinen Namen Schibet gegeben hast. Nach diesem hat meine Großheit nichts mehr dir zu sagen; sie küßt dir die Stirne, und unterschreibt sich auf diese Weise:

Der Emir Chbir von Sicilien Ahmed Ben Jaakob, durch Gottes Gnade, dein Herr. Jmedina Balirmu, den 15ten des Monats Edilkaban 264 Muhammeds."

557.

Der an den Emir von Giargenta geschriebene Brief lautete also:

„Der Emir Chbir von Sicilien Ahmed Ben Jaakob, durch Gottes Gnade, dein Herr, küßt dir die Stirne, und meine Großheit sagt dir, o Emir Aabb Allah Ben Aadelkum, daß du zehentausend Mann in Bereitschaft stellen, und sie im Monat Rabialkem in die Stadt Nehetu schicken mußt. Nach diesem hat meine Großheit für jezt nichts weiter dir zu sagen, küßt dir die Stirne, und unterschreibt sich also:

Ahmed Ben Jaakob, durch Gottes Gnade, Emir Chbir von Sicilien, dein Herr. Jmedina Balirmu, den 15ten des Monats Edilkaban 264 Muhammeds."

558.

Der in die Stadt Marset Allah an den Emir Aabb Alrahman Ben Muhammed geschickte Brief lautete also:

"Ahmed Ben Jaakob, durch Gottes Gnade, Emir Chbir von Sicilien küßt dir die Stirne, und meine Großheit sagt dir, o Emir Abdb Alrahman Ben Muhammed, daß du anfangen sollst zehn tausend Mann zu rüsten, um sie im Monat Rabialkem in die Stadt Nehetu zu schicken. Nach diesem hat meine Großheit nichts weiter dir zu sagen; sie küßt dir die Stirne, grüst dich sehr, und unterschreibt sich also:

Der Emir Chbir von Sicilien, Ahmed Ben Jaakob, durch Gottes Gnade, dein Herr. Jmedina Balirmu, den 15ten des Monats Ebilkaban 254 Muhammeds."

559.

Am 26sten des Monats Ebilkaban 264 ward uns ein Brief gebracht, welcher von Nehetu kam, der also lautete:

"Ahmed Ben Jaakob, durch Gottes Gnade, Emir Chbir von Sicilien, der Emir Aali Ben Aamar mit der Stirne zur Erde küßt die Hände ihrer Großheit, und macht ihr bekannt, daß er den Brief, geschrieben am 12ten des Monats Ebilkaban 264, empfangen hat, in welchem er gelesen hat, daß ihre Großheit wissen will, welche Anzahl Mannschaft ich in Waffen stellen kann. Ich sage ihrer Großheit, daß ich gegenwärtig dreißigtausend Mann stellen könnte, wenn ich die Mannschaft der mir unterworfenen Orte nähme, und wann ich die Mannschaft der Orte nehmen werde, so werde ich keinen Schaden thun auf keine Weise, denn ich nehme ihrer überall ein wenig, und es wird kein Mangel werden, denn die Bevölkerungen sind sehr gewachsen: mit diesem hat meine Person die Befehle ihrer Großheit erfüllt, und mit meinem Angesicht zur Erde schreibe ich mich also:

Der Emir Aali Ben Aamar, durch Gottes Gnade, Knecht der Großheit des Groß-Emirs Ahmed Ben Jaakob. Stadt Nehetu, den 22sten des Monats Edilkadan 264 Muhammeds."

560.

Am 26sten des Monats Ausah kam in Balirmu eine Schelandie von Malta an, welche uns einen Brief des Emirs dieser Insel brachte, und er lautete also:

"Der Emir Jnaaisa Ben Aabd Allah mit der Stirne zur Erde küßt die Hände ihrer Großheit, und macht ihr bekannt, daß der Bischoff von Malta am 8ten des Monats Ausah aus dem Hafen von Marsa Schaluk *) zwei mit Getreide beladene Barken in die Stadt Sarkusah geschickt hat: dieß wurde mir gesagt; aber ich glaubte es nicht: ich befahl, daß heimlich Wachten gestellt werden sollten. Am 11ten desselben Monats Ausah hat die Wache zur Nachtzeit in diesem Hafen andre drei Barken erscheinen gesehen, welche angefangen hatten zu laden: als die Wache dieses wahrgenommen hat, so konnte sie diese Barken nicht angreiffen, denn sie hatte nur sechs Mann bei sich, und deswegen haben sie gesehen, daß die Barken vollends ladeten, und abfuhren. Die Wache kam bei dem Anbruch des Tages zu mir, um mir davon Nachricht zu geben: ich sezte mich sogleich mit diesen Leuten zu Pferd, und gieng diesen Ort zu besehen, an welchem das feindliche Volk holete, was der Bischoff demselben zur Hülfe gab. Als meine Leute dahin gekommen waren, so haben sie mir den Ort gezeigt, woraus das Getreide genommen wurde, und nachdem wir gegraben hatten,

---

*) Marsa Schaluk. Heut zu Tag heißt der Hafen in Malta Marsa Scirocco.

haben wir eine Höle voll Getreide und Gerste gefunden; ich habe sie wieder zudecken lassen, und habe mich in die Stadt zurückbegeben. Kaum war ich angekommen, so habe ich nach dem Bischoff geschickt, welcher sogleich kam, und habe zu ihm also gesagt: Höre, o Bischoff, ich habe dir immer wohl gewollt, und habe auch das Christliche Volk geachtet, warum denn willst du mir nicht wohl? Er hat mir geantwortet: Höre, o mein Gebieter, ich will dir sehr wohl, denn du hast gute Dinge gethan, und mißhandelst uns nicht, wie das Griechische Volk that. Höre, antwortete ich, o böser Mensch, die Bischöffe sind wie so viele Väter des Christlichen Volks, du bist ein sehr schlimmer Vater, denn du hast in Gefahr gesezt, daß ich in Stücken hauen ließe, dich, und alle Einwohner dieser Insel, welche Christen sind, wie du bist. Aber du bist nicht ein Christ, und bist schlimmer als ein Grieche, und redest gegen das griechische Volk, während daß du demselben Hülfe gibst, denn du hast bis jezt drei mit Getreide und Gerste beladene Barken nach Sarkusah geschickt, und gibst unsern so großen Feinden Unterstüzung: gewiß du bist ein böser Mensch, und das Volk von Malta soll dich nicht mehr Bischoff nennen, sondern Paul den Bösen. Ich will dich nicht, wie ich sollte, lebendig verbrennen lassen, sondern werde dich an die Großheit des Groß-Emirs schikken, damit er dir die Züchtigung gebe, welche du verdienest, als ein Mann, welcher ein Feind so wohl des Christlichen, als des Maltesischen Volkes, und ein Freund des Volkes ist, das Gottes Feind ist. Ich habe ihm ein Eisen an einen einzigen Fuß thun lassen, habe ihn eingeschifft und zugleich mit diesem Brief an ihre Großheit geschickt. Ich habe Leute bestimmt, um das Getreide und die Gerste, welches an der Küste verborgen war, nach der Stadt zu bringen, welches vierhundert Ladungen war, denn das Uebrige war von diesem gottlosen Menschen nach Sarkusah geschickt worden, welcher, ob schon er von uns so viele Wohlthaten empfangen hat, dennoch uns verräth. Nach diesem habe ich ihrer Großheit nichts weiter zu sagen; mit meiner Stirne zur Erde küsse ich ihr die Hände, und unterschreibe mich auf diese Weise:

Der Emir Jnaaisa Ben Aabd Allah, durch Gottes Gnade, Knecht der Großheit des Groß-Emirs von Sicilien. Malta den 20sten des Monats Ausah 264 Muhammeds."

561.

Am 26sten des Monats Rabialkem 264 haben wir einen Brief aus Nehetu erhalten, geschickt von dem Emir Aali Ben Aamar, und er lautete also:

"Ahmed Ben Jaakob, durch Gottes Gnade, Emir Ebir von Sicilien, der Emir Aali Ben Aamar mit dem Kopf zur Erde küßt die Hände ihrer Großheit, und macht ihr bekannt, daß der Emir der Stadt Zanklah mir fünftausend Mann geschickt hat, der von Marset Allah zehntausend, der Emir der Stadt Giergenta auch zehntausend, und der Emir von Kassarjanah fünftausend, also, daß diese Emire mir dreißigtausend Mann geschickt haben. Nach diesem erwarte ich die Befehle ihrer Großheit, um zu wissen, was ich vollziehen soll, und mit meiner Stirne zur Erde küsse ich die Hände ihrer Großheit, und unterschreibe mich also:

Der Emir Aali Ben Aamar, durch Gottes Gnade Knecht der Großheit des Emir Chbir Ahmed Ben Jaakob. Stadt Nehetu, den 21sten des Monats Rabialkem 264 Muhammeds."

562.

Am 28sten des Monats Rabialkem 264 ward ein Brief in die Stadt Nehetu, an den Emir Aali Ben Aamar geschickt, welcher also lautete:

„Ahmed Ben Jaakob, durch Gottes Gnade, Emir Chbir von Sicilien, küßt dir die Stirne, und meine Großheit sagt dir, o Emir Aali Ben Aamar, daß der Emir der Armee Busa Ben Kagibis dir diesen Brief geben wird, und sobald du ihn gelesen hast, so mußt du in die Stadt Mubakah gehen, und von dort aus, sowohl dem Statthalter von Kamarinah, als dem Statthalter von Aalfatah Nachricht geben, daß sie alles Getreide, das meiner Großheit gehört, zugleich mit der Gerste, nach Mudakah schicken sollen, und, wann es dahin gebracht seyn wird, mußt du es mahlen lassen, und es in die Stadt Nehetu schicken, und aufmerksam seyn, jener Mannschaft nichts fehlen zu lassen, und alles muß im Ueberfluß geschickt werden. Meine Großheit hat nichts mehr dir zu sagen, küßt dir die Stirne, und zeichnet sich auf diese Weise:

Ahmed Ben Jaakob, durch Gottes Gnade, Emir Chbir, dein Gebieter. Jmedina Balirmu, den 28sten des Monats Rabialkem 264 Muhammeds."

563.

Am 16ten Tag des Monats Dschamabilaub 264 empfiengen wir einen Brief aus Nehetu, geschickt von dem Emir der Armee Busa Ben Kagibis, und er lautete also:

"Emir Chbir Ahmed Ben Jaakob, der Emir der Armee Busa Ben Kagibis mit dem Angesicht zur Erde küßt die Hände ihrer Großheit, und macht ihr bekannt, daß ich am 8ten des Monats Dschamadilaud 264 mit meiner Armee in Nehetu ankam, und den Brief ihrer Großheit, dem Emir jener Stadt übergab, welcher sogleich nach der Stadt Mudakah abreiste, die Befehle ihrer Großheit zu vollziehen. Am 9ten Tag desselben Monats habe ich alle Mannschaft gezählet, und habe gefunden, daß der Emir Aali Ben Aamar mir dreißigtausend Mann gerüstet hatte, welche aus den ihm unterworfenen Orten zusammengebracht waren; ich habe auch dreißigtausend Mann gefunden, welche die Emire auf Befehl ihrer Großheit geschickt hatten, und zehntausend, welche ihre Großheit mir gegeben hat, ehe ich von Balirmu abreiste; daß ich also Emir von siebenzigtausend Mann bin, und mit diesen will ich die Erde zittern machen. Indessen sage ich ihrer Großheit, daß sie Nachrichten von mir erwarte, wann ich von Sarkusah Meister seyn werde, denn gewiß werde ich entweder Meister von Sarkusah werden, oder in Sarkusah sterben, wie die andern Emire gestorben sind. Ich habe ihrer Großheit nichts mehr zu sagen; mit meinem Angesicht zur Erde küsse ich ihr die Hände, und unterschreibe mich also:

Der Emir der Armee Busa Ben Kagibis, durch Gottes Gnade, Knecht der Großheit des Emir Chbir von Sicilien Ahmed Ben Jaakob. Stadt Nehetu, den 12ten des Monats Dschamadilaud 264 Muhammeds."

564.

Am 2ten des Monats Reginab 264 schickten wir eine Barke nach Susa, mit einem Brief für unsern Mulei, und er lautete also:

„Ebrahim Ben Muhammed Ben el Aalab, durch Gottes Gnade, sechster Mulei, der Emir Chbir von Sicilien Ahmed Ben Jaakob mit dem Angesicht zur Erde küßt die Hände ihrer Großheit und macht ihr bekannt:

Erstlich. . . . .
. . . .
. . . . welche . . . . diesem . . . .
. . . . ich sage aber ihrer Großheit,
daß . . . . ich habe . . . . . .
benn . . . . als in Kamarinah
. . . .
geschickt . . . . Mubakah, um sie mahlen zu lassen, und nach der Stadt Nehetu zu schicken, zum Vorrath für die große Armee, die ich geschickt habe . . . . um die Belagerung der Stadt Sarkusah zu machen.

Zweitens. Sage ich ihrer Großheit, daß am 26sten des Monats Ausah 264 der Emir von Malta Jnaaisa Ben Aabd Allah eine Schelandie mit einem Brief nach Balirmu schickte, und er schickte mir Paul Bischoff von Malta mit den Eisen am Fuß, weil dieser so böse Mann hat lassen . . . . Zeit fünf Barken des feindlichen Volks mit Gerste und Getreide, und sie fuhren sogleich nach Sarkusah ab. Da der Emir jener Insel entdeckt hat . . . . so böse . . . so schickte er mir diesen Mann, um ihm die Züchtigung zu geben, die er verdient . . . . kaum haben sie ihn vor mich gebracht, so habe ich den Erzbischoff in mein Hauß kommen lassen, zu welchem ich, als er kam, in Gegenwart meines Kadhy, und des Kadhy des Erzbischoffs also gesagt habe: Höre, o Erzbischoff des christlichen Volks von Balirmu, Paul Bischoff von Malta, nachdem er so viele Wohlthaten von dem Emir von Malta empfangen hat, weißt du, was er gethan hat? er schickte den Leuten von Sarkusah fünf mit Gerste und Getreide beladene Barken, und dieser so böse Mensch hat uns diese Verrätherey gethan, nachdem wir ihm so viel Gutes gethan hatten, und die Christen als unsre Kinder ansehen; dieß ist ein rebellischer Mann gegen uns, und als einen solchen muß man ihn züchtigen. Indessen befehle ich deinem Kadhy, daß er die Züchtigung sagen soll, welche man diesem so bösen Manne geben muß. Der Erzbischoff hat zu seinem Kadhy gesagt*): Saget der Großheit des Groß-Emir, welche Strafe man dem Bischoff von Malta geben soll. Der Kadhy hat sogleich geantwortet: und zu mir also gesagt: „Höre, o mein großer Gebieter, wir Christen geben den Bischöffen nicht den Tod, sondern wir strafen sie damit, daß wir sie ins Gefängniß sezen**), also wird man ihn als Rebellen ihrer Großheit im Gefängniß eingeschlossen halten können, bis er stirbt. Diese

---

*) Der Erzbischoff von Palermo hatte seinen Kadhy (Beisizer würden wir heut zu Tage sagen) und Gefängnisse in seinem Hauße. Vielleicht mußte er bei Ausübung der Gerichtsbarkeit, der Regierung Rechenschaft davon geben.

*) Der Kadhy des Erzbischoffs von Palermo erlaubt sich nicht, das Todesurtheil gegen den Bischoff von Malta auszusprechen, und glaubte sich vielleicht durch irgend ein kaiserliches Gesez zu dieser Nachsicht berechtigt, vielleicht auch wollte er nur kirchliche Gelindigkeit ausüben.

Worte habe ich ihn auf ein Papier schreiben lassen. Sogleich habe ich Befehl gegeben, ihn zu den übrigen bösen Menschen in die Gefängnisse zu thun. Da ich diesen Befehl gegeben hatte, fiel der Erzbischoff vor meiner Person auf die Kniee nieder, und weinte, wie ein Kind, und er hat zu mir gesagt: Höre, o mein großer Gebieter, ihre Großheit soll mir die Gnade gestatten, diesen Bischoff in die Gefängnisse meines Haußes sezen zu lassen; man muß Mitleiden mit ihm haben, und Barmherzigkeit gegen ihn ausüben, denn er ist ein alter Mann, und was er gethan hat, ist aus Mangel an Verstand geschehen. Ich habe zu ihm gesagt: Höre, o Erzbischoff, deine Klage hat mir das Herz gebrochen, und ich sehe, daß du ein sehr guter Mann bist. Also thut meine Großheit dir diese Gnade, ihn in die Gefängnisse deines Haußes zu thun; aber merke wohl, wenn du ihn nicht auf immer eingeschlossen halten wirst, so werden wir sehr uneins werden, und ich habe sie entlassen. Ich sage ihrer Großheit, daß ich die Gerechtigkeit auf diese Weise habe thun lassen, um mich nicht bei dem Christlichen Volk verhaßt zu machen, um so viel mehr, da ich gegenwärtig im Begriff bin, die Stadt Sarkusah belagern zu lassen.

Drittens Ich sage ihrer Großheit, daß ich den Busa Ben Kagibis mit dem Commando von siebenzigtausend Mann in die Stadt Nehetu geschickt habe. Am 12ten des Monats Dschamadilaud 264 war er schon in der Stadt Nehetu, um sich zu rüsten. Er hat mir geschrieben, daß er mir keinen Brief machen wird, ehe er Meister von Sarkusah sey, und deswegen, wann wir Herren von dieser Stadt seyn werden,

unter den Arabern. 219

so werde ich ihrer Großheit sogleich Nachricht davon geben. Ich sage ihrer Großheit, daß ich alle Schelandken habe ausrüsten lassen, damit ich, wenn wir nicht in Kurzem Herren der Stadt Sarkusah seyn werden, auf den ersten des Mars jene Schelandien schicken könne, um von der Seeseite den Angriff zu thun, und die Hülfe zu verhindern, welche in diese Stadt gehen könnte. Ich hoffe indessen, daß ihre Großheit mir alles bestätigen wird, was ich gethan habe, wie ich ihrer Großheit geschrieben habe; ich habe für jezt nichts mehr zu sagen, mit meinem Angesicht zur Erde küsse ich ihr die Hände, und unterschreibe mich also:

Der Emir Chbir von Sicilien Ahmed Ben Jaakob, durch Gottes Gnade, Knecht der Großheit des Ebrahim Ben Muhammed el Aalab, Sechsten Mulei. Imedina Balirmu, den 2ten des Monats Reginab 264 Muhammeds."

565.

Am 11ten Tag des Monats Schahaban 264 ist die Barke gekommen, welche wir am 2ten des Monats Reginab 264 nach Susa geschickt hatten, welche uns einen Brief unsers Mulei brachte, und er lautete also:

„Ebrahim Ben Muhammed Ben el Aalab, durch Gottes Gnade, Sechster Mulei, berührt dir den Kopf und meine Großheit sagt dir, o Emir Chbir von Sicilien, Ahmed Ben Jaakob, daß sie deinen Brief, gegeben am 2ten Tag des Monats Reginab 264, empfangen hat, in welchem meine Großheit die Handlung gelesen hat, welche der Bischoff von Malta gethan hat; gewiß dieser Mensch ist närrisch: hierüber sagt dir meine Großheit, daß du sehr wohl gethan hast, den Erzbischoff zu befriedigen, denn dieser Mann gefiel meiner Großheit sehr, als ich in Balirmu war, weil ich erkannte, daß er ein sehr guter Mann war. Meine Großheit hat Vergnügen genommen, da sie in deinem Brief gelesen hat, daß du bereits Busa Ben Kagibis geschickt hast, um die Stadt Sarkusah zu belagern, daher meine Großheit dir sagt, daß, wann Sarkusah eingenommen wird, meine Großheit es wissen will, um diese Freude zu haben: du hast sehr wohl gethan, alle Schelandien zu bewajnen, um zu thun, was du meiner Großheit geschrieben hast. Meine Großheit hat das Geld empfangen, das du jährlich zu bezahlen verbunden bist, und meine Großheit sagt dir, daß, wenn Sarkusah nicht eingenommen wird, so wirst du dir das Geld nicht ersezen können, das du von dem Deinigen bezahlt hast. Meine Großheit wird es dir geben, denn du hast Recht, und deswegen mußt du hierüber gutes Muthes seyn, denn du wirst nichts verlieren. Meine Großheit sagt dir, daß aus Kalafra noch dreitausend, sechshundert und vierzig Mann von den Leuten gekommen sind, welche die Großheit des verstorbenen Mulei, meines Bruders nach Italien geschickt hat; es gefiel mir sehr, diese arme Leute gesehen zu haben, die sich gerettet haben; also haben wir biß jezt gerettete Mannschaft an denen, welche nach Sicilien mit dem Emir Busa Ben Kagibis kamen, und denjenigen, welche nach Kairuan gekommen sind, siebenzehntausend, vierhundert und vier und vierzig, und meine Großheit hofft, daß noch mehrere kommen, denn täglich werden mir von diesen Leuten vorgestellt. Meine Großheit billigt dir alles, was du gethan hast, auf die Weise, wie du in deinem Briefe geschrieben hast: indessen hat meine Großheit für jezt nichts mehr dir zu sagen, sie berührt dir den Kopf, und zeichnet sich also:

Ebrahim Ben Muhammed Ben el Aalab, durch Gottes Gnade, sechster Mulei. Jmedina Kairuan, den 26sten des Monats Reginab 264 Muhammeds."

566.

Am 29ſten Tag des Monats Edilkadan 265 haben wir einen Brief aus Sarkuſah empfangen, welchen uns der Emir der Armee, Buſa Ben Kagibis ſchickte, der alſo lautete:

"Ahmed Ben Jaakob, durch Gottes Gnade, Emir Chbir von Sicilien: der Emir der Armee Buſa Ben Kagibis, mit dem Angeſicht zur Erde küßt die Hände ihrer Großheit, und macht ihr bekannt, daß ich am 25ſten Tag des Monats Dſchamadilaud 264 alſo gethan habe:

Erſtlich. Ich habe meine Mannſchaft getheilt, und habe in der Stadt Nehetu ſelbſt gelehrt, wie der Angriff auf die Stadt Sarkuſah geſchehen müßte, nachdem ich ſie wohl unterrichtet hatte *), habe ich ſie einen Tag hindurch ruhen laſſen.

Zweitens. Am 28ſten deſſelben Monats zog ich von Nehetu mit meiner ganzen Mannſchaft ab, ich kam in die Nachbarſchaft von Sarkuſah, und wir lagerten uns; am 29ſten ebendeſſelben Monats habe ich alle die Oerter umgeben, durch welche in die Stadt Sarkuſah Hülfe hätte kommen können; ich habe Befehl gegeben, daß alle Bäume abgehauen werden ſollten, auf daß Hütten daraus gemacht würden, damit unſere Mannſchaft hätte, wo ſie ſich vor dem Regen und vor der Kälte in Sicherheit ſtellen könnte: in wenigen Tagen waren dieſe Hütten fertig, welche ſehr groß, und ſo gemacht waren, daß das Waſſer nicht durchdringen konnte, unſere Mannſchaft naß zu machen, denn ſie waren wohl mit Stroh bedeckt, und wir waren

---

*) Die Araber hatten ihre Kriegsreguln. Der Kaiſer Leo der Weiſe, der über die Taktik geſchrieben hat, ſchrieb auch von der Taktik der Araber.

in Ruhe. Wir sahen, daß in Sarkusah große Zurüstungen geschahen, aber es kam keine feindliche Mannschaft heraus, um uns anzugreiffen.

Drittens. Am 3ten Tag des Monats Reginab 264 habe ich aller unserer Mannschaft Befehl gegeben, sich auf den Weg zu machen, um den Angriff zu thun, als wir eine halbe Stunde Wegs vorgerückt waren, kam ein Regen, und es ward Befehl gegeben, rückwärts zu kehren, und uns in unsere Hütten zurückzuziehen, indem es nicht Zeit war, Angriffe zu thun, und so ward vollzogen.

Viertens. Da wir in unsre Hütten gekommen, und einige Tage verflossen waren, so habe ich den Kadhy gerufen, und die sechs Männer des Raths, welche ihre Großheit mir bei der Abreise von Balirmu gegeben hat, und ich habe zu ihnen also gesagt: Höre, o Kadhy, und ihr übrigen Männer des Raths des Groß=Emirs, es ist gut Wetter, und ich denke, den Angriff auf Sarkusah zu thun. Was saget ihr Andern davon? Die sechs Männer des Raths haben mir geantwortet: Höre, o Emir Busa Ben Kagibis, was du denkst, ist nicht tauglich, denn wenn der Angriff gegeben wird, und unsere Mannschaft sich in der Heftigkeit der Arbeit befindet, und es kommt der Regen, so wird man sich zurückziehen müssen ohne etwas zu thun, die Leute werden umkommen, und alles wird verloren seyn, was man gethan haben wird, deswegen müssen wir uns nicht von dem Ort bewegen, wo wir sind. Ich habe geantwortet: Euer Gedanke ist nicht gegründet. Ich habe dem Kadhy gesagt, mir seine Meinung zu sagen, welcher also geredet hat: Höre, o Emir Busa Ben Kagibis, du denkst als ein sehr tapferer Mann, indem du den Angriff thun willst, und das Reden, das deine Person gethan hat, hat ihr das Verlangen eingegeben, das du im Herzen hast, Sarkusah *) einzunehmen.

---

*) Die Wichtigkeit der Einnahme von Syrakus in der Geschichte, veranlaßt uns zu der Freiheit, den Brief in der Anmerkung ganz anzuführen, welchen Theodosius Monachus geschrieben hat, welcher unter den Gefangenen von Syrakus in die Gefängnisse von Palermo gebracht worden war. Er beschreibt dem Leo Archidiaconus die Belagerung, und den Sieg, welchen die Araber davon getragen haben. Dieser Brief ist, nach P. Gaetani, aus einem Griechischen Codex von Messina abgeschrieben und übersezt worden.

Der eben erwähnte P. Gaetani, Caruso, Pirri, D. Giovanni, Muratori, theilen diesen Brief mit; aber keiner hat ihn wohl so sehr am rechten Ort angeführt, als wir hier thun, wo er dienen wird, eine Vergleichung der beiden Erzählungen anzustellen, welche dem größten Theile nach gar sehr mit einander übereinstimmen: nur muß der Leser nicht vergessen, daß Theodosius ein furchtsamer Gefangener war, ungewiß über sein Schicksal, und von trauriger Gemüthsbeschaffenheit, weswegen er die Sache viel anders ansah, als sie seyn mochten.

Eorum, quae nobis evenerunt, vir divinissime, singula persequi velle, sane diuturnius, opportuniusque temporis spatium postulare videtur; breviorque epistola est, quam ut totam rerum gestarum seriem complectatur. Contra vero penitus haec silere communemque doloris sensum, quem ex his cepit totus ferme terrarum orbis (facile enim mihi persuadeo condoluisse nobis eos, ad quos vel solum Syracusarum nomen devenerat) valde stupentis animi, morboque indolentiae apprime laborantis futurum

Also müssen wir Sarkusah einnehmen
und wir werden uns nicht entfernen, wenn
wir sie nicht einnehmen, denn wir müssen
entweder alle todt bleiben, oder Herren
dieser

---

fuisse existimavi. De qua re prophetarum quidam, tanquam ex ore Dei, sic est locutus: male illos accepi flagris, nec tamen doluerunt. At si quocumque modo narrationem harum rerum instituam, bene utrisque consultum erit, mihi quoque aliquam afferet consolationem oratio, qua moeroribus illis relevatum iri confido, quibus nunc male discrucior. Quippe sic natura comparatum est, ut ea, quae nobis molestiae sunt, si sermone vulgaveris, animi levent aegritudinem. Tibi vero merces minime fluxa hinc accedet, si compatiendo lacrymis narrationem prosequeris. In hostium tandem potestatem devenimus: capti demum fuimus, o vir divinis honoribus perfuncte; nec sane pejora sunt Hierosolymae expertae, cum caperentur, nec Samaria prior Hierosolymis expugnata: talem passi sumus direptionem, quam non insulae Chetim unquam agnovere, non regiones barbaricae, non urbes quaecumque in medium afferri possent. Ejusmodi fuit hoc excidium, ut eodem die, quibus antea propugnatum erat, arcus, et pharetras contriverit, arma, gladium, et bellum dejecerit, strenuos quosque debilitaverit, propugnatoresque gigantes (sic enim magnanimos illos appellaverim, qui egregie operam suam praestiterunt, qui et famem antea tolerare, et labores quoscunque subire, et vulneribus confici prope infinitis pro Christi amore non dubitarunt, et post captam urbem gladiis contrucidati sunt) hostium violentiae cedere coegerit. Tandem in hstoium manus incidimus, cum antea diu, ac saepius fuisset ad muros propugnatum, cum etiam navali proelio

(hor-

dieser Stadt seyn: daher ist meine Meinung, den Angriff nicht vor dem Monat Schawal zu geben, welches die rechte Zeit ist, die Städte anzugreiffen, und Schlachten

---

(horrendum sane spectaculum, ipsisque intuentium oculis consternationem ingenerans; consternatur enim aspectus rerum atrocitate, quae saepe illi objiciantur) fuerit multoties decertatum. Victi fuimus post multas nocturno tempore factas obsidiones, et hostiles insidias; post admotas muris machinas, quibus totum fere diem tundebantur; post gravem illam in nostra propugnacula lapidum conjectorum procellam; post illas urbium vastatrices testudines, muresque subterraneos, quos vocant: nihil enim eorum, quae ad urbis expugnationem censebantur idonea, intentatum reliquerunt ii, quibus obsidendae urbis cura incumbebat; quibus cum jam pridem urbis potiundae cupiditas animos inflammasset, summa animorum contentione decertabant, quo quisque pacto caeteris praestaret, novas in dies singulos machinas excogitando, quibus urbs capi, diripique facilius posset: quamquam ab hisce Deus altissima sui consilii ratione admirabili nos quodammodo protexit. Quid vero necesse est more tragico ejulantem, latius persequi, quantam et qualem in nos malorum congeriem invehere summo studio conati sunt hostes? Quid indictum infectumque reliquerunt, quod ad timorem incutiendum iis, qui detinebantur obsessi, animosque consternandos facere visum esset?

Tempus admonet, ut ad ea, quae intus gerebantur, orationem convertamus: deque iis excursim aliqua dicamus. Foris vastabat gladius et intus pavor, ut pervetusto illo oraculo Moysen res nostras vaticinatum esse plane asseverarim. Cum enim aeque ac a populo Israelis, in deum ante a nobis peccatum esset, eundem, quem olim ille,

zu halten. Wir geben gegenwärtig Sarkusah sehr große Schlachten, denn unser Aufenthalt an diesem Orte, ist eben so viel, als wenn man sagte, daß wir fechten,

---

divinae iracundiae calicem potavimus: capti fumus, posteaquam aegre diuturnam famem herbarum victu toleravimus, posteaquam fordida quaeque rerum egeftate compulfi in os congeffimus. Quin ad liberorum etiam comeftiones (rem nefariam et filentio praetereundam) proceffimus, cum antea nec ab humanae carnis efu (heu quam horrendum spectaculum) abhorruimus. Sed quis haec pro dignitate tragice deploraverit? Non a coriis, bubulisque pellibus abstinuimus, non ab aliis quibuscunque rebus, quae fame enectis quidquam folatii afferre poffe crederentur; ne offibus quidem aridis parcentes injucundam nobis coenam apparabamus, novum profecto, et ab omni mortalium ufu abhorrens alimenti genus. Etenim Syracufanorum complures (quid homines non cogit fames importuna?) quadrupedum offa molere primum tum aquae perpauxillo confpergere, quamvis abunde nobis aquas ad hos ufus Arethufae fons fuppeditaret; atque hoc invento famem fedare miferrimi homines cogebantur: jam enim tritici modius centum et quinquaginta nummis aureis venalis erat; piftores vero pluris vendebant, quippe ducentis aureis; unde fiebat, ut duarum unciarum panis (rem miram) nummo aureo venderetur. Adde quod trecenis, et eo amplius jumentum, quomodocunque edule, venum ibat, et quinque fupra decem, quandoque etiam viginti conftabat equinum caput. Afininae carnes etiam in deliciis habitae. Jam vero domefticarum avium defecerat genus, oleum autem, et falfamentorum cujusque generis obfonia, vel ea, quae, ut ait Gregorius Theologus pauperum effe cibus folent, jam erant abfumpta. Cafei,

unter den Arabern.

ohne von unserer Mannschaft sterben zu machen, und das feindliche Volk, wenn es nicht angefangen hat, Hungers zu sterben, so wird es in kurzer Zeit anfangen

---

leguminum, et piscium esus omnino nullus; jam enim unius atque alterius portus, quibus interjacent Syracusae, per vim hostes potiti fuerant; cum antea arces, quae brachiola dicebantur, et ab ingressu portuum hostes arcebant, solo funditus adaequassent. Illud vero longe molestissimum accidit, nam saevissima pestis, proh dolor! famem subsecuta est: morbus etiam tetanus, a nervorum contractione sic dictus, quosdam divexabat: quibusdam autem apoplexia dimidiam partem corporis arefaciebat, alios repentino mori cogebat; nec defuere, qui eodem morbi genere correpti, aut corporis dimidium movere tantum poterant, aut omnino omni movendi corporis facultate destituebantur. Alii instar utrium inflato corpore horrendum sui spectaculum intuentium oculis exhibebant, quousque mors illis superveniens (nam haec quoque divino imperio parebat, atque ex hujus praescripto non nihil retardabatur) aegre tandem miseros gravissimis doloribus liberabat. Enimvero iis, quae jam a nobis memorata sunt, permulta alia adjungi possent, quae longiore indigerent oratione, quam ea, quae ab homine in custodiam dato proficisci potest. Quid enim aliud potero, quam res tam grandes paucis perstringere, ac tenuare, qui carcere inclusus, ne horam quidem habeo pacati otii? Densissima carceris caligo, quae ob oculos versatur, aspectum hebetat, atque obtundit: tumultus eorum, qui simul in eadem asservantur custodia, mentem agitant, atque perturbant.

Turris, quae ad majorem portum in dextro urbis angulo erat exstructa, catapultarum vi, quibus hostes

zu sterben, denn wir haben gehindert, daß Vorräthe hineinkommen können; zur See sind keine dahin gegangen, denn wir haben keine Barke in diesen Hafen einlau-

---

saxa praegrandia jaculabantur, concussa primum, mox ex parte cecidit; ab hujus turris excidio quinque post diebus murus propugnaculi, qui fuerat antea turri conjunctus, eodem catapultarum impetu disruptus est. Quo facto magnus timor in obsessorum animos injectus est; hostium tamen impressionem sustinebant egregii illi viri, valdeque strenui sub auspiciis beatissimi ducis Patrizii, summaeque hujus contentioni oblecundari conabantur, supra quam oratione explicari possit. Dies viginti, totidemque noctes, ubi murus corruerat contra eos, qui aditum ex illa parte tentabant, egregie strenueque depugnabant, animi ingenitam nobilitatem prae se declarabant, insignem quoque laudem esse ducebant, pro tuenda urbe vulnera toto corpore excipere. Iam vero si quis ad illud urbis propugnaculum se contulisset, quod adversum vulgi sermone dici consueverat, permultos ibi viros poterat intueri miris, diversisque modis mutilatos: erant, qui effossos oculos haberent, his quidem nares truncae, his vero aures cernebantur amputatae, aliis palpebrae, aliis maxillae ex telorum, et sagittarum ictibus sanguine rubescebant. Quibusdam frons, et cor etiam ipsum modis variis vulnerabantur: venter aliis, aliis pectus acceptis vulneribus patebat, atque ut compendio dicam, non aliqua tantum, sed omni ex parte laborabant. Hostes enim totis copiis urbem obsidebant, erantque numero superiores adeo, ut centum ex illis, (quod vix assequitur fidem) cum uno e nostris manus consererent, gloriaque non vulgari antagonistas augerent, egregiae virtutis facto periculo. Equidem Athletarum studium appellabam, quoties

fen fehen; wenn fie von ber Seefeite einige Unterftüzung werden haben können, fo werden fie fie vor dem Monate Mars nicht haben können, und auf diefen Tag

---

eo loci ventitarem, in quo fortiter, praeclareque agentes magnam fibi ex praeclare geftis gloriam comparabant; cum vero flagitiorum noftrorum numerus usque adeo excrevit, ut diftrictum in nos divinae ultionis gladium inebriaret; die prima poft vigefimam menfes Maji, quarta vero ab eo die, quo murus corruit, civitas in hoftium poteftatem redacta eft. Modum autem, quo fuit expugnata, operae pretium erit dicere: fuit enim horroris plenus. Cum enim Dei fevera in nos animadverfio eorum, qui fortiter hoftibus refiftebant, ftrenuiffimum quemque huc atque illuc diffipaffet, et inclytum Patritium cum ejus commilitonibus ad corpora procuranda a moenibus in domos proprias avocaffet, barbarorum animos impulit, ut ad fatalem illam turrim, de qua fuperius, obfidionem integrarent, machinis illis adhibitis, quae ad lapidum projectum ufui erant. Tali enim ludicro parricidae illi urbem invadentes fefe oblectabant; nec fane difficili negotio graffabantur, paucis admodum militibus cuftodientibus partem illam, propterea, quod opportunum illud pugnandi tempus cives non exiftimabant, fecurique propugnatores alia omnia, quam ad propugnacula fo conferre meditabantur. Dum igitur hoftes in urbem, lapides horrendum in modum conjectarent, totumque illius ambitum complerent; fcala quaedam lignea, per quam propugnatoribus erat pervia femidiruta turris, effringitur; quo facto rumor ingens exortus eft, quem cum audiviffet Patritius continuo furrexit impranfus e menfa pro fcala valde follicitus animi.

wird der Groß-Emir die Kriegsflotte
schicken, und daher wird die Hülfe, welche
das feindliche Volk zu erhalten hoft, von
unsrer Kriegsflotte aufgefangen werden,

Iam vero barbari simul illam disruptam persensere
(quippe cum prope ipsam lapidum projectio contigisset)
muro magna cum alacritate propinquant, cumque non-
nisi paucos in turris praesidio positos conspicati essent, hos
fortiter ibi repugnantes contrucidarunt, inter quos erat
etiam Beatus Joannnes Patrinus; quo facto libere in illam
conscendunt, eamque demum potiti sunt. Hinc vero
deinceps in morem fluminis per totam urbem diffusi in
illorum conspectu volitabant, qui ad repugnandum adhuc
congregabantur. Ac primum iis, qui ad Servatoris aedis
vestibulum contra eos aciem instruebant, ad unum truci-
datis, magno impulsu valvas aperiunt, templumque sub-
eunt strictis ensibus, crebro anhelitu ignem naribus ocu-
lisque spirantes. Tum vero omnis aetas eodem temporis
momento in acie gladii corruit; principes, et omnes
judices terrae (quod in Psalmis canere solemus) juvenes
et virgines, senes cum junioribus monasticam professi,
tum matrimonio copulati, sacerdotes, et populus, servus,
et liber, quique in lectis multo jam tempore valetudinarii
decumbebant. Nam ne his quidem parcere, Deus bone,
carnifices illi didicerunt. Animus enim humani sanguinis
sitiens eorum mortibus, qui primo iratis occurrunt, minime satiatur. Erat igitur tum videre, (ut divinae So-
phoniae verbis utar) diem illum, diem calamitatis et mi-
seriae, diem angustiae et ruinae, diem tenebrarum et
caliginis. Post haec autem (quid enim pluribus oportet
singula eorum percensere, quae primariae urbis viris
evenere, praesertim cum auribus ipsis, nedum animis hor-
rorem incutiant?) inclytus Patritius, qui se in arcem

alſo, mein Gebieter, unſer Seyn an dieſem
Ort, welches ihrer großen Perſon von
keinem Nuzen ſcheint, wirkt ſehr, denn es
giebt eine ſehr große Schlacht durch Tob-

---

quandam receperat, poſtridie una cum ſeptuaginta viris
vivus capitur, atque octavo ab urbe expugnata die capi-
tali ſupplicio plectitur. Quod quidem adeo excelſo, for-
tique animo pertulit, ut nihil humile, nihil ſua con-
ſtantia indignum admiſerit, ne leve quidem timidita-
tis alicujus argumentum monſtraverit; nec mirum, quando antea nullo pacto adduci potuit, ut urbis proditionem
ſalutis propriae cauſam ſaceret, praeſertim cum permultos
haberet hujus conſilii non probatores tantum, verum ſi
voluiſſet etiam adminiſtros. Ille vero maluit cum hone-
ſtate mortem oppetere, ut eorum, qui cum ipſo erant,
ſaluti proſpiceret: atque unum pro multis ad Chriſti imi-
tationem caput objicere periculo (quamquam hoc homi-
cidarum animos ad commiſerationem neutiquam flexit)
quam aliquid nobilitate ſua indignum mente complecti:
cujus animi magnitudo, atque ad ſubeundum ſupplicium
alacritas ipſi quoque Buſae, Amirae Chagebis filio, qui
mortis auctor fuit, magnae admirationi fuere.

Verum ipſe ad bene beateque moriendum hinc ſibi
talia praeſidia comparaverat, propterea quod omne belli
tempus in mortis contemplatione tranſegerat, eisque, qui
ſecum obſeſſi erant viam, quae ducit ad immortalitatem,
optimis cohortationibus commonſtraverat. Unde per
haec pietatis officia exceſſum vitae minime habuit formi-
dandum. Quibus enim aſſidua praemeditatione cautum eſt,
ne imparatum pectus habeant, ad haec extrema ſubeunda,
hiſce non injucunda erit, hinc ad coelum, cum conti-
gerit, transmigratio. Ceterum barbari in illos etiam,
quos cum Patricio ceperant (erant autem omnes hi Syra-

tung des feindlichen Volks, ohne daß im
Gegentheil das feindliche Volk unser
Volk tödtet. Dein Gedanke ist als eines
tapfern Mannes gewesen, der sich um die

---

cusis honestissimo loco nati) cum quibusdam aliis captivis,
extra urbem ductos, & in orbem dispositos uno impetu
invadunt, agrestium canum in morem, et hos quidem
lapidibus, hos vero baculis, alios hastis, quas prae manibus habebant, quosdam etiam quibuscunque, quae se
fortuito obtulissent, instrumentis crudelissime insectantes,
morti dabant, et adhuc animis immanissime saevientes
horum corpora ambustione absumebant. Nec vere silen-
tio praeteribo, qualia barbarae crudelitatis exempla in Nice-
tam exercuerint. Erat hic Tarsensis genere, atque in re
militari apprime eruditus, et strenuus, qui oppugnationis
tempore impium Mahometem, apud eam nationem prophetarum eminentissimum habitum, maledictis compluri-
bus quotidie proscindebat. Hunc ab interficiendorum
numero sevocatum, humi reclinantes supinum, (tuam,
Deus, clementiam imploro) a thorace pectoris ad pubem
usque vivum decorticarunt; effusa vero per sectionem
viscera contis dilaniabant, ad haec cor ipsum, manibus avul-
sum ab homine adhuc spirante, plusquam immaniter den-
tibus mandebant primum, postea ad terram allisum, peti-
tumque lapidibus, tum demum exsaturati reliquerunt.
Verum de his alias.

Ego vero, qui jam iterum cum Episcopo in gratiam
redieram, atque in Episcopi templo, una cum ipso, statis
precibus, hora sexta, operam dabam, Turrim a Barbaris
expugnatam auribus cepi, cum ad finem cantici ventum
esset. Quo nuntio non mediocris fuit audientium animis
pavor injectus. Etenim quidni timendum nobis esset,
in cruentas hostium manus mox certissime incursuris?

Gefahr nicht bekümmert: indeſſen iſt dieſes meine Meinung. Ich habe ihm alſo geſagt: Höre, o Kadhy, deine Meinung iſt eines Mannes von ſehr großem Verſtande, und

---

animum tamen quoquo modo recipientes, dum adhuc hoſtes ante proſpectum templi in depraedando eſſent occupati, nudi ac verecundi, quippe detractis omnibus aliis indumentis, praeter illa, quae ex corio confecta geſtabamus, ad altare aedis maximae cum duobus aliis clericis perfugimus. Conſueverat ad hanc aram beatiſſimus Pater Deum iratum conciliare, opemque ipſius pro ſuis filiis implorare, ac voti compos fieri; qua in re illud experientia mirificum ſaepiſſime comprobavit. Quamquam id temporis arcano divinorum judiciorum conſilio preces ejus rejectae fuerant. Cum ergo in his eſſemus periculis conſtituti, alter ab altero, ſi quid peccatum eſſet, veniam petebamus, ac viciſſim donabamus. Deo vero gratiae agebantur, quod iſta nos perpeti decreviſſet. Jam vero dum Epiſcopus Angelo tutelari ſuam Eccleſiam commendaret, en adſunt extemplo hoſtes diſtrictis gladiis, ſanguineque perfuſis, qui per totam aedem vagantes alius alio deflectebat, quorum unus a circumfuſa multitudine digreſſus ſacrum altare adit, ibique nos inter ſedem et aram latitantes offendit, comprehenditque, nihil tamen barbarum in nos eſt molitus, nempe Deo cor ipſius quadantenus permulcente; nihil iracundum ſonuit, aut minax, vultu ad terrorem compoſito, quamvis eſſet enſe nudato armatus, qui fumabat adhuc calidum ſanguinem, atque deſtillabat. Is in Epiſcopum intuitus, ab illo Graece percontatus eſt, quisnam eſſet? remque, ut erat, edoctus, ubinam, inquit, ſunt Eccleſiae ſacra vaſa? Cum autem cognoviſſet de loco, educit e ſacro templo Epiſcopum ſeorſim ab omni turbatione atque tumultu, nosque cum ipſo tamquam agnos poſt

diese werde ich vollziehen, und ich habe ihn geküßt, denn sein Rath ist sehr gut gewesen.

Fünftens. Am 10ten des Monats Schahaban sind sechs Männer aus der Stadt Sarkusah her-

---

paſtorem ſequentes. Cumque in ſacellum, ubi repoſita ſacra vaſa aſſervabantur, noſtro ductu pervenisset, in eo nos incluſos detinet, eodem ſatagit, uti majores natu barbarae nationis quam primum conveniant. Quo facto de nobis apud ipſos narrationem inſtituit Semnoen, id enim nominis tum illi inditum, quem claris ortum eſſe parentibus, poſtea comperimus. Cujus oratione permoti, dicam melius, Deo ad bonum exitum omnia perducente, bene animati hoſtes in nos eſſe coeperunt. Eodemque die ſacra depraedati (erant autem haec omnia perfecti operis, quinque millia librarum ponderis) captivos nos egredi ex urbe fecerunt, dolore, ut mittam cetera, vehementi confectos, atque ad Ameram, qui in vetere majore Eccleſia conſederat, traduxerunt. Hic autem in una earum, quae ibi reperiebantur camerae, concluſos reliquit. Illic omnimodis incommodis affici corpuſculum fuit neceſſe. Nam et gravi odore locus repletus eſt, eo ſcilicet, qui ex naturalibus excrementis exoritur, vermibus etiam, qui ſolent indidem ingenerari, et ſcatere, nec non et muribus conſueto ibi degentibus, tum pediculorum examine, et cimicum, et pulicum propemodum exercitibus inhorruit. Ut vero nox facta eſt, tenebris obruti ſumus, ſub tectum ferme cadentibus. Fumo etiam, qui forte externe fiebat, oppleta domus, qui et reſpirationem miſeris intercluſit, et mutuos aſpectus maxima ex parte nobis ademit, in hac ipſe camera cum ſacrorum Antiſtite, et altero e clericis fratribus conſtricti fuimus. Nam qui reliqui fuerunt urbis excidio, una omnes contrucidati ſunt. Dies ibi triginta complevimus. Propterea quod ad Syracuſanas mu-

ausgekommen, und da sie mir vorgestellt wurden, habe ich sie gefragt: Höret, o ihr verfluchten Leute, warum seid ihr aus der Stadt herausgegangen, vielleicht um die Spionen

---

nitiones demoliendas id temporis voluerunt infumptum. Per idem fpatium ea, quae intra murorum ambitum continebantur, incendiis abfumpta. Captae vero praedae fpolia tot fuere, tantique pretii, ut ejus fubducta ratio millies mille nummum reperta fit.

Non multo poft iter Panornum verfus egreffi (ingreffi). Quod fex dierum intervallo perfecimus, vecti jumentis ferendis oneribus natis. Abduxerunt vero nos immites, efferique aethiopes; tandem diurnis aeftibus, nocturnisque frigoribus divexati, die feptimo, cum interdiu noctuque iter facere, non fuiffet defitum, celeberrimam, civibusque frequentem urbem Panormum ingreffi fumus. Obviam nobis urbem ingredientibus a popularibus proditum, qui ob laetitiam effufi epinicia concinebant, dumque praedas in urbem victores importare viderent, paeane, fauftisque acclamationibus excipiebant. Jam vero in urbem fuccedentes convenarum, ac civium multitudinem juxta atque fama illius, tum demum comperimus, nihilque imparem opinioni noftrae fuiffe. Illuc enim univerfum Sarracenorum genus confluxiffe putares, a folis ortu, et occafu, ab aquilone et mari juxta beatiffimo Davidi confuetum loquendi morem. Unde in tanta incolentium colluvie, homines coanguftati, in circuitu aedes ftruere, atque habitare coeperunt. Adeo ut permultas adjacentes urbes pofuerint, primariae, fi quis vellet, ad oppugnandum, et repugnandum non impares. Cum igitur, ut dicere inftitui, nequiffima urbs rerum omnium potiretur, Contarchum (imperii nomen id eft) fui nominis celebritate neutiquam dignum putavit, donec nos fub jugum mitte-

zu machen? Sie haben mir geantwortet, nein; sondern daß sie aus dieser Stadt herausgegangen seyn, weil sie vor Hunger stürben. Ich habe Befehl gegeben, daß man ihnen zu essen geben, und ihnen die

---

ret. Quin et se facturum sibi promittit, et comminatur, ut ab se longe positos, atque adeo ipsius imperatricis urbis viros in suam redigat potestatem. His ita se habentibus post diem quintum ad majorem Ameram introducimur. Is autem ad solarium superbe in solio considens valde sibi ex tyrannica potestate placebat, et quasi mantile nobis, ipsique medium suspensum utriusque aspectibus obversabatur. Sistunt Episcopum ministri; tum ille per interpretem: tenes, inquit, nostratem orandi modum? minime, inquit sapientissimus praesul. Is vero: cujus rei gratia? respondet Episcopus: quod summus ego sacerdos Christi sum, Christique servorum mystagogus, de quo prophetae, et justi olim vaticinati sunt. Non sunt, inquit Ameras, apud vos revera prophetae, sunt vero nomine; non enim ab illis abalienatus esses ob tuas doctrinas, neque a recta deflexisses, in circuitu enim impii ambulant. Quid enim prophetam nostrum blasphemiis impetitis vos? minime nos prophetas blasphemamus, excipit Episcopus, propterea quod non in prophetas invehi, sed pro ipsis loqui, magnificeque sentire, condidicimus. Hunc vero, qui apud vos colitur, ignoramus. His responsis attonitus, extemplo nos in carcerem retrudi jubet. Ducti incedebamus media urbis platea, in popularium conspectu. Christianorum permulti subsequebantur, de nostra miseria non obscure ejulantes: nec non contrariae sectae homines spectandi studio exciti, nos circumstipaverant, inquirebantque, quisnam esset celeberrimus ille Siciliae Archiepiscopus. Hunc ad modum populum evasimus. Tandem in desmoterium conjicimur. Id autem

Eisen an die Füße thun sollte, und an die Hände. In dieser Ebene ist ein unterirrdisches Behältniß, darein habe ich sie einschliessen lassen, ohne sie tödten zu lassen, denn sie sind Sklaven gemacht worden mit ihren Füßen.

---

locus est, quatuor supra decem gradibus depressum habens pavimentum, adeo ut illi oftiolum pro fenestra esset. Tenebrae hic mirae, et palpabiles; lumine tantum lucernae, vel interdiu, aliqua ex parte colluftratae; neutiquam in illo carcere luciferum mane exorientem fas est aspicere, nec lunam radios emittentem. Corpusculum hic aestivis caloribus percussum, (aestas enim erat) et cohabitantium halitu torridum. Praeterea cimices, et pediculi, et pulicum examina, ceteraque hisce bestiolis similia, per tenebricosum hoc pavimentum, misellum hominem stigmatiam reddunt. Sunt et eodem in carcere conclusi promiscueque nobiscum harum miseriarum mercaturam facientes, Aethiopes, Tarsenses, Arabes, Hebraei, Longobardi, tum Christiani nostrates e diversis locis profecti; in queis erat quoque Sanctissimus Militensis Episcopus, duabus compedibus pedes obstrictus. Tum vero Pontifices alter alterum complexi, sanctoque osculo exosculati, paululum ob ea, quae sibi evenerant, sunt collacrimati. Mox Domino eadem de re gratias agentes ex nostra philosophia depromptis rationibus doloris sensui repugnabant.

Dum in his versaremur, execrabilis ille dies stati apud hosce sacrificii recurrit, quo die memoriam facere se jactitant sacri illius, quod olim Abraham fecerat, quando datum arietem pro rationis participe victima, Deo immolavit. Hunc per inscitiam Pascha nominant, nec abs re diem sic indigitant, non enim ab Aegypto in terram promissionis est ille transitus, juxta veterem Paschatis nomenclaturam, neque ex hac terra in coelestem oram, aut ex vita ad vitam, ut Christiana fides hoc vocabulo uti nos

Ich habe Befehl gegeben, daß man ihnen die Ration geben sollte, wie man einem Mann unseres Volkes giebt; und bis auf den 10ten Mars 265 haben wir an diesem unterirrdischen Ort tausend dreihundert und vier-

---

docet, fed ex vita ad mortem, et ex hoc corporeo interitu, et fub fenfum cadente ad fempiternum illum, et ad id, quod nunquam fine fit cariturum incendium. In hac diei celebritate (o dementiam fingularem) Archiepifcopi comburendi cepere confilium, fanctiffimumque Chrifti Pontificem, malis Daemonibus hoftiam offerendi. Quidam enim ex iis qui populo praeerant, os habens patenti fepulcro adaeque fpirans: Aequum eft, inquit, ad circumftantes converfus, o cives, in hunc Chriftianorum Antiftitem manus injicere, pro noftra incolumitate, tum quo feftivius ac fi umquam alias, celebre nobis Pafchatis feftum agamus. Sic enim profpere nobis res noftras cefluras, et incrementa meliora capturas effe confido. Haec ille. Verum haec audientes fenes quidam, canitie juxta ac prior, togaque honeftiffimi ad populum habiti, eo confilio factum improbarunt; non enim fas effe dicebant. Satis putabant ad illius diei celebritatem cohoneftandam infigne pervigilium egiffe, excidium putato Syracufanae urbis. Itaque in hunc modum mali confiliarii in Archiepifcopum, et in nos concitati, opitulante, et pro nobis pugnante Deo, funeftum confilium diffipatum eft. Jam ex illo in hunc usque diem perfiftimus aerumnis multis detenti, mortemque ipfam, quae femper nobis captivis imminet, quotidie praeftolantes. Tu vero, o dilectum caput, o venerabile, tui Theodofii factis usque memor, Deum placatum propitiumque reddito, ut noftros hofce fluctus componat, fiftat, atque compefcat; noftramque captivitatem convertat, ficut torrens in auftro, juxta Prophetam regem, Deique parentem. Amen.

zehn Mann von griechischem Volk eingeschlossen, welche
wegen des Hungers aus Sarkusah gegangen sind, und
an Sicilischem Volk sind acht hundert und vierzig
Menschen herausgegangen, welche mit der Mannschaft unserer Armee vereinigt worden sind.

Sechstens. Am 15ten des Monats Mars
265 erschien unsre Kriegsflotte von funfzig Schelandien, und der Groß-Capitán schiffte sich aus, und kam
dahin, wo ich gelagert war. Ich habe ihm Befehl
gegeben, daß er sich nicht von der Küste entfernen sollte,
sondern daß er bleiben sollte, um zu verhindern, daß
irgend eine Barke an der Küste von Sarkusah landen
könnte, und nicht allein die Griechischen Barken, sondern von welcher Nation sie seyn möchten, und ich habe ihn wieder abgeschickt, sich einzuschiffen.

Siebentens. Am 3ten Tag des Monats
Schawal 265 hat unsre Kriegsflotte zehen kleine Schelandien weggenommen, welche in den Hafen von Sarkusah einlaufen wollten, die mit Getreide und Gerste
beladen waren. Da ich die Nachricht erhielt, habe
ich dem Groß-Capitán Befehl gegeben, diese Schelandien in die Stadt Kamarinah zu schicken: an
Griechischer Mannschaft waren auf jeder von diesen
Schelandien sechs und zwanzig Mann, und ich habe
ihm Befehl gegeben, daß sie bei der Ankunft in Kamarinah in die Gefängnisse dieser Stadt gethan werden
sollten.

Fructus laborum sume meorum, pater:
Sunt quippe pleni questuum, et lacrymis madent.
Sume, pater, mandata: sume his literis
Excidia, quae in nos hostis invexit ferox.
Deum rogato, tendat ut amicas manus,
Jamjam propinquo funeri, gnato huic tuo.

Achtens. Am 16ten Tag des Monats Schawal 265 habe ich Nachricht erhalten, daß unsere Kriegsflotte drei große mit Gerste beladene Schelandien weggenommen hat; ich habe Befehl geschickt, daß man sie aufs báldeste nach Kamarinah schicken sollte, und habe dem Groß-Capitän der Kriegsflotte befohlen, daß er am 20sten des Monats Schawal 265 mit der ganzen Kriegsflotte in den Hafen von Sarkusah einlaufen, und sich in der Entfernung von der Stadt stellen sollte, daß er nicht von den Steinen beschädigt werden könnte, welche das feindliche Volk hätte werfen können, dabei sollte er nichts weiter thun, als die Feinde an der Flucht hindern, und auf einen Befehl in Aufmerksamkeit seyn, der geschickt werden würde: und so ist es geschehen.

Neuntens. Am 18ten des Monats Schawal 265 habe ich meine ganze Mannschaft sich rüsten lassen, und habe Befehl gegeben, wie der Angriff geschehen sollte.

Zehntens. Am 19ten des Monats Schawal 265 früh Morgens machten wir uns auf den Weg, unsern Angriff zu thun; ehe wir uns auf den Weg machten, habe ich meiner Mannschaft gesagt: **Höret, o ihr meine Söhne, wir müssen alle mit großem Muth gehen, das feindliche Volk zu vertilgen, das in Sarkusah ist, und uns wegen des Blutes zu rächen, welches unser armes Volk in so vielen Angriffen versprützt hat, die dieses Volk mit dem unsrigen gemacht hat.** Wir kamen eine halbe Stunde Wegs weit von Sarkusah an, wir haben uns für diesen Tag und für diese Nacht gelagert.

Elftens. Am 20sten des Monats Schawal 265 beim Anbruch des Tags haben wir mit der Hülfe Gottes und Muhammeds einen sehr großen Angriff gethan: wir haben die Basteyen zum Theil niedergerissen; kurz vor Untergang der Sonne haben wir uns an den

Ort

unter den Arabern.

Ort zurückgezogen, wo wir gelagert waren. Am 21sten desselben Schawal 265 habe ich zehntausend Mann geschickt, um die Leute zusammen zu bringen, welche uns das feindliche Volk tödtete; diese zehntausend Mann kamen vor Untergang der Sonne zurück, und sagten, unsre Todten beerdigt zu haben, die sie gefunden, und es waren dreitausend hundert und ein und sechzig. Am 24sten Tag desselben Monats haben wir den zweiten Angriff auf diese Stadt gethan, der uns nicht gut gelang, vor Untergang der Sonne zogen wir uns an den Ort zurück, wo wir gelagert waren. Am 25sten desselben Monats habe ich achttausend Mann geschickt, die Leute zusammen zu bringen, welche die Feinde uns getödtet haben: sie kamen vor Untergang der Sonne zurück, und haben mir gesagt, tausend und dreihundert Mann von unsern armen Leuten beerdiget zu haben. Am 2ten Tag des Monats Edilkaban haben wir den dritten Angriff gethan, und im Besten der Arbeit kam uns die Nachricht, daß die griechischen Leute, welche in dem unterirrdischen Ort eingekerkert waren, gegen welche wir so viel Mitleiden gehabt, und ihnen den Tod ersparet hatten, die Thüre durchbrochen hätten, und geflohen wären; aber weil sie alle die Eisen an den Füßen hatten, so konnten sie nicht laufen. Da ich diese Sache gehört hatte, zogen wir uns mit großer Eile zurück, um diese Leute wieder einzuholen, welche wir auch in der That einholeten: ich habe sie wieder in den unterirrdischen Ort thun lassen, habe ihnen das Wasser und das Essen nehmen lassen, und habe befohlen, daß die Thüre mit so großen Steinen vermauert werden sollte, daß nicht einmal zwanzig tausend Mann sie wieder werden losmauern können; denn der Graben, wo die Thüre war, ist mit großen Steinen ausgefüllt worden, und ich habe so gethan, weil es billig war, daß man diese Leute, welchen ich den Tod ersparet habe, und welche gesucht haben zu fliehen, um mir eine Verrätherey zu machen, sterben lasse, wie man so viele Hunde sterben macht. Wir verweilten drei Tage an diesem Ort, um zu sehen, ob diese Leute versuchen würden, etwas zu thun, aber sie konnten nichts thun, und sind gewiß untereinander erstickt, wie Hunde. Am 26sten desselben Monats sind wir an den Ort gegangen, wo wir gelagert waren, ehe wir den Angriff auf Sarkusah thaten, wir kamen an, und lagerten uns. Am 8ten Tag haben wir den vierten Angriff gethan, in welchem von unserer Mannschaft zwei tausend, vierhundert und funfzig Mann gestorben sind, ohne daß es uns hätte gelingen können, in die Stadt Sarkusah hineinzukommen, ungeachtet wir eine Bastey umgeworfen hatten, aber so wie das feindliche Volk viel war, so hat es uns gehindert, in die Stadt hineinkommen zu können. Kurz vor Untergang der Sonne zogen wir uns an den Ort zurück, wo wir uns gelagert hatten. Am 11ten desselben Edilkadan machten wir uns auf den Weg, um den fünften Angriff zu thun, während daß wir uns näherten, sahen wir unvermuthet eine sehr große Armee erscheinen, welche aus Sarkusah heraus kam: wir haben uns angegriffen, und waren mit den Waffen in der Hand bis auf drei Stunden vor Untergang der Sonne, und schon waren wir beinahe Sieger dieser Armee: aber diese Leute flohen in Sarkusah hinein. Sogleich habe ich unsere arme gestorbene Mannschaft, zusammenbringen lassen: es war ein sehr großer Graben da, in diesen habe ich sie thun, und mit Erde bedecken lassen; ich habe auch die todte feindliche Mannschaft zusammen bringen, und habe sie anzünden lassen, und wir entfernten uns von diesem Plaz, um dem Gestank zu entgehen, und giengen an den Ort, wo wir vor diesem Angriff gelagert waren. Von unserer Mannschaft sind fünf tausend und drei und achtzig Mann, von den Griechen sechstausend, dreihundert und fünf und vierzig, gestorben. Ich habe angefangen mit dem Kadhy und mit den sechs Männern des Raths ihrer Großheit zu berathschlagen, und habe also gesagt: Höret, o Männer von Verstand: wir haben der Armee des feindlichen Volks eine Schlacht gegeben, welche uns sehr gut gelang, dieß war jedoch geschehen, ohne davon etwas vorher zu wissen. Nun denke ich auf diese Weise zu thun: Wenn Krisasiu wieder kommen wird, uns mit seiner Armee anzugreifen, so soll, während daß wir fechten, die Mannschaft der Schelandien aussteigen, und in die Stadt gehen, damit, wann die feindliche Armee sich in die Stadt zurückzieht, sie daran verhindert werde: auf diese Weise werden wir sie vertilgen, und von Sarkusah Meister werden. Sie haben mir geantwortet: Höre, o Emir dein Gedanke ist sehr gut, und deswegen haben wir nichts zu sagen. Ich habe sogleich zehn Mann zu Pferd an die Küste geschickt, unsern Leuten zu rufen, die auf den Schelandien waren, es näherte sich eine Schelandie dem Lande, um zu wissen, was die Leute zu Pferd verlangten: diese haben den Leuten der Schelandie gesagt, daß ich mit dem Groß=Capitän reden wollte. Die Schelandie gieng sogleich dem Groß=Capitän Nachricht zu geben, welcher bald mit den Leuten zu Pferd kam, die ich nach ihm geschickt hatte: da er vor mir erschien habe ich ihn geküßt, und habe zu ihm also gesagt: Höre, o Groß=Capitän, sieht man von dem Plaz wo die Schelandien sind, deutlich, wann die Leute aus Sarkusah ins Land hinein gehen? Er hat mir geantwortet:

Höre, o Emir, als die Armee des feindlichen Volks aus Sarkusah gieng, habe ich es gesehen, und als sie sich mit deiner Armee einließ, habe ich es gesehen, und ich habe gesehen, da das feindliche Volk geflohen ist, und sich nach Sarkusah zurückgezogen hat. Ich sagte zu ihm: Höre, o Groß-Capitän, wann du mich einmal mit der feindlichen Mannschaft im Gefecht sehen wirst, so must du sogleich deine ganze Mannschaft ausschiffen, und mußt mit derselben in die Stadt gehen, und die Schelandien mußt du mit Wasser füllen, damit sie auf den Grund gehen, damit die Feinde, wann ihr in der Stadt seyd, nicht auf unsre Schelandien fliehen können, und wann die feindliche Armee in die Stadt zurückkehrt, sie von deiner Mannschaft daran gehindert werde, während daß ich mit der meinigen sie verfolgen, und kommen werde, dich aufzusuchen. Er sagte: Höre, o Emir, es ist nicht nöthig die Schelandien unter Wasser zu sezen, und alle Vorräthe und das Geräthe meiner Mannschaft zu verlieren, sondern man wird auf eine andre Weise thun. Wann die Mannschaft ausgeschifft werden wird, will ich auf jeder Schelandie zehn Mann lassen, und diese werden gehen sich mit den Schelandien mitten in den Hafen zu stellen, und werden nicht ans Land gebunden bleiben, sondern man wird in Entfernung vom Ufer ankern, und wenn der Fall seyn wird, daß das feindliche Volk schwimmend dahin gienge, so werden jene zehn

Mann, welche auf jeder Schelandie sind, sie in Stücken hauen, denn ein Mensch im Wasser vermag nichts, und so werden nicht so viele Sachen verloren werden. Ich habe ihm geantwortet: Höre, o Groß-Capitän, dein Gedanke ist besser als der meinige, und deswegen muß man deinem Gutdünken folgen. Ich habe ihm die Verstärkung von zehntausend Mann gegeben, und habe ihn fortgeschickt. Am 20sten des Monats Edilkadan 265 machten wir uns von dem Ort auf den Weg, wo wir gelagert waren, und während daß marschirt wurde, sahen wir Krisafiu mit seiner Armee erscheinen; wir haben ihn angegriffen, und blieben fechtend bis zwei Stunden vor Untergang der Sonne. Die feindliche Armee floh um in die Stadt zurückzukehren, wir haben sie verfolgt. Als die feindliche Armee sich näherte, um in die Stadt zu gehen, ward sie von unsern Leuten gehindert, die sich aus den Schelandien in der Zeit ausgeschifft hatten, in welcher wir im Gefechte waren. Wir haben die feindliche Armee nahe an der Stadt sehr gedrängt, und eine Stunde nach dem Untergang der Sonne floh die Mannschaft der feindlichen Armee landeinwärts. Wir giengen für diese Nacht nicht in die Stadt, vielmehr ließ ich auch die Mannschaft der Schelandien, die in der Stadt war, herausgehen. Beim Anbruch des Tages am 21sten desselben Monats Edilkadan zogen wir in die Stadt: die Festung war noch nicht unterworfen, daher wurde der Angriff auf sie gethan, die wir in wenig Stunden fast niedergerissen haben: wir giengen hinein, und alle Mannschaft ward mit der Schärfe des Schwerdts getödtet. Der Statthalter des feindlichen Volks ward versteckt gefunden: ich habe ihn greifen, ihm die Eisen an die Füße thun, und ihn in dem Gefängniß aufbehalten lassen, wo unsere armen Leute Sklaven waren, die wir befreiet haben.

den Sklaven zu sehen, und besonders nach dem Erzbischoff, dem Statthalter und dem Hurd Krisasiu, welcher mit seinem Schenkel auf gutem Wege ist. Diesen Sklaven-Leuten gebe ich zu essen, wie wenn es unsre

---

Ea de re Imperator a Praefecto Siciliae certior factus, quamquam classiarii tum essent templo aedificando occupati, tamen eos duce Adriano Patricio in Siciliam mittit. Is cum rectum cursum non tenuisset, aegre ad portum, qui Hierax dicitur, Monembasiae in Peloponneso vicinus, naves applicuit, ibique secundum ventum praestolatus est. Dumque tempus ibi terit, nolens vento non spirante navigare, aut contrariis se credere fluctibus, interim Agareni oppugnationi instantes Syracusis potiuntur, magnaque caede edita, et, qui supererant captivis abductis, urbem diruunt, ac fana ejus incendio perdunt. Ita urbs ea, hactenus fama celebris, et quae multa barbarorum profligauerat bella, exiguo temporis spatio funditus periit.

Excidium Syracusarum Adrianus hoc modo cognovit. Locus est in Peloponneso ab opacitate sylvae, qua est consitus, Helos appellatus. Eo loco Romanae tum naves in statione erant. Quadam nocte Pastores audivere daemonum ibi degentium vocem inter se colloquentium, et pridie captas, excisasque Syracusas narrantium. Is sermo ab aliis ad alios pervagatus, tandem etiam ad Adrianum pertigit. Isque ad se vocatis pastoribus, et examinatis, deprehendit rumorem ad se perlatum ipsorum verbis confirmari. Utque suis etiam auribus fidem rei probaret, perductus ad eum locum a Pastoribus, daemonesque eorum opera percontatus, captas jam esse Syracusas audivit. Quam ex eo indicio animi contraxerat aegritudinem eo leniebat, ac sese consolabatur, quod fallacium daemonum verbis fidem non adhibendam sentiret; diem tamen ab iis indicatum adnotavit. Decimo post die, qui ex Syracusarum exitio fuga evaserant, nuntii ejus calamitatis venerunt.

Leute wären, und sie sind zufrieden, ausgenommen der Erzbischoff, der Statthalter und der große Hund Krisasiu, diese Hunde sehen immer scheel. Ich sage ihrer Großheit, daß ich der Mannschaft von den Schelandien, welche lebendig geblieben ist, Befehl gegeben habe, daß sie sich auf eben dieselben Schelandien zurückziehen soll: ich habe sie nicht nach Balirmu zurückgeschickt, weil ich vorher die Befehle ihrer Großheit erwarte, ob sie wolle, daß ich alle Güter, welche gefunden worden sind, und gleichfalls auch die Sklaven nach Balirmu schicken soll. Indessen erwarte ich mit Verlangen die Befehle ihrer Großheit, damit ich wisse, was ich thun soll, und mit meinem Angesicht zur Erde küsse ich ihr die Hände, und unterschreibe mich also:

Der Emir Busa Ben Kagibis, durch Gottes Gnade, Knecht der Großheit des Emir Chbir Ahmed Ben Jaakob. Sarkusah den 25sten des Monats Edilkaban 265 Muhammeds."

Adrianus nihil jam dubitans ea de re, statim cum classe Constantinopolim rediit, supplexque in magnum templum confugit; neque tamen omnino eum ea supplicatio liberavit, sed avulsus templo solum exilii causa vertere coactus est. Georg. Cedren. Historiar. compend. Tom. 2. in Biblioth. Bizant. Basilio Imperante f. 585 et 586.

Einfacher ist die Erzählung des Zonaras. Nautis igitur his substructionibus occupatis ... classis otiosa fuit: qua de causa Agareni oram maritimam impune praedabantur. Neque vero illam duntaxat infestarunt, Imperatore nautas aedificatione defatigante ... tamen Syracusarum captivitate et eversione cognita, misit qui nefariis Agarenis resisterent. Joann. Zonar. Ann. Bibl. Biz. Tom. 2. Bas. Imp. l. 16. n. 10. fol. 172. col. 1.

567.

An ebendemselben Tag, den 29sten schickten wir einen Brief an den Emir Busa Ben Kagibis in die Stadt Sarkusah, welcher also lautete:

„Ahmed Ben Jaakob, durch Gottes Gnade, Groß-Emir von Sicilien, küßt dir drei Mal das Angesicht, und sagt dir, o Emir Busa Ben Kagibis, daß meine Großheit deinen Brief, geschrieben am 25sten des Monats Ebilkadan empfangen hat, welcher meinem Herzen eine Freudigkeit gegeben hat, die nicht ausgedrückt werden kann, da meine Großheit dein Papier gelesen, und in demselben gelesen hat, daß du dich mit so großer Tapferkeit von Sarkusah Meister gemacht hast. Indessen sagt dir meine Großheit, daß du die Schelandien nach Balirmu schicken sollst, und mit denselben sollst du zugleich das Gut schicken, das du im Namen meiner Großheit aufbewahrt hast, und sollst auch alle Sklaven schicken: nimm aber in Acht, daß die Sklaven zu Land geschickt werden müssen, und nicht zur See, und dieses soll zur Antwort geschehen, um unserem Mulei die Nachricht davon zu geben. Nach diesem küßt meine Großheit dir das Angesicht, und unterschreibt sich auf diese Weise:

Ahmed Ben Jaakob, durch Gottes Gnade, dein Herr, Emir Chbir von Sicilien. Jmedina Balirmu, den 29sten des Monats Ebilkadan 265 Muhammeds."

568.

Am 28sten des Monats Almohar 265 erhielten wir einen Brief aus Sarkusah, geschickt von dem Emir Busa Ben Kagibis, und er lautete also:

„Ahmed Ben Jaakob, durch Gottes Gnade, Emir Chbir von Sicilien, der Emir Busa Ben Kagibis mit der Stirne zur Erde küßt die Hände ihrer Großheit, und macht ihr bekannt, daß er zugleich mit diesem Brief achttausend Mann abgeschickt hat, unter dem Befehl des Kasem Ben Aali, um die Sklaven zu begleiten, welche er nach Balirmu schickte. Ich sage also ihrer Großheit:

Erstlich. Mit unsrer Mannschaft habe ich fünftausend Sklaven geschickt, alle mit den Eisen an den Füßen, und zugleich mit diesen Leuten habe ich den Patricius Julius geschickt, ich habe den Erzbischoff Sunfruniu *) zugleich mit seinen Priestern geschickt: den General Krisasiu habe ich nicht geschickt, und ich werde ihn schicken, wann er geheilt seyn wird.

Zweitens. Alle Weiber habe ich zugleich mit ihren Kindern auf den Schelandien geschickt, und an den einen und den andern sind es dreitausend, vierhundert und acht und dreißig.

Drittens. Die Sicilier, welche in Sarkusah wohnten, waren nur siebentausend, welche alle ins Gefängniß eingeschlossen sind, weil sie gegen uns gestritten haben; aber ich sage ihrer Großheit, daß man diesen Siciliern die Freiheit geben muß, denn, wenn sie dem feindlichen Volke nicht Unterstüzung gegeben hätten, so hätten die Feinde sie getödtet; daher haben sie ihnen vielmehr aus Zwang geholfen, deswegen muß man sie

---

*) Wir erfahren hiemit den Namen des Patriciers, Julius, der uns unbekannt war; den Namen des Erzbischoffs, Sofronius, hatte P. Gaetani durch eine glückliche Vermuthung herausgebracht in den Anmerkungen zu dem Brief Theodosius, des Mönchen, der oben mitgetheilt worden ist, den er in dem Werke: Vitae SS. Siculor. ans Licht gestellt hat. Den Namen Krisasius hatte uns die Chronik von Cambridze aufbehalten, woraus man aber nicht ersehen konnte, ob er General der Armee gewesen sey.

in ihre Häußer schicken: die Sicilischen Weiber und Kinder habe ich nicht in die Gefängniße sezen laßen, sondern ich habe sie in ihren Häußern gelaßen.

Viertens. Ihre Großheit soll von dem Befehlshaber der Schelandien neun Kisten voll goldenen Geldes empfangen, in jeder Kiste sind hundert und funfzigtausend Goldstücke; sie wird auch dreißig Kisten empfangen, und in jeder derselben wird sie sechzigtausend Stücke von Silber finden: sie wird funfzig Kisten voll Kupfergeld empfangen, welches nicht gezählt worden ist: sie wird zwölf Kisten empfangen, in welchen die goldenen und silbernen Sachen sind, welche die Frauen an sich zu thun pflegen: sie wird eine Schelandie finden, beladen mit Kupfergeräthe zum Tisch= und Küchengeräthe: andre Sachen habe ich nicht geschickt, weil unsre Leute sie genommen haben, und man muß ihnen dieselben nicht nehmen, indem sie sich dieselben mit großer Arbeit, und mit Lebensgefahr erworben haben.

Fünftens. Gegenwärtig laße ich die Zerstörungen wieder herstellen, die gemacht worden sind, und laße die Festung bauen, welches sehr nöthig ist. Die Stadt ist sehr schön, aber man muß die Volksmenge daselbst vergrößern, denn gegenwärtig ist sie sehr entvölkert. Indessen habe ich ihrer Großheit nichts mehr zu sagen, ich erwarte die Befehle in Ansehung dessen, was ich werde thun sollen, und mit meinem Kopf zur Erde küße ich ihr die Hände, und unterschreibe mich also:

Busa Ben Kagibis, durch Gottes Gnade, Emir, Knecht der Großheit des Emir Ehbir von Sicilien Ahmed Ben Jaakob. Stadt Sarkusah den 22sten des Monats Almohar 265 Muhammeds."

569.

Am 7ten des Monats Almoharoan 265 ward eine Schelandie nach Susa geschickt, mit einem Brief für unsern Mulei, welcher also lautete:

"Ebrahim Ben Muhammed Ben el Aalab, durch Gottes Gnade, sechster Mulei, der Emir Chbir von Sicilien Ahmed Ben Jaakob mit dem Angesicht zur Erde küßt die Hände ihrer Großheit, und macht ihr bekannt:

Erstlich. Am 29sten des Monats Edilkadan 265 schickte mir der Emir Busa Ben Kagibis einen Brief, gegeben am 25sten des Monats Edilkadan, in welchem er mir Nachricht gab, daß er am 21sten desselben Edilkadan bereits Meister der Stadt Sarkusah war, welche er mit höchster Tapferkeit eingenommen hat, wie ihre Großheit glauben kann.

Zweitens. Dieser tapfere Mann hat auf die Stadt Sarkusah, an verschiedenen Tagen drei Angriffe gethan, und in diesen drei Angriffen tödteten ihm die Feinde viele Mannschaft seiner Armee, nämlich sechstausend, neunhundert und elf Mann; von dem feindlichen Volk weiß man die Todten in diesen drei Angriffen nicht.

Drittens. Er hielt zwei Schlachten mit der von Krisasiu angeführten Armee; in der ersten von diesen Schlachten hat die Armee des Busa die des Krisasiu fast überwunden, aber Krisasiu floh mit seiner Armee in die Stadt Sarkusah; in der zweiten Schlacht aber gelang es dem Busa Ben Kagibis, den Sieg davon zu tragen: denn da Krisasiu zum zweiten Male mit seinen Leuten floh, so verfolgte ihn unsre Armee, und er gieng in die Stadt, und bemächtigte sich derselben, weil er von der Mannschaft der funfzig Schelandien Hülfe gehabt hat, welche ich geschickt habe, um von der Seeseite anzugreifen. Also sind in diesen zwei Schlachten von unserem Volke gestorben dreizehntausend, sechshundert und fünf und neunzig Mann: von den Feinden sind in den zwei erwähnten Schlachten gestorben siebenzehntausend, dreihundert und neunzehn Griechen, und andre tausend dreihundert und vierzehn derselben hatte der Emir Busa Ben Kagibis in einem unterirrdischen Ort sterben gemacht, indem er sie daselbst lebendig einschließen und dann die Thüre zumauren ließ, weil sie ihm eine Verrätherei anzettelten: also, daß die Todten des feindlichen Volks, die man hat zählen können, sich auf achtzehntausend, sechshundert und drei und dreißig belaufen, und die von unserem Volk in allem auf zwanzigtausend sechshundert und sechs. Noch kein Mal ist es geschehen, daß uns eine so große Anzahl Leute gestorben ist.

Viertens. Am 28sten des Monats Almohar sind die Sklaven in Balirmu angekommen, welche von Busa Ben Kagibis auf meinen Befehl geschickt worden sind, und es sind fünftausend Mann, und zugleich ist bei diesen Sklavenleuten der Patricier Julius, und der Erzbischof Sunfrunius; er hat mir Krisasiu nicht geschickt, weil er in der Schlacht den Schenkel gebrochen hatte, und jezt geheilt wird; so bold er genesen wird, wird er mir von Busa Ben Kagibis geschickt werden.

Fünftens. Zugleich mit den Schelandien schickte er mir dreitausend, vierhundert und acht und dreißig an Weibern und Kindern vom feindlichen Volk; er schickte mir neun Kisten, in deren jeder hundert und fünf und zwanzigtausend Stücke Goldmünzen verwahrt sind; er schickte mir dreißig Kisten, und in jeder von diesen habe ich sechzigtausend Stücke Silbermünzen gefunden; er schickte mir zwölf Kisten voll von dem Gold und Silber, das die Frauen an sich tragen; er schickte mir funfzig Kisten voll Kupfergeld; er schickte mir eine Schelandie beladen mit Kupfer zum Gebrauch des Tisches und der Küche, und drinn zu waschen, und alles gebraucht werden zu können; von den andern Sachen schickte er nichts, indem die Leute unserer Armee sie unter sich getheilt haben, samt allem dem, was sie nehmen konnten, und man hat sie ihnen nicht genommen, weil die Armen es sich durch ihre Strapazen gewonnen haben.

Sechstens. Ich sage ihrer Großheit, daß der Emir Busa Ben Kagibis alle Sicilier, welche in Sarkusah wohnen, zu Sklaven gemacht hat, weil sie dem feindlichen Volk Hülfe gegeben haben, und gegenwärtig sind sie in den Gefängnissen von Sarkusah eingeschlossen, und er hat sie mir nicht geschickt. Ich sage aber ihrer Großheit, daß diese Unglückliche den Feinden gezwungen Hülfe gegeben haben, denn, wenn sie ihnen dieselbe nicht gegeben hätten, so wären sie alle mit der Schärfe des Schwerdtes getödtet worden, und daher scheint es, daß die Unglücklichen keine Schuld haben, und man ihnen die Freiheit geben sollte, in ihre Häuser zu gehen; aber dieses wird geschehen, wann ihre Großheit es billigen wird. Ich sage ihrer Großheit, daß, als die Schelandien mit den Sklaven in Balirmu ankamen, sich in allem Volk eine sehr hohe Freude verbreitete, und überall hörte man Freudengeschrey, als wenn der Tag des Paschafestes gewesen wäre, so daß die ganze Stadt zufrieden war: alle Sklaven habe ich ins Gefängniß geschickt, mit den Eisen an den Füßen. Nach wenigen Tagen habe ich Befehl gegeben, daß der Patricier, der Erzbischof und seine Priester in meine Gegenwart gebracht werden sollten, um sie zu sehen: da sie sich vor meiner Person darstellten, und vor allen Leuten der zwei Rathsversammlungen, so warfen sie sich auf die Kniee. Ich habe zu ihnen gesagt: Stehet auf, denn ich bin nicht weder Gott, noch

Muhammed, welchen ihr andern immer
lästert, ob er schon ein so großer Prophet,
und ein so großer Freund Gottes ist. Sie
thaten den Mund nicht auf*); ich versezte wieder, und
fügte hinzu: So wahr ist es, daß von euch
nichts anderes geschieht, als meinen Grossen Propheten schmähen, daß ihr mir gar
nicht geantwortet habt. Alsdann redete der
Erzbischof des feindlichen Volks, und sagte zu mir:
Höre, o mein Großer Gebieter, wir lästern
Niemand, denn in unserem Gesez ist das
Schmähen Sünde. Ich habe ihm geantwortet:
Aber ihr glaubet nicht den Propheten, welche Gott in diese Welt geschickt hat. Er
antwortete mir: Höre, o mein Großer Gebieter, wir glauben allen heiligen Propheten,
welche Gott in diese Welt geschickt hat.
Alsdann erwiederte ich: Warum glaubet ihr
denn nicht, und verehret meinen Großen
Propheten Muhammed nicht? Und er antwortete: Höre, o mein Großer Gebieter, seine Großheit glaubt alles, was sie ihr Gesez lehrt, und ihr glaubet nicht einem andern, noch kennet ihr etwas anderes, noch
könnet ihr etwas andres kennen, denn,
wenn ihr dem glaubtet, was euer Gesez
euch nicht lehrt, so würdet ihr dafür halten, eine Sünde begangen zu haben: So
glauben wir Christen alles das, was unser
Gesez uns lehrt, und wir finden den Propheten

---

*) Dieser Unterredung erwähnt Theodosius, der Mönch, in dem oben mitgetheilten Brief.

pheten Muhammed nicht in unserem Gesez geschrieben, und deswegen kennen wir ihn nicht. Ich habe geantwortet: Höre, du weißt zu reden, ich habe nichts dir zu sagen. Ich habe Befehl gegeben, daß man sie ins Gefängniß bringen, aber daß man sie in den besten Plaz desjenigen Gefängnisses sezen sollte, wo die Sklaven hin gethan worden sind, welche in ihrem Lande von gutem Stande sind, und ich habe sie entlassen. Ich habe den Erzbischoff von Balirmu rufen lassen, zu welchem ich, so bald er kam, gesagt habe: Höre, o Erzbischoff, der Bischoff von Malta ist in die Gefängnisse deines Haußes gethan worden, nun ist der Patricier von Sarkusah gekommen, zugleich mit dem Erzbischoff und den Priestern von Sarkusah, ich habe sie ins Gefängniß mit denjenigen Großen sezen lassen, welche Sklaven sind, daher, um keinen Unterschied zu machen, muß man den Bischoff von Malta schicken, dem Erzbischoff von Sarkusah Gesellschaft zu leisten, indessen werde ich schicken ihn zu holen, um ihn zu den andern zu sezen, und du sollst nicht in das Gefängniß gehen, wenn du nicht vorher meine Erlaubniß nimmst; du kannst ihnen aber alles schicken, was du willst. Und ich habe ihn entlassen. Nach zwei Stunden haben sie mir gesagt, den Bischoff von Malta bereits zu dem Erzbischoff von Sarkusah gethan zu haben. Ich habe Befehl gegeben, daß man ihnen zu essen geben soll, wie man den Großen gibt, welche Sklaven sind. Ich sage ihrer Großheit, daß man nun die Leute auf einige Zeit ruhen lassen muß, bis daß die Jugend ein wenig wachse, denn es ist uns eine große Anzahl Leute gestorben. Indessen erwarte ich die Befehle ihrer Großheit, um sie zu vollziehen, und zu wissen, welches Geld ich für mich zurückbehalten soll, und was man dem Emir Busa Ben Kagibis geben soll. Ich habe ihrer Großheit nichts mehr zu sagen, mit meinem Angesicht zur Erde küsse ich ihr die Hände, und unterschreibe mich auf diese Weise:

Der Emir Chbir von Sicilien Ahmed Ben Jaakob, durch Gottes Gnade, Knecht der Großheit des Ebrahim Ben Muhammed Ben el Aalab; Sechster Mulei. Jmedina Balirmu, den 7ten des Monats Almoharoan 265 Muhammeds."

570.

Am 11ten des Monats Ausah 265 ist die Schelandle angekommen, welche wir am 7ten des Monats Almoharoan 265 nach Susa geschickt hatten, und sie brachte uns einen Brief unsers Mulei, welcher also lautete:

„Ebrahim Ben Muhammed Ben el Aalab, durch Gottes Gnade, Sechster Mulei, berührt dir den Kopf, und sagt dir, o Emir Chbir von Sicilien Ahmed Ben Jaakob, daß meine Großheit deinen Brief, gegeben am 7ten des Monats Almoharoan 265, empfangen hat, welcher meiner Großheit sehr hohen Trost gegeben hat, indem sie las, daß Busa Ben Kagibis mit so großer Tapferkeit die Stadt Sarkusah eingenommen hat, und indem sie die großen Reichthümer hörte, welche er dir nach Balirnu schickte. Meine Großheit billigt dir alles das, was du gethan hast, nach Maasgabe dessen, was du geschrieben hast. Meine Großheit sagt dir, nichts nach Susa schicken zu müssen, wenn nicht meine Großheit dir vorher den Befehl dazu geben wird. Meine Großheit gibt dir Nachricht, deine Kriegsflotte nach Susa zu schicken, weil meine Großheit nach Sicilien gehen will. Nach diesem hat sie nichts mehr dir

dir zu sagen; sie berührt dir den Kopf, und zeichnet sich also:

Ebrahim Ben Muhammed Ben el Aalab, durch Gottes Gnade, Sechster Mulei. Jmedina Kairuan, den 28sten des Monats Almoharoan 265 Muhammeds."

571.

Am 24sten Tag des Monats Ausah 265 schickten wir dreißig Schelandien nach Susa, mit welchen ein Brief für unsern Mulei geschickt wurde, welcher also lautete:

"Ebrahim Ben Muhammed Ben el Aalab, durch Gottes Gnade, Sechster Mulei, der Emir Chbir von Sicilien, Ahmed Ben Jaakob, mit dem Angesicht zur Erde küßt die Hände ihrer Großheit, und macht ihr bekannt, daß er den Brief, gegeben am 28sten des Monats Almoharoan 265, empfangen hat, in welchem ich die Befehle ihrer Großheit gelesen habe, daß sie die Kriegsflotte von Sicilien nach Susa geschickt haben will: ich habe sogleich funfzig *) Schelandien ausrüsten lassen, und habe sie nach Susa abgefertigt, mit welchen ich diesen Brief schicke. Ich erwarte indessen mit Verlangen ihre Großheit, um ihr die Hände zu küssen: ich habe nichts weiter zu sagen; mit meinem Angesicht zur Erde küsse ich die Hände ihrer Großheit, und unterschreibe mich also:

Der Emir Chbir von Sicilien Ahmed Ben Jaakob, durch Gottes Gnade, Knecht der Großheit des Mulei Ebrahim Ben Muhammed Ben el Aalab.

---

*) In der vorhergehenden Nachricht von diesem Briefe sind nur **dreißig** angegeben; funfzig ist wahrscheinlich richtiger. H.

Balirmu Hauptstadt, den 24sten des Monats Ausah 265 Muhammeds."

572.

Am 8ten Tag des Monats Rabialkem 265 erhielten wir einen Brief von Sarkusah, geschickt von dem Mulei, und zugleich mit dem des Mulei haben wir einen Brief des Emir Busa Ben Kagibis erhalten. Der Brief unsers Mulei lautete auf diese Weise:

„Ebrahim Ben Muhammed Ben el Aalab, durch Gottes Gnade, Sechster Mulei, berührt dir den Kopf, und sagt dir, o Emir Ehbir von Sicilien Ahmed Ben Jaakob, daß meine Großheit am 2ten des Monats Rabialkem in Sarkusah mit deiner Kriegsflotte angekommen ist, und gesehen hat, wie sehr schön diese Stadt ist, und wie schöne Felder umher sind. Meine Großheit hat dir vier Schelandien zugefertigt, um mit denselben meiner Großheit nach Sarkusah zu schicken: sieben Kisten von denen mit Goldmünze, fünf und zwanzig von denen mit Silbermünze, und zehn von denen, welche voll von den goldenen und silbernen Sachen sind, deren sich die Frauen bedienen. Das Kupfergeld, und die mit Kupfer beladene Schelandie, und das Uebrige der Kisten schenkt dir meine Großheit für die Kosten, die du bei der Einnahme der Stadt Sarkusah gemacht hast. Meine Großheit wird nicht nach Balirmu kommen, denn, wann die Schelandien mit denjenigen Sachen zurückkommen werden, welche zu schicken dir meine Großheit Befehl gegeben hat, so werde ich sogleich nach Kairuan zurückkehren. Nach diesem hat meine Großheit für jezt nichts weiter dir zu sagen; sie berührt dir den Kopf, und unterschreibt sich also:

Ebrahim Ben Muhammed Ben el Aalab, durch Gottes Gnade, Sechster Mulei. Stadt Sarkusah, den 4ten des Monats Rabialkem 265 Muhammeds."

573.

Der Brief, welchen uns der Emir Busa Ben Kagibis geschickt hat, lautete also:

„Ahmed Ben Jaakob, durch Gottes Gnade, Emir Chbir von Sicilien, der Emir Busa Ben Kagibis mit der Stirne zur Erde küßt die Hände ihrer Großheit, und macht ihr bekannt, daß unser Mulei mit der ganzen Kriegsflotte von Sicilien am 2ten Tag des Monats Rabialkem 265 zu Sarkusah angekommen ist; ich habe gesucht, ihm alle die Aufmerksamkeiten zu erweisen, welche ich gekonnt habe, aber ich habe mich von allen Sachen entblößt befunden; die Großheit des Mulei hat aber Mitleiden mit mir gehabt. Ich sage ihrer Großheit, daß unser Mulei allen den Siciliern, welche als Sklaven im Gefängniß waren, Freiheit gegeben, und sie in ihre Häußer geschickt hat, um bei ihren Weibern und Kindern zu seyn. Er hat Krisasiu gesehen, welcher beinahe geheilt ist, und hat zu ihm gesagt: **Höre, o Krisasiu, großer Hund, mache daß du genesest, denn meine Großheit wird dich deinem Kaiser schicken.** Ich sage ihrer Großheit, daß unser Mulei sonst nichts thut, als in der Stadt umher gehen, denn sie ist sehr schön; und auch die Felder besucht, und er hat mir gesagt, daß sie ihm sehr gefallen. Ich habe für jezt nichts weiter zu schreiben: mit meinem Angesicht zur Erde küsse ich die Hände ihrer Großheit, und zeichne mich also:

Der Emir Busa Ben Kagibis, durch Gottes Gnade, Knecht der Großheit des Emir Chbir Ahmed Ben Jaakob. Stadt Sarkusah, den 4ten des Monats Rabialkem 265 Muhammeds."

574.

Am 9ten des Monats Rabialkem 265 ward ein Brief an den Emir Busa Ben Kagibis geschickt, welcher also lautete:

„Ahmed Ben Jaakob, durch Gottes Gnade, Emir Chbir von Sicilien, küßt dir die Stirne, und sagt dir, o Emir Busa Ben Kagibis, daß sie deinen Brief empfangen hat . . . . unsers Mulei gegeben . . . . des Monats Rabialkem 265, in welchem sie die Ankunft unsers Mulei in Sarkusah gelesen hat: meine Großheit hat diesen Morgen die vier Schelandien abgeschickt, welche unser Mulei nach Balirmu geschickt hat, um ihm die Sachen zu schicken, welche er gefordert hat. Meine Großheit hat dir diese Nachricht gegeben, damit im Fall, daß die Schelandien . . . . in Sarkusah, ehe . . . . meine Großheit, du alle diese mit meinem Namen gesiegelte Kisten aus den Schelandien ausschiffen lassest. Meine Großheit fügt hinzu, unserem Mulei zu sagen, daß ich ihm nicht geschrieben habe, weil meine Person der Brief seyn wird, denn diesen Abend wird sie von Balirmu mit sechshundert Mann zu Pferd abreisen, und kommen, die Hände unsers . . . . zu küssen, nach diesem hat sie deiner Person nichts mehr zu sagen, meine Großheit küßt dir die Stirne, und unterschreibt sich auf diese Weise:

Ahmed Ben Jaakob, durch Gottes Gnade, Emir Chbir von Sicilien. Jmedina Balirmu, den 9ten des Monats Rabialkem 265 Muhammeds."

575.

Am 27sten Tag des Monats Dschamadilaud kamen die funfzig Schelandien in Balirmu an, welche unsern Mulei nach Tunes brachten, mit welchen unser Mulei uns einen Brief schickte, der also lautete:

„Ebrahim Ben Muhammed Ben el Aalab, berührt dir den Kopf, und meine Großheit sagt dir, o Emir Chbir von Sicilien, Ahmed Ben Jaakob, daß

am 10ten des Monats Dschamadilaud, zwei Tage nach
der Abreise von Sarkusah, sie nach Malta mit der
ganzen Kriegsflotte gekommen ist; sie hielt sich auf dieser Insel sechs Tage lang auf, und sie sah dieselbe,
und sie gefiel meiner Großheit sehr, denn die Stadt, die
Oerter und Häfen haben meiner Großheit sehr schön geschienen. Am 17ten desselben Dschamadilaud 265
reiste meine Großheit von Malta ab: am 19ten desselben Monats kam sie zu Tunis mit der ganzen Kriegsflotte an, und am 20sten schickt sie dir sie nach Balirmu
zurück; morgen wird meine Großheit sich auf den Weg
machen, nach Kairuan zu gehn. Meine Großheit hat
nichts mehr dir zu sagen; sie berührt dir den Kopf, und
zeichnet sich also:

Ebrahim Ben Muhammed Ben el Aalab, durch
Gottes Gnade, Sechster Mulei. Tunis, den 20sten
Dschamadilaud 265 Muhammeds."

576.

Am 3ten des Monats Reginab 265 haben wir
eine Schelandie nach Susa geschickt, mit einem Brief
für unsern Mulei, welcher also lautete:

„Ebrahim Ben Muhammed Ben el Aalab,
durch Gottes Gnade, Sechster Mulei, der Emir Chbir
von Sicilien Ahmed Ben Jaakob mit dem Angesicht
zur Erde küßt die Hände ihrer Großheit, und macht ihr
bekannt:

Erstlich. Daß ich den Brief ihrer Großheit
empfangen habe, geschrieben am 20sten des Monats
Dschamadilaud, in welchem ich die Ankunft gelesen habe,
welche ihre Großheit in Tunis gemacht hat, und ich
habe sehr hohen Trost davon gehabt.

Zweitens. Ich sage ihrer Großheit, daß ich
am 18ten des Monats Dschamadilaud von Sarkusah
abgereist, und in Balirmu am 22sten ebendesselben

Monats angekommen bin, und vor meiner Abreise von Sarkusah habe ich zehntausend Mann in dieser Stadt gelassen: Ich habe dem Emir Busa Ben Kagibis Befehl gegeben, daß er alle Felder an die Mannschaft vertheilen solle, die ich zurückgelassen habe, nämlich an diejenigen, welche noch keine Felder erhalten hatten, und habe Befehl gegeben, daß jeder von ihnen schickte, oder gienge, sein Weib und seine Kinder zu holen, und die andern habe ich in ihre Häußer geschickt, mit dem, was sie gewonnen haben, und sie sind alle reich, wie ihre Großheit es wohl weiß.

Drittens. Ihre Großheit . . . .
. . . . weil sie mir die andern hundert und funfzig tausend in diesem Jahr abgetreten hat . . . .
. . Nach diesem habe ich ihrer Großheit nichts mehr zu sagen, mit meinem Angesicht zur Erde küsse ich ihr die Hände, und unt' 'hreibe mich auf diese Weise:

Ahmed Ben Jaʼob; durch Gottes Gnade, Emir Chbir von Sicilien, Knecht der Großheit des Mulei. Imedina Balirmu, ven 3ten des Monats Reginab 265 Muhammeds."

577.

Am 11ten des Monats Schahaban 265 haben wir einen Brief unsers Mulei mit der Schelandie empfangen, welche aus Susa nach Balirmu zurückgekommen ist, und er lautete also:

„Ebrahim Ben Muhammed Ben el Aalab, durch Gottes Gnade, Sechster Mulei, berührt dir den Kopf, und meine Großheit sagt dir, o Emir Chbir von Sicilien Ahmed Ben Jaakob, daß sie deinen Brief empfangen hat, geschrieben am 3ten des Monats Reginab 265, und das Geld ist ihr überbracht worden, welches du ihr geschickt hast. Meine Großheit billigt dir alles das, was du in der Stadt Sarkusah vor deiner Abreise aus dieser Stadt gethan hast. Nach diesem hat meine Großheit nichts mehr dir zu sagen; sie berührt dir den Kopf, und unterschreibt sich auf diese Weise:

Ebrahim Ben Muhammed Ben el Aalab, durch Gottes Gnade, Sechster Mulei. Jmedina Kairuan, den 26sten des Monats Reginab 265 Muhammeds."

578.

Am 2ten des Monats Edilkaban 266 empfiengen wir einen Brief aus Sarkusah, geschickt von dem Mufty dieser Stadt, und er lautete also:

"Ahmed Ben Jaakob, durch Gottes Gnade, Emir Chbir von Sicilien, der Mufty Mustafà Ben Aabd Alrahman mit dem Angesicht zur Erde küßt die Hände ihrer Großheit, und macht ihr bekannt, daß am 27sten Tag des Monats Schawal 266 der Emir Busa Ben Kagibis gieng, den Hund Krisasiu im Gefängniß zu besuchen: während daß sie mit einander redeten, hat dieser dem armen Emir Busa Ben Kagibis unversehens einen Messerstich in den Bauch gegeben, welcher todt niederfiel. Sobald es mir von der Wache des Gefängnisses gemeldet wurde, bin ich in die Gefängnisse gegangen, und habe unsern armen Emir Busa Ben Kagibis hingestreckt todt auf der Erde gesehen, und der Hund Krisasiu stellte sich närrisch zu seyn. Ich habe nichts weiter befohlen, als ihm die Eisen an die Füße und Hände, und ein Eisen an den Hals thun lassen, womit er an die Mauer befestigt wurde, wie man einen Hund anbinden würde: das Volk wollte ihn umbringen, denn alle schrieen und sagten, daß dieser Hund ihren Vater getödtet hätte. Ich sagte alsdann zu ihnen: Höret, o meine Kinder, ich wollte euch ihn tödten lassen, aber was wird unser Gebieter, der Emir Chbir sagen? Wann der Emir Chbir mir

Befehl geben wird, ihn tödten zu lassen, so will ich ihn in eure Hände geben, um mit diesem Hund alles zu thun, was ihr wollen werdet. Und so sind sie beruhigt worden. Indessen erwarte ich die Befehle ihrer Großheit, um zu wissen, was ich vollziehen soll, und mit meinem Angesicht zur Erde küsse ich die Hände ihrer Großheit, und unterschreibe mich auf diese Weise:

Der Mufty Mustafà Ben Aabd Alrahman, durch Gottes Gnade, Knecht der Großheit des Emir Chbir Ahmed Ben Jaakob. Stadt Sarkusah den 27sten des Monats Schawal 266 Muhammeds."

579.

Am 5ten des Monats Ebilkaban 266 ward ein Brief nach Sarkusah geschickt, an den Mufty dieser Stadt, welcher also lautete:

„Ahmed Ben Jaakob, durch Gottes Gnade, Emir Chbir von Sicilien grüst dich sehr, und sagt dir, o Mufty Mustafà Ben Aabd Alrahman, daß meine Großheit deinen Brief empfangen hat, geschrieben am 27sten des Monats Schawal, den meine Großheit gelesen hat, und den Groß-Kadhy hat lesen lassen, welcher in Gegenwart des Raths gesagt hat, daß man diesem Hund von Menschen den Tod geben müsse, und man muß ihm einen solchen Tod geben, welcher der jämmerlichste sey, der möglich ist, und wie man nicht einem Hund geben würde. Also befiehlt dir meine Großheit, daß man diesen Hund Krisañu nehme, ihn mitten auf der Ebene der Stadt auf die Erde binden lasse, dann ihm einen Strick um den Hals mache, und ihn nach und nach erdrosseln lasse, damit er eine härtere Strafe leide; und dieses soll nicht an einem Tag geschehen, sondern vorher, ohne ihm zu sagen, daß er erdrosselt werden soll, muß man ihm wohl zu essen ge-

unter den Arabern.

ben; nachdem er wohl geessen und getrunken hat, mußt du ihn nehmen, und mitten auf die Ebene der Stadt bringen lassen, daselbst soll er auf die Erde niedergelegt angebunden, und ihm der Strick um den Hals gethan werden. Am ersten Tag mußt du ihm die Kehle ein wenig zuschnüren lassen, am zweiten Tag soll man den Strick ein wenig mehr anziehen, doch so viel, daß er an diesem Tag nicht sterben könne, und du sollst machen, daß man ihn so halb erdrosselt läßt, biß dieser Hund stirbt, und diese Gerechtigkeit soll in Gegenwart des ganzen Volks vollzogen werden.

Meine Großheit sagt dir, o Mufty, daß dir Muhammed Ben Saleiman diesen Brief geben wird, welchen meine Großheit zum Emir der Stadt Sarkusah erwählt hat, und so wirst du wissen, wem du gehorchen sollst: die Hinrichtung des Krisastu aber sollst du vollziehen lassen. Meine Großheit hat nichts mehr dir zu sagen; sie grüst dich sehr, und zeichnet sich also:

Ahmed Ben Jaakob, durch Gottes Gnade, Emir Chbir von Sicilien, dein Gebieter. Imedina Balirmu, den 5ten des Monats Edilkadan 266 Muhammeds."

580.

Am 26sten des Monats Edilkadan 266 ward uns ein Brief von Sarkusah gebracht, der uns von dem Emir dieser Stadt geschickt worden ist, und also lautete:

"Ahmed Ben Jaakob, durch Gottes Gnade, Emir Chbir von Sicilien, der Emir Muhammed Ben Saleiman mit dem Angesicht zur Erde küßt die Hände ihrer Großheit, und macht ihr bekannt, daß ich am 10ten Tag des Monats Edilkadan 266 in der Stadt Sarkusah ankam, ich habe dem Mufty den Brief ihrer Großheit gegeben, welcher, sobald er ihn gelesen hatte, mir die Regierung der Stadt übergeben hat; darnach hat er die Befehle ihrer Großheit vollzogen, und dem Hund von Krisafiu den Tod geben lassen, wie ihre Großheit in ihrem Brief geschrieben hat, und dieser Hund blieb lebend einen Tag, und eine Nacht, und einen andern Tag, also zwei Tage und eine Nacht, mit dem Strick am Hals halb erdrosselt, aber hernach fehlte ihm der Athem und er starb: da er gestorben war, ließ man ihn an eben demselben Ort in Gegenwart des ganzen Volks verbrennen, welches ein Geschrei vor Vergnügen erhob, und Beifall klatschte, daß man diese Gerechtigkeit an dem Hund Krisafiu gethan habe *).

Ich sage ihrer Großheit, daß der Leichnam des armen Emir Busa Ben Kagibis in der Moschee begraben worden ist, wo die große Kirche der Christen war: die Weiber und Kinder des unglücklichen Busa Ben Kagibis haben alle ihre Haabe zusammengebracht, und sind nach jener Imedina Balirmu abgereist. Ich habe ihrer Großheit nichts mehr zu sagen; mit meinem Angesicht zur Erde küsse ich ihr die Hände, und unterschreibe mich also:

Der Emir Muhammed Ben Salciman, durch Gottes Gnade, Knecht der Großheit des Emir Chbir von Sicilien. Stadt Sarkusah, den 22sten des Monats Ebilkaban 266 Muhammeds."

581.

Am 2ten des Monats Reginab 266 ward eine Schelandie nach Susa geschickt, mit einem Brief für unsern Mulei, welcher also lautete:

---

*) Sehr kurz geschieht dieser Hinrichtung in der Chronik von Cambridge also Erwähnung: Anno 6387, (879) occisus est Chrisaph. Chron. Cantabr. apud Caruf. dicto anno.

"Ebrahim Ben Muhammed Ben el Aalab, durch Gottes Gnade, Sechster Mulei, der Emir Chbir von Sicilien Ahmed Ben Jaakob mit dem Angesicht zur Erde küßt die Hände ihrer Großheit und macht ihr bekannt das, was folgt:

Erstlich. Ich melde ihrer Großheit, daß der Emir Busa Ben Kagibis oft gieng den Hund Krisasiu im Gefängnisse zu besuchen: eines Tags, welches der 27ste des Monats Schawal war, war dieser Emir ins Gefängniß gegangen, den Hund Krisasiu zu sehen; dieser gab dem armen Busa Ben Kagibis unversehens einen Messerstich in den Bauch, daß er todt niederfiel. Da mir der Mufty von Sarfusah dieses so gottlose Verbrechen geschrieben hat, so habe ich sogleich diesen Brief den Groß-Kadhy lesen lassen, welcher befahl, daß man dem Krisasiu den Tod geben sollte, wie man dem Christen gegeben hat, welcher unsern Propheten lästerte, da ihre Großheit in Balirmu war, und in der That ist eben dieser Tod diesem Hund Krisasiu am 22sten des Monats Edilkadan 266 gegeben worden, und nachdem er todt war, ist sein Körper verbrannt worden.

Zweitens. Ich sage ihrer Großheit, daß ich zum Emir von Sarkusah Muhammed Ben Saleiman erwählt habe, welcher ein Mann von sehr großer Tapferkeit ist.

Drittens. Zugleich . . . . ihre Großheit . . . . daß . . . . war . . . . nichts weiter ihrer Großheit zu sagen, mit meinem Angesicht zur . . . . die Hände, und zeichne mich also:

"Ahmed Ben Jaakob, durch Gottes Gnade, Emir Chbir von Sicilien, Knecht der Großheit des Mulei Ebrahim Ben Muhammed Ben el Aalab.

Jmedina Balirmu . . . . Reginab 266 Muhammeds."

582.

Am 16ten des Monats Reginab 266 haben wir eine Barke nach Susa geschickt, mit einem Brief für unsern Mulei, welcher also lautete:

"Ebrahim Ben Muhammed Ben el Aalab, durch Gottes Gnade, Sechster Mulei, der Groß-Musty von Balirmu, Oberhaupt des Raths von Sicilien, küßt zuvorderst mit dem Angesicht zur Erde die Hände ihrer Großheit.

Sodann schreibt er im Namen aller Leute des Raths diesen Brief an ihre Großheit, und meldet ihr, daß am 16ten Tag des Monats Reginab der Emir Chbir Ahmed Ben Jaakob in seinem Bette todt gefunden worden ist. Da ich diese Nachricht erhalten habe, bin ich vereint mit den Leuten des Rathes in das Hauß innerhalb des Landes gegangen, wo der Emir Chbir war; man hat aufmerksam eine Untersuchung über den Körper des unglücklichen Emir Chbir angestellt, wir haben ihn von den Aerzten beobachten lassen, welche gesagt haben, daß es ein von Gott unversehens geschickter Tod gewesen ist. Diese Sache hat allen misfallen, denn den Tag vorher hatte er gar kein Uebel. Morgen werde ich ihn in der Moschee des Haußes im Lande beerdigen lassen. Gegenwärtig regiert der Rath, biß ihre Großheit den neuen Groß-Emir schickt. Ich habe ihrer Großheit nichts mehr zu sagen, mit meinem Angesicht zur Erde küsse ich ihr die Hände, und dasselbe thun alle Leute des Raths, und ich unterschreibe mich also:

Der Groß-Musty, durch Gottes Gnade, Knecht der Großheit des Mulei Ebrahim Ben Muhammed Ben el Aalab. Jmedina Balirmu den 16ten des Monats Reginab 266 Muhammeds."

unter den Arabern. 271

583.

Am 28sten des Monats Reginab 266 ist eine Barke von Susa gekommen, und hat einen Brief gebracht, geschickt von unserm neuen Mulei, welcher also lautete:

„Ebrahim Ben Ahmed Ben Ebrahim Ben el Aalab, durch Gottes Gnade, Siebenter Mulei *) berührt

---

*) Abilfeba bemerkte den Unterschied der Personen unter Ebrahim Ben Muhammed, Sechsten Mulei, und Ebrahim Ben Ahmed, nicht, und deswegen verlängert er die Regierung des Ebrahim Ben Muhammed auf fünf und zwanzig Jahre, nämlich bis auf 287, da doch dieses unter dem Nachfolger Ebrahim Ben Ahmed, Siebenten Mulei, war, von dem er hernach im Jahr 263 Erwähnung thut, wann er von Rakab spricht. Er vereinigt also die Nachrichten von den Kriegen und Siegen der Armeen beider Mulei, des Sechsten und des Siebenten, und von ihrer Ankunft auf Sicilien, und macht eine einzige Person aus ihnen: qui (Hibraimus) deinde facto in Siciliam trajectu tot insignes extorsit Christianis urbes, et victorias fortiter, et ut par est pro ampliandis Ismaelismi pomoeriis pugnans, donec tandem in ista insula abreptus est intestinorum profluvio . . . . . lauter Sachen, die Ibrahim Ben Ahmed, dem Neffen geschehen sind. Es war leicht zu bemerken, daß, wenn der Anfang der Regierung des Ibrahim Ben Muhammed angemerkt worden war, und man seinen Tod biß in das Jahr 287 verschob, es nicht fünf und zwanzig, sondern ungefähr sieben und zwanzig Jahre wären. Gleichwol hatte er den Nachfolger Ebrahim Ben Ahmed, Mulei den Siebenten, unter Augen gehabt; so gar thut er seiner Erwähnung, als dessen, der die Erbauung der Stadt Rakad im Jahr 264 vollendete. Hoc anno imponebat Libyæ Dominus filius Ahmedi filii Muhammadi 'l Aglabita coronidem urbi Raccadæ, quam condere

dir den Kopf, grüſt dich, und meine Großheit ſagt dir, o Emir Chbir von Sicilien Ahmed Ben Jaakob, daß du bei Leſung dieſes Briefes wiſſen wirſt, wer dein neuer Gebieter iſt. Meine Großheit hat nichts mehr dir zu ſagen; ſie berührt dir den Kopf, und unterſchreibt ſich alſo:

Ebrahim Ben Ahmed Ben Ebrahim Ben el Aalab, durch Gottes Gnade, Siebenter Mulei. Jmedina Kairuan, den 14ten des Monats Reginab 266 Muhammeds."

584.

Am 26ſten des Monats Schahaban kamen drei Schelandien von Suſa, mit einem Brief unſers Mulei, welcher alſo lautete:

„Ebrahim Ben Ahmed Ben Ebrahim Ben el Aalab, durch Gottes Gnade, Siebenter Mulei, berührt deinen Kopf, und den aller Leute vom Rath, und ſagt dir, o Groß-Mufty, daß meine Großheit deinen Brief, geſchrieben am 16ten des Monats Reginab 266, bezeichnet mit dem Namen des verſtorbenen Mulei, meines Oheim Ebrahim Ben Muhammed erhalten hat, in welchem ſie den Tod des armen Groß-Emirs von Sicilien Ahmed Ben Jaakob geleſen hat: alſo ſind in Einem Monat geſtorben der Mulei, und der Groß-Emir: der Mulei war nicht alt, der Arme, denn man kann einen Mann von ſechzig Jahren nicht alt nennen, aber der Emir Chbir von Sicilien war ſehr alt, denn ein Mann von ſieben und achtzig Jahren heißt alt, und daher
lebte

---

jam anno 262 coeperat, eoque ſedem ſuam e Cyrenis transtulit. Abilfeda Ann. Moslem. Tom. I. fol. 214.

lebte er genug. Meine Großheit sagt dir, o Groß-
Mufty, daß dieser Brief dir von Alhasan Ben el Aab-
bas überbracht werden wird, welcher der neue Groß-
Emir von Sicilien ist: er wird dir einen Beutel übergeben, in welchem du ein mit meinem Namen bezeich-
netes Papier finden wirst, welches du von dem Groß-
Kadhy in Gegenwart der zwei Rathsversammlungen
lesen lassen mußt, damit sie wissen, wer ihr neuer Emir
Chbir sey, und welchem Oberherrn sie gehorchen sollen.
Nach diesem sollen die Leute vom Rath ihn dem Volk
vorstellen, damit es wisse, wer sein neuer Gebieter sey.
Indessen hat meine Großheit für jezt dir nichts mehr
zu sagen; sie berührt deinen Kopf, und den aller Leute
des Raths, und zeichnet sich auf diese Weise:

Ebrahim Ben Ahmed Ben Ebrahim Ben el Aalab, durch Gottes Gnade, Siebenter Mulei. Imedina
Kairuan, den 8ten des Monats Schahaban 266 Muhammeds."

585.

Am 2ten des Monats Mars 267 ward eine Barke
nach Susa geschickt, mit einem Brief für unsern Mulei,
welcher also lautete:

„Ebrahim Ben Ahmed Ben Ebrahim Ben el
Aalab durch Gottes Gnade, Mulei, mit dem Angesicht zur Erde der Emir Chbir von Sicilien Alhasan *)

---

*) Abilfeda erwähnt dieses Groß-Emirs im Jahr 267
(880) Hoc etiam (anno) capessebat Siciliae imperium al
Hasanus al Abbasi filius, turmisque quaquaversum in
Christianos dimissis praedam agebat.

Der Abbé Vella hat eine Silbermünze von Alhasan
Ben el Aabbas, welche in der Aufschrift von einer andern, die
man vom Jahr 271 hat, verschieden ist.

Ben el Aabbas küßt die Hände ihrer Großheit, und macht ihr bekannt, daß ich am 26ten des Monats Schahaban mit den drei Schelandien in Balirmu ankam, und dem Groß-Mufty den Beutel übergab: er ließ das Papier ihrer Großheit von dem Groß-Kadhy in Gegenwart der Leute der zwei Rathsversammlungen lesen, welche kamen, mir beizustehen, als ich ans Land trat, und mich dann biß an das Hauß innen im Lande begleiteten, wo sie mir Besiz gaben, und mich dann dem Volk vorstellten, welches überall Zeichen von Freude machte. Ich sage ihrer Großheit, daß die Weiber und Kinder des verstorbenen Emir nicht mehr in Balirmu bleiben wollen; ich habe das Gold, Silber, und alles ihr anderes Geräthe zusammenbringen, und habe sie auf die Schelandien einschiffen lassen, welche mich nach Balirmu gebracht haben. Sie verkauften mir das Hauß vom Süßen Meer mit dem ganzen Garten um zehntausend Krus, sie in Zeit von einem Jahr zu bezahlen, weil ich sie gegenwärtig nicht habe: ich habe aber versprochen, daß ich sie ihnen zugleich mit dem Geld schicken werde, welches ich ihrer Großheit werde schicken müssen. Ich sage ihrer Großheit, daß diese

---

Diese Münze hat auf der rechten Seite zur Umschrifft die Worte:

Gott (ist) einzig ewig, er zeugt weder, noch wird er gezeugt.

In der Mitte:

Es ist kein Gott außer Gott, Muhammed (ist) der Gesandte Gottes.

In der Umschrifft der Kehrseite:

Al Hasan Ben el Aabbas Emir Ehbir.

In der Mitte:

Sicilien. Zu Palermo im Jahr 270.

unter den Arabern.

Leute eine große Summe Geldes haben, und deswegen wird sie dieselben es auf Erkaufung von Feldern verwenden lassen, damit sie nicht das Geld verzehren, und hernach mit nichts bleiben. Ich habe ihrer Großheit nichts weiter zu sagen, weil ich noch nichts von den Sachen Siciliens weiß; mit meinem Angesicht zur Erde küsse ich die Hände ihrer Großheit, und unterschreibe mich also:

Der Emir Chbir von Sicilien Alhasan Ben el Aabbas, durch Gottes Gnade, Knecht der Großheit des Mulei Ebrahim Ben Ahmed Ben Ebrahim Ben el Aalab. Imedina Balirmu, den 2ten des Monats Mars 267 Muhammeds."

586.

Am 6ten des Monats Reginab 267 ward eine Barke nach Eusa geschickt, mit einem Brief für unsern Mulei, welcher also lautete:

„Ebrahim Ben Ahmed Ben Ebrahim Ben el Aalab, durch Gottes Gnade, Siebenter Mulei, der Emir Chbir von Sicilien Alhasan Ben el Aabbas mit dem Angesicht zur Erde küßt die Hände ihrer Großheit, und macht ihr bekannt, daß sie zugleich mit diesem Brief dreihundert tausend Krus empfangen soll, welche in drei mit meinem Namen versiegelten Kisten gethan sind, und dieses Geld ist dasjenige, welches ich ihrer Großheit alle Jahre zu bezahlen schuldig bin. Ich sage ihrer Großheit, daß ich auf das neue Jahr die Schelandien ausschicken werde, um zu sehen, ob sie etwas Gutes thun können, ohne Mannschaft sterben zu machen. Ich habe ihrer Großheit nichts mehr zu sagen: mit meinem Angesichte zur Erde küsse ich ihr die Hände, und unterschreibe mich auf diese Weise:

Der Emir Chbir von Sicilien Alhasan Ben el Aabbas, durch Gottes Gnade, Knecht der Großheit des Ebrahim Ben Ahmed Ben Ebrahim Ben el

Aalab, Siebenter Mulei. Imedina Balirmu, den 6ten des Monats Reginab 267 Muhammeds."

587.

Am 18ten Tag des Monats Schahaban 267 kam die Barke zurück, welche am 6ten des Monats Reginab 267 nach Susa geschickt worden war, und sie brachte uns einen Brief unsers Mulei, welcher also lautete:

"Ebrahim Ben Ahmed Ben Ebrahim Ben el Aalab, durch Gottes Gnade, Siebenter Mulei, berührt dir den Kopf, und meine Großheit sagt dir, o Emir Chbir von Sicilien Alhasan Ben el Aabbas, daß sie deinen Brief, geschrieben am 6ten des Monats Reginab 267, empfangen hat, in welchem meine Großheit gelesen hat, daß du auf das neue Jahr einen Kriegszug von Schelanbien machen willst, um zu sehen, ob sie dir einige Beute bringen können: meine Großheit antwortet dir, daß du sehr wohl thun wirst. Meine Großheit sagt dir, daß sie das Geld empfangen hat, welches du jährlich zu bezahlen schuldig bist. Nach diesem hat meine Großheit nichts mehr dir zu sagen; sie berührt dir den Kopf, und zeichnet sich also:

Ebrahim Ben Ahmed Ben Ebrahim Ben el Aalab, durch Gottes Gnade, Siebenter Mulei. Imedina Kairuan, den 29sten des Monats Reginab 267 Muhammeds."

588.

Am 2ten Tag des Monats Reginab 268 ward eine Schelanbie nach Susa geschickt, mit einem Brief für unsern Mulei, welcher also lautete:

"Ebrahim Ben Ahmed Ben el Aalab, durch Gottes Gnade, Siebenter Mulei, der Emir Chbir von Sicilien Alhasan Ben el Aabbas mit dem Angesicht zur

Erde küßt die Hände ihrer Großheit, und macht ihr bekannt, daß ich im Monat Mars 268 zehn Schelandien und funfzehn Schiffe habe auslaufen lassen: sie begegneten der Kriegsflotte des feindlichen Volks, welche acht Schiffe von den unsrigen und sechs Schelandien genommen hat; *) die, welche fliehen konnten, kamen nach Balirmu. Sobald ich diese so unangenehme Nachricht gehört habe, habe ich vierzig Schelandien ausgerüstet, auf deren jede ich zweihundert und funfzig Mann einzuschiffen befohlen habe; ich habe befohlen, daß überdieß zwanzig Schiffe ausgerüstet werden sollten, und auf jedes derselben habe ich hundert Mann einschiffen lassen, und ich habe sie auslaufen lassen. Am 19ten des Monats Dschamadilaud kamen diese Schiffe nach Balirmu zurück; und sie haben elf Schelandien gebracht, welche dem feindlichen Volk gehörten; denn am 6ten des Monats Dschamadilaud begegnete unsere Kriegsflotte der des feindlichen Volks: sie haben eine Schlacht angefangen, und unsere Kriegsflotte blieb siegreich, denn die der Feinde war von dreißig Schelandien, die unsrige hat davon elf zu Sklaven gemacht, und hat deren nicht mehr genommen, weil die übrigen geflohen sind, und sich in die Küste von Katine gerettet haben. Ich sage ihrer Großheit, daß auf den Schelandien, welche unsere Kriegsflotte weggenommen hat, sich fast nichts an Geräthe gefunden hat, das wenige, was darauf war, hat die Mannschaft unserer Kriegsflotte genommen. Die

---

*) Es wird nicht gesagt, wo diese Schiffe verloren worden seyn, und obschon die Chronik von Cambridge davon Erwähnung thut: anno 6388 (380) ceperunt Romæi naves Moslemiorum in loco cui nomen Alidah. Chron. Cantabr. d. ann. ap. Caruf; so bleibt es doch immer dunkel, was für ein Ort unter diesem Alidah zu verstehen sey.

Feinde, welche von den unsrigen zu Sklaven gemacht worden sind, waren an der Zahl siebenhundert, von unserer Mannschaft sind ein und vierzig gestorben; die des feindlichen Volks wissen wir nicht; die Flotte ist gegenwärtig zu Balirmu entwafnet, und auf das neue Jahr werde ich sie wieder auslaufen lassen. Ich stelle ihrer Großheit vor, daß man eine Armee ins Feld stellen muß, um auf die Eroberung der Stadt Katine auszugehen, und so das feindliche Volk des Vortheils zu berauben, so wohl in diese Stadt, als an diese Küste sich flüchten zu können, daher erwarte ich die Befehle ihrer Großheit. Ich sage ihrer Großheit, daß sie mit diesem Brief das Geld empfangen soll, welches ich jährlich zu bezahlen schuldig bin, das ihre Großheit in drei mit meinem Namen versiegelten Kisten finden wird. Ich melde ihrer Großheit, daß der Emir der Stadt Giargenta Aabd Allah Ben Aabeikum gestorben ist, und ich habe an seine Stelle den Aali Ben Safian gemacht, einen Mann von Tapferkeit und von vielem Verstand. Nach diesem habe ich ihrer Großheit nichts mehr zu sagen; mit meinem Angesicht zur Erde küsse ich ihrer Großheit die Hände, und unterschreibe mich also:

Der Emir Ehbir von Sicilien Alhasan Ben el Aabbas, durch Gottes Gnade, Knecht der Großheit des Ebrahim Ben Ahmed Ben Ebrahim Ben el Aalab, Siebenter Mulei. Imedina Balirmu, den 2ten des Monats Reginab 268 Muhammeds."

589.

Am 14ten des Monats Schahaban 268 kam die Barke zurück, welche wir am 2ten des Monats Reginab 268 nach Susa geschickt hatten, und sie brachte uns einen Brief unsers Mulei, welcher also lautete:

"Ebrahim Ben Ahmed Ben Ebrahim Ben el Aalab, durch Gottes Gnade, Siebenter Mulei: o

Emir Chbir von Sicilien, Alhasan Ben el Aabbas, meine Großheit berührt dir den Kopf, und sagt dir, daß sie deinen Brief empfangen hat, geschrieben am 2ten des Monats Reginab 268, und . . . . . .
. . . . jener . . . . .
. . . . meiner Großheit, weil
. . . . also . . .
. . . .

Meine Großheit hat gelesen, daß deine Kriegsflotte elf Schelandien des . . . . weggenommen hat, und sie hat auch gelesen, daß dir zuerst die Feinde acht Schelandien, und sechs Schiffe weggenommen hatten, daß du also dich wegen des Verlustes noch nicht erholet hast, den du an unsern Schiffen gelitten hast. Meine Großheit hat gelesen, daß du eine Armee zu bilden gedenkest, um auf die Eroberung der Stadt Katine auszuziehen. Meine Großheit antwortet dir, daß man ein wenig Zeit vorübergehen lassen muß, und hernach wird man denken, diese Stadt anzugreiffen. Nach diesem hat meine Großheit nichts weiter dir zu sagen, sie berührt dir den Kopf, und zeichnet sich also:

Ebrahim Ben Ahmed Ben Ebrahim Ben el Aalab, durch Gottes Gnade, Siebenter Mulei. In Medina Kairuan, den 26sten des Monats Reginab 268 Muhammeds."

590.

Am 28sten des Monats Schahaban 268 haben wir einen Brief von Kassarjanah empfangen, geschickt von dem Emir dieser Stadt, und er lautete also:

„Emir Chbir Alhasan Ben el Aabbas, der Emir Schibet Ben Aali mit der Stirne zur Erde küßt die Hände ihrer Großheit, und macht ihr bekannt, daß eine große Menge Volks zur Verstärkung nach der

Stadt Tauramanah gegangen ist, und ich besorge, daß dieses Volk eine große Armee bilden, und hernach kommen möchte, die Stadt Kassarjanah anzugreiffen. Ich habe nicht Mannschaft genug, um mich zu vertheidigen: daher bitte ich ihre Großheit, die schicklichsten Maasregeln zu geben, denn die Mannschaft, welche nach Tauramanah zur Verstärkung gegangen ist, ist sehr zahlreich. Ich erwarte mit Begierde die Befehle ihrer Großheit, und mit meinem Kopf zur Erde küsse ich die Hände ihrer Großheit, und unterschreibe mich auf diese Weise:

Der Emir Schibet Ben Aali, durch Gottes Gnade, Knecht der Großheit des Emir Chbir Alhasan Ben el Aabbas. Stadt Kassarjanah, den 17ten des Monats Schahaban 268 Muhammeds."

591.

Am 21sten des Monats Schahaban 268 ward eine Barke nach Susa geschickt, mit einem Brief für unsern Mulei, welcher also lautete:

„Ebrahim Ben Ahmed Ben Ebrahim Ben el Aalab, durch Gottes Gnade, Siebenter Mulei, der Emir Chbir von Sicilien mit dem Angesicht zur Erde küßt ihr die Hände, und macht ihrer Großheit bekannt, daß am 20sten des Monats Schahaban 268 der Emir Schibet Ben Aali mir einen Brief aus der Stadt Kassarjanah geschickt hat, worin er mir sagt, daß eine sehr große Menge Volks zur Verstärkung nach der Stadt Tauramanah gegangen sey; daher sage ich ihrer Großheit, daß man eine Armee schicken muß, um dem feindlichen Volk die Stirne zu bieten: es werden von unserer Mannschaft sterben, aber es werden auch von dem feindlichen Volk sterben; und deswegen denke ich mit Eilfertigkeit eine Armee ausziehen zu lassen, zu deren Anführung ich den Emir Schibet Ben Aali bestimmen

werde, als einen jener Gegenden kundigen Mann.
Hierüber erwarte ich nicht die Befehle von ihrer Großheit,
um keine Zeit zu verlieren, da sich der Fall geben könnte, daß jenes feindliche Volk gienge, die Stadt Kaf-
farjanah anzugreiffen, und sich ihrer bemächtigte, die
unserem armen Volke so viel Blut gekostet hat. Ich
habe nichts mehr zu sagen, mit meinem Angesicht zur
Erde küsse ich die Hände ihrer Großheit, und unterschreibe mich auf diese Weise:

Der Emir Chbir von Sicilien Alhasan Ben el
Aabbas, durch Gottes Gnade, Knecht der Großheit
des Ebrahim Ben Ahmed Ben Ebrahim Ben el Aalab,
Siebenter Mulei. Imedina Balirmu, den 21sten
des Monats Schahaban 268 Muhammeds."

592.

Am ersten Tage des Monats Mars 269 ward
ein Brief an den Emir Schibet Ben Aali in die Stadt
Kassarjanah geschickt, welcher also lautete:

„Der Emir Chbir Alhasan Ben el Aabbas küßt
dir die Stirne, und sagt dir, o Emir Schibet Ben
Aali, daß meine Großheit deinen Brief empfangen hat,
geschrieben am 17ten des Monats Schahaban, und sie
hat ihn in Gegenwart des Raths lesen lassen, und wir
haben gedacht, dir zehntausend Mann zu schicken, und
mit andern zehntausend, welche deine Person wird ins
Feld stellen können, sind es zwanzigtausend, mit welchen du dich wohl wirst vertheidigen können. Meine
Großheit sagt dir, daß du auf den Monat Rabialkem
269 gehen mußt, um zu sehen, ob du der Mannschaffe
von Tauramanah eine Schlacht wirst liefern, und wenigstens einen Theil dieses feindlichen Volks wirst vertilgen können. Meine Großheit sagt dir nicht, vorher
auszuziehen, damit nicht die Aerndte jener Felder verloren werde, aber wenn die Aerndten geschehen seyn

werden, so sollst du ausziehen, und mir Proben deiner Tapferkeit geben. Meine Großheit meldet dir, daß sie dir zugleich mit diesem Brief die zehentausend Mann zugeschickt hat. Sie hat nichts mehr dir zu sagen, küßt dir die Stirne, und unterschreibt sich also:

„Alhasan Ben el Aabbas, durch Gottes Gnade, Emir Chbir von Sicilien, dein Herr. Imedina Balirmu, den 1ten des Monats Mars 269 Muhammeds."

593.

Am 20sten des Monats Mars 269 kam die Barke an, welche am 21sten Tag des Monats Schahaban 268 nach Susa geschickt worden war, und sie brachte uns einen Brief unsers Mulei, welcher also lautete:

„Ebrahim Ben Ahmed Ben Ebrahim Ben el Aalab, durch Gottes Gnade, Siebenter Mulei, berührt dir den Kopf, und meine Großheit sagt dir, o Emir Chbir von Sicilien, Alhasan Ben el Aabbas, daß sie deinen Brief, geschrieben am 21sten des Monats Schahaban 268, erhalten hat, in welchem meine Großheit die Nachricht gelesen hat, welche dir der Emir der Stadt Kassarjanah gegeben hat. Hierüber sagt dir meine Großheit, daß . . . . eine Armee zu schicken, um zu tödten ein wenig . . . . feindlicher . . . . biese . . . . Großheit hat nicht . . . . und unterschreibt sich also:

Ebrahim Ben Ahmed Ben Ebrahim Ben el Aalab, durch Gottes Gnade, Siebenter Mulei. Imedina Kairuan, den 4ten des Monats Mars 269 Muhammeds."

594.

Am 8ten des Monats Dschamabilaud 269 haben wir einen Brief von Kaſſarjanah empfangen, geſchickt von Schibet Ben Aali, welcher alſo lautete:

„Alhaſan Ben el Aabbas, durch Gottes Gnade, Emir Chbir von Sicilien, der Emir Schibet Ben Aali mit dem Angeſicht zur Erde küßt die Hände ihrer Großheit, und macht ihr bekannt, daß ich am 5ten Tag des Monats Mars 269 den Brief ihrer Großheit erhielt . . . . 269, und zugleich mit demſelben kamen zehentauſend Mann an. Als ich las . . . . habe ich ohne Eile angefangen, mich zu rüſten, und als der Monat Rabialkem kam, hatte ich bereits andere funfzehntauſend Mann fertig, und am 13ten Tag des erwähnten Monats Rabialkem . . . . von Kaſſarjanah mit einer Armee von fünf und zwanzigtauſend Mann. Den 15ten deſſelben Monats kam ich zwei Stunden vor Untergang der Sonne in der Stadt Taſſa an, wir zogen in die Stadt, und haben uns gelagert, und wir verweilten zwei Tage in dieſer Stadt. Am 18ten deſſelben . . . . zog ich von Taſſa mit meiner ganzen Mannſchaft ab, vor Untergang der Sonne fanden wir uns zwei Stunden Wegs weit von der Stadt Tauramanah . . . . dieſe Nacht. Am 19ten machten wir uns auf den Weg, um zu der Stadt hinauf zu ziehen, und da wir bemerkt hatten, daß eine große Menge Bögen da war, über welche das Waſſer kam, um in die Stadt Tauramanah zu gehen, ... Befehl, daß alle dieſe Bögen zerſtört werden ſollten, damit nicht könnte . . . . Waſſer nach Tauramanah . . . . fünf Tage diese Arbeit zu thun, den Weg dieser Wasser *) zu verderben, denn sie war sehr lang, und konnte nicht in einem Tag mit der ganzen Mannschaft der Armee gemacht werden. Die Leute von Tauramanah merkten, daß wir ihnen den Lauf der Wasser verderbt hatten, indem keines mehr in die Stadt kam: verzweifelt über diese Sache haben sie eine große Armee gerüstet, und am 26sten haben wir von Tauramanah eine Armee herabmarschiren sehen, welche gegen uns kam. Wir blieben an eben dem Ort, wo wir gelagert waren, und erwarteten die Feinde, welche endlich vom Berg herabkamen, und wir haben uns angegriffen; man stand mit den Waffen in der Hand immer fechtend bis eine Stunde nach Untergang der Sonne; das feindliche Volk gieng den Berg hinauf, und zog sich in seine Stadt zurück: wir, ohne uns von diesem Ort zu bewegen, lagerten uns; ich habe Befehl gegeben, daß die Leute der Armee alles nehmen sollten, was sie wollten, aber vor Müdigkeit aßen kaum einige, und diese Nacht gieng vorüber. Beim Anbruch des Tags, den 27sten desselben Monats, kam die Armee des feindlichen Volks wieder herab gegen den Ort, wo die erste Schlacht geliefert worden war; wir haben gestritten, und während daß man stritt, habe ich gesehen, daß die Feinde sich zurückzogen: wir haben sie auf ein wenig verfolgt, und auf dem Weg, den man machte, haben wir den General des feindlichen Volks wie todt auf die Erde geworfen

---

*) Von dieser großen Wasserleitung sind noch Ueberbleibsel vorhanden, und Spuren. Der Fürst von Biscari hatte die Absicht, in seinen berühmten Werken über die Alterthümer Bericht davon zu geben: sein Sohn, der jetzige Fürst von Biscari, der eben diese Neigung seines berühmten Vaters hat, wird uns diese Nachricht ergänzen.

angetroffen *): ich habe ihn sogleich von dem Ort aufheben, und in eine gute Lage thun lassen; wir zogen uns an den Ort zurück, wo wir gelagert waren, und brachten mit uns nach und nach Barsas, General des feindlichen Volks. Da wir angekommen und gelagert waren, habe ich Befehl gegeben, daß man eine Menge Windkraut sammelte, und habe es stoßen lassen; darauf ließ ich den Barsas nackend ausziehen, und ihn mit diesem gestoßenen Windkraut wohl bedecken, und nach wenigen Stunden besserte er sich von der Betäubung; denn sein Kopf war ganz gequetscht, und auch sein Körper. Ich habe unserer Mannschaft Befehl gegeben, daß sie ihn wohl bewachten, und daß man ihm nichts fehlen lassen sollte. Diese Nacht gieng vorüber, und da es Tag war, am 28sten des erwähnten Rabialkem habe ich unsre arme Mannschaft beerdigen lassen, welche in der zweiten Schlacht gestorben war. Die Mannschaft, welche uns in der ersten Schlacht gestorben ist, habe ich nicht zählen lassen, um die Leute nicht muthlos zu machen, und ich habe auch diejenigen nicht gezählt, welche uns in der zweiten Schlacht gestorben sind; ich habe aber befohlen, daß eine Zählung der Lebenden gemacht werden sollte, und man fand, daß es neunzehntausend vierhundert und sechzig waren: daß also von unserem armen Volk gestorben waren fünftausend fünfhundert und vierzig; von dem feindlichen Volk starben sechstausend und siebenzehn Mann, welche geplündert wurden, und die Sachen, welche sie an sich hatten,

---

*) Barsas, oder Versa ward im ersten Treffen zurückgetrieben, und im zweiten gefangen genommen. Die Chronik von Cambridge thut der ersten Schlacht Erwähnung, aber nicht der zweiten, auch nicht des Todes des Feldherrn. Anno 8389. (881.) fugatus est Bersas in Tabermin. Chron. Cantab. ap. Carul d. a.

nahmen die Unsrigen für sich. Die Körper der todten Feinde habe ich nicht verbrennen lassen, sondern ich habe sie liegen lassen, damit sie stünken, und mit dem Gestank werden sie vielleicht die Leute von Tauramanah anstecken. Wir haben uns vereinigt, mit meinem Kadhy zu berathschlagen, welchem ich also gesagt habe: Höre, o Kadhy, das feindliche Volk ist nicht wieder von der Stadt herabgekommen um zu schlagen; ich denke es für jezt nicht mehr anzugreifen, da uns eine Menge Menschen gestorben sind. Die Stadt Tauramanah ist nicht geringer als Sarkusah: Truppen, um diese Stadt zu belagern, haben wir nicht, und deswegen müssen wir nach Kassarjanah zurückkehren. Der Kadhy hat mir geantwortet: Höre, o mein Herr, du denkst weislich, und ich habe nichts zu erwiedern. Am 29sten desselben Rabialkem rüsteten wir uns, um uns auf den Weg zu machen: ich habe Befehl gegeben, daß Barsas auf ein Pferd gesezt werden sollte, weil er in der Gesundheit gebessert war. In der Zeit, da unsre Leute ihn aufs Pferd sezten, fieng dieser Hund an, vermessener Weise zu sagen, unser Prophet wäre ein Dreckprophet. Da unsere Leute mir dieses gesagt haben, ward ich wütender als ein Teufel; sogleich ließ ich ihn in meine Gegenwart bringen, und ich habe zu ihm gesagt: Wie, o großer Hund, nachdem ich dir so viel Barmherzigkeit thue, und gethan habe, so lästerst du zur Vergeltung unsern Propheten und Apostel Gottes, weil ich dir das Leben gegeben habe? In der Zeit, da ich mit diesem Hund redete, schrie die ganze Mannschaft der Armee, daß man sowohl diesem Hunde, als den Griechischen Invaliden, welche Sklaven waren, und nicht hatten fliehen können, den Tod geben sollte, und

unsere Mannschaft sagte mit lauter Stimme, wenn man
diesem Hunde, und den andern verstümmelten Hunden
den Tod nicht gäbe, so würde sie rebelliren. Ich habe
zu ihnen gesagt: Zweifelt nicht, meine Söhne,
daß Gerechtigkeit geschehen wird. Ich habe
darauf zum Kadhy gesagt: Höre, o Kadhy, was
muß man mit diesen Hunden thun? Der
Kadhy hat mir geantwortet: Höre, o mein Herr,
von Griechischen verstümmelten Leuten haben wir drei und siebenzig; dreien von diesen muß man den Tod nicht geben, weil
sie dienen müssen, den Körper des Hundes Barsas nach der Stadt Tauramanaß
zu bringen; damit sie in dieser Stadt die
Ursache erzählen, aus welcher wir sowohl
diesem Hund Barsas, als den andern Leuten den Tod gegeben haben. Erstlich also
muß man den Hund Barsas auf eine Eselin sezen, und ihn wohl darauf binden,
darnach in seiner Gegenwart diese Leute
mit der Schärfe des Schwerdtes tödten.
Man muß hernach dem Barsas ein Stück
seiner Zunge abschneiden, und es ihn essen
lassen; hernach, wenn er es geessen haben
wird, muß man ihn erdrosseln, und nachdem er erdrosselt seyn wird, soll er auf
eben derselben Eselin von jenen drei Männern, welchen wir den Tod gespart haben
werden, in die Stadt Tauramanaß gebracht
werden, um jenen Leuten zu zeigen, was
für eine Strafe man demjenigen gibt, der
unsern Propheten Muhammed lästert. Ich
habe zu ihm gesagt: Höre, o Kadhy, es soll vollzogen werden, was du geantwortet hast.
Ich habe alles dieses von ihm auf ein Papier schreiben

laſſen, welches ihre Großheit in dieſem Brief finden wird
Alſo ſage ich ihrer Großheit, daß die Hinrichtung vollzogen worden iſt, wie der Kadhy vorgeſchrieben hat.
Am 1ſten des Monats Dſchamadilaud zogen wir von
dem Ort ab, wo wir uns gelagert hatten, und wo die
Hinrichtung an dieſen Hunden geſchehen war, und am
3ten Tag des Monats Dſchamadilaud kamen wir in
der Stadt Kaſſarjanah an.   Nach dieſem habe ich
nichts weiter zu ſagen; ich erwarte die Befehle ihrer
Großheit, um zu wiſſen, was ich thun ſoll, und mit
meinem Angeſicht zur Erde küſſe ich ihr die Hände, und
unterſchreibe mich alſo:

Der Emir Schibet Ben Aali, durch Gottes Gnade, Knecht der Großheit des Emir Chbir Alhaſan Ben
el Aabbas. Stadt Kaſſarjanah, den 5ten des Monats
Dſchamadilaud 269 Muhammeds."

595.

Am 10ten des Monats Dſchamadilaud 269 ward
ein Brief nach Kaſſarjanah an den Emir dieſer Stadt
geſchickt, welcher alſo lautete:

„Alhaſan Ben el Aabbas, durch Gottes Gnade,
Emir Chbir von Sicilien, küßt dir die Stirne, und
ſagt dir, o Emir Schibet Ben Aali, daß meine Großheit deinen Brief, geſchrieben am 5ten Tag des Monats
Dſchamadilaud, erhalten hat, in welchem ſie die Schlacht
geleſen hat, welche du mit der Armee gehalten haſt, die
gegen dich aus Tauramanah herauskam, und die große
Sterblichkeit unſerer Mannſchaft hat mir mißfallen;
aber doch biſt du immer der obere geblieben, denn das
feindliche Volk, welches geſtorben iſt, iſt in größerer
Anzahl geweſen, als das unſrige: du haſt die ganze
Waſſerleitung verderbt; dieſe Sache iſt ſehr gut
gedacht geweſen, denn für jezt werden keine Waſſer
mehr in dieſe Stadt gehen, und um dieſe Waſſerleitung
wieder herzuſtellen, werden nicht einmal zwanzig Jahre
hin-

hinreichen, wie meiner Großheit von denjenigen berichtet worden ist, welche an diesen Orten gewesen sind, welche mir gesagt haben, daß es ein sehr großer und hoher Bau war, und daß die Bögen in der Länge von vierzehn Meilen fortwähreten, und von der Quelle anfangen, woraus das Wasser quillet, bis nach Tauramanah; also hat das feindliche Volk, um dieses Werk zu machen, Säcke von Geld aufgewendet, und gegenwärtig hat es dasselbe nicht mehr; daher sagt dir meine Großheit, daß du sehr wohl gethan hast, diese Wasserleitungen zerstören zu lassen. Hernach habe ich sehr hohes Vergnügen gehabt, da ich hörte, daß du den Hund Barsas gefangen habest, welcher, nachdem er so viele Wohlthaten empfangen, unsern Propheten Muhammed gelästert hat; daher hast du auch wohl gethan, ihm und den Leuten, die du zu Sklaven hattest, jenen Tod zu geben, und deswegen sollst du deinem Kadhy sagen, daß ich sein Papier den Groß=Kadhy in Gegenwart des Raths habe lesen lassen, und er gesagt hat, daß er sich durch das Todes=Urtheil, welches er jenen bösen Leuten schrieb, als einen Mann von Verstand gezeigt habe: überdieses sagt dir meine Großheit, ihn zu grüßen, denn er ist ein Mann von großem Verstande. Meine Großheit begreift nicht, wie diese Hunde von Griechen, je mehr sie von uns Wohlthaten erhalten, desto mehr suchen, uns zu verrathen: wirklich fieng am 19ten des Monats Ausah 260 einer von diesen Griechischen Hunden, nachdem er zum Oberhaupt der Sklaven des Gefängnisses, und wie zu ihrem Kadhy gemacht worden war, an, unsern Propheten Muhammed zu lästern. Ich habe ihn für diese schreckliche Lasterthat lebendig schinden lassen, ärger als einen Hund, und nachdem er geschunden war, habe ich ihn in Gegenwart des ganzen Volks verbrennen lassen. Deswegen sagt dir meine Großheit, daß du die Griechischen Leute als so viele Hunde behandeln mußt, ohne Mitleiden mit ihnen zu haben, denn sie sind alle Verräther, Feinde Gottes und unser. Meine Großheit will, daß du die Leute, welche von den zehentausend lebendig geblieben sind, die meine Großheit dir geschickt hatte, nach Balirmu schicken sollst, und alle die übrigen mußt du in ihre Häußer schicken, indem ich mir vorbehalten, hernach von der Weise zu reden, mit welcher man Tauramanah einnehmen muß. Meine Großheit hat für jezt nichts mehr dir zu sagen; sie küßt dir die Stirne, und zeichnet sich also:

Alhasan Ben el Aabbas, durch Gottes Gnade, Emir Chbir von Sicilien, dein Herr. Inmedina Balirmu, den 10ten des Monats Dschamadilaud 269 Muhammeds."

596.

Am 7ten des Monats Reginab 269 schickten wir eine Schelandie nach Susa, mit einem Brief für unsern Mulei, welcher also lautete:

"Ebrahim Ben Ahmed Ben Ebrahim Ben el Aalab, durch Gottes Gnade, Siebenter Mulei, der Emir Chbir von Sicilien Alhasan Ben el Aabbas mit dem Angesicht zur Erde küßt ihrer Großheit die Hände, und macht ihr bekannt:

Erstlich. Am 26sten und sieben und zwanzigsten des Monats Rabialkem 269 hat der Emir Schibet Ben Aali der von Barsas angeführten Armee, welche aus Tauramanah herausgekommen war, zwei Schlachten geliefert: in diesen zwei Schlachten tödtete unsere Mannschaft von den Feinden fünftausend und siebenzehn, und das feindliche Volk tödtete von den Unsrigen fünftausend fünfhundert und vierzig: unsere Mannschaft hat aber dieser Stadt vielen Schaden gethan, denn sie hat die Wasserleitung zerstört, und deswegen wird kein

Wasser mehr in die Stadt gehen können, und wenn sie werden trinken wollen, so müssen sie Cisternen machen, oder müssen auf vier Stunden Wegs gehen, um die Quelle des Wassers zu finden, welches von diesen Stadtbewohnern unmöglich wird geschehen können, und sie werden darüber verzweifelt seyn; noch vielmehr, da der Weg sehr schlimm ist, wenn sie gehen wollen, das Wasser zu holen, wo es quillt.

Zweitens. Unsere Leute haben den General Barsas zum Sklaven gemacht, welcher ein sehr gottloser Hund gewesen ist; denn nachdem der Emir Schibet Ben Aali ihn behandelt hat, wie wenn er sein Bruder gewesen wäre, und ihm, da er dem Tod nahe war, hat Arzneien geben, und ihn fast ganz hat heilen lassen, so fieng er zur Erwiederung so vieler empfangener Wohlthaten an, unsern Propheten zu lästern. Der Kadhy der Armee hat ihm den Tod geben lassen: vorher hat er ihm ein Stück von der Zunge abschneiden, und hat es ihn essen lassen, nach diesem hat er ihn erdrosseln lassen, und ihn auf eine Eselin gebunden nach Tauramanah geschickt, und diesen Körper von drei Griechischen Invaliden begleiten lassen; denn da drei und siebenzig Sklaven geblieben sind, so wurden die siebenzig in Gegenwart des Barsas mit der Schärfe des Schwerdtes getödtet, ehe er erdrosselt wurde, und den dreien, welche übrig blieben, wurde der Tod nicht gegeben, damit sie den Körper dieses Hundes nach Tauramanah brächten, und die Ursache erzählten, wegen welcher er so getödtet worden war; gewiß ist es, daß die Unsrigen großen Schaden in Tauramanah gethan haben. Unsre Armee angeführt von dem Emir Schibet Ben Aali war von fünf und zwanzig tausend Mann; aber die des feindlichen Volks weiß man nicht, aber sie war viel größer, als die unsre, denn die Stadt Tauramanah ist nicht geringer als Sarkusah, und um sie einzunehmen, wird viele Mannschaft verloren werden, um so viel mehr, da diese Stadt in einer allzuhohen Lage ist.

Drittens Zugleich . . . . . ihre Großheit . . . . mein . . . . diese . . . . welche ich habe . . . . von . . . . ihrer Großheit . . . . und deswegen schicke ich . . . . zur Erde küsse ich die Hände ihrer Großheit, und unterschreibe mich also:

Der Emir Chbir von Sicilien Alhasan Ben el Aabbas, durch Gottes Gnade, Knecht der Großheit des Ebrahim Ben Ahmed Ben el Aalab, Siebenter Mulei. Imedina Balirmu, den 7ten des Monats Reginab 269 Muhammeds."

597.

Am 16ten des Monats Schahaban 269 ist die Schelandie angekommen, welche wir am 7ten des Monats Reginab nach Susa geschickt hatten, und sie brachte uns einen Brief unsers Mulei, welcher also lautete:

"Ebrahim Ben Ahmed Ben el Aalab, durch Gottes Gnade, Siebenter Mulei, berührt dir den Kopf, grüsst dich, und meine Großheit sagt dir, o Emir Chbir von Sicilien Alhasan Ben el Aabbas, daß sie deinen Brief, geschrieben am 7ten des Monats Reginab 269, empfangen hat, und zugleich ist ihr das Geld überbracht worden, das du meiner Großheit jährlich zu bezahlen schuldig bist.

Meine Großheit hat in deinem Briefe gelesen, daß du im Monat Dschamabilaud 269 eine Armee von fünf und zwanzig tausend Mann, angeführt von dem Emir Schibet Ben Aali, nach Tauromanah geschickt

haſt, und ſie hat den Schaden geleſen, den unſre Ar‑
mee dieſer Stadt gethan hat. Meine Großheit hat
ſehr hohes Vergnügen gehabt, da ſie in deinem Papier
die Hinrichtung geleſen hat, welche . . . .
. . . . Barſas . . . .
ſagen, daß das Mußülmaniſche Volk überwunden hat
. . . . ihren General gefangen. Meine
Großheit billigt alles das . . . .
. . . . . . geſchrieben haſt. Meine Groß‑
heit hat für jezt nichts mehr dir zu ſagen; ſie berührt
dir den Kopf, und zeichnet ſich auf dieſe Weiſe:

Ebrahim Ben Ahmed Ben Ebrahim Ben el Aa‑
lab, durch Gottes Gnade, Siebenter Mulei, dein
Herr. Jmedina Kairuan, den 2ten des Monats
Schahaban 269 Muhammeds."

598.

Am 5ten des Monats Reginab 270 ward eine
Schelandie nach Suſa geſchickt, mit einem Brief für
unſern Mulei, welcher alſo lautete:

„Ebrahim Ben Ahmed Ben Ebrahim Ben el
Aalab, durch Gottes Gnade, Siebenter Mulei, der
Emir von Sicilien Alhaſan Ben el Aabbas mit dem
Angeſicht zur Erde küßt die Hände ihrer Großheit, und
macht ihr bekannt:

Erſtlich. Daß ſie zugleich mit dieſem Brief
das Geld empfangen wird, welches ich ihrer Großheit
alle Jahre zu bezahlen ſchuldig bin, und ſie wird es
in dreien mit meinem Namen verſiegelten Kiſten finden.

Zweitens. Ich ſage ihrer Großheit, daß die
Inſeln, welche um Sicilien her liegen, voll von Leuten
ſind, welche biß jezt nichts bezahlt haben, und die Fel‑
der, die ſie haben, ſind ihnen von den Groß‑Emiren
gegeben worden: deswegen habe ich im Monat Scha‑
wal 269 einen Statthalter auf die Inſel Labari, einen

Statthalter auf die Insel Ustkah geschickt, auf welcher Insel ich den Zoll gemacht habe, denn die Bisaner bringen eine Menge Sachen auf diese Insel, verwahren sie, und führen sie dann entweder in die Länder Siciliens, oder nach Neapel, oder wo sie irgend sonst Nachricht haben, daß daselbst Mangel sey, und deswegen habe ich den Zoll errichtet. Ich habe einen Statthalter auf die Insel Fanianah geschickt, und einen andern auf die Insel Ghusirah, aber auf die übrigen Inseln habe ich keinen geschickt, da sie nur von wenigen Leuten bewohnt sind.

Drittens. Jedem dieser Statthalter habe ich eine Abschrifft der Verordnungen gegeben, damit sie jene Leute das bezahlen lassen, was in denselben befohlen ist.

Viertens. Ich habe einen Zollbeamten auf die Insel Ustkah geschickt, und habe ihm Abschrifft der Verordnungen gegeben, daß alle Sachen, welche auf diese Insel eingeführt werden, nichts bezahlen sollen, sondern sie sollen beim Ausführen bezahlen, nach dem Inhalt der Verordnungen; und ich hoffe, daß dieser Zoll wohl in Einnahme geben werde, weil sowohl die Bisaner, und die Neapolitaner, als die Genueser jenen Zoll in Pacht nehmen wollen. Nach diesem habe ich ihrer Großheit nichts mehr zu sagen: mit meinem Angesicht zur Erde küsse ich ihr die Hände, und unterschreibe mich auf diese Weise:

Alhasan Ben el Aabbas, durch Gottes Gnade, Knecht der Großheit des Ebrahim Ben Ahmed Ben Ebrahim Ben el Aalab, Siebenter Mulei. Imedina Balirmu, den 5ten des Monats Reginab 270 Muhammeds."

599.
Am 10ten des Monats Schahaban 270 kam die Schelandie, welche geschickt worden war . . . .

. . . . 5 des Monats . . . . . brachte uns
. . . . Mulei, welcher also lautete:

„. . . . . Ben el Aalab,
durch Gottes Gnade, Siebenter Mulei, berührt dir den
Kopf, und meine Großheit sagt dir, o Emir Chbir von
Sicilien Alhasan Ben el Aabbas, daß ihr dein Brief
übergeben worden ist, geschrieben am 5ten des Monats
Reginab 270, mit welchem sie das Geld empfangen
hat, das du alle Jahr meiner Großheit zu bezahlen
schuldig bist. Meine Großheit hat in deinem Brief gelesen, daß du hast . . . . auf
die Inseln, welche um Sicilien her sind, und daß du
die Einwohner anhalten wirst, aus den Feldern zu bezahlen, welche ihnen von den vorigen Groß-Emiren
gegeben worden sind, nach dem Inhalt der Verordnungen, und sie hat Vergnügen, daß du den Zoll auf der
Insel Ustkah errichtet hast; worüber dir meine Großheit
sagt, daß du sehr wohl gedacht hast, und sie billigt dir alles, was du gethan hast, wie du meiner Großheit geschrieben hast. Meine Großheit hat nichts weiter dir zu
sagen; berührt dir den Kopf, und zeichnet sich also:

Ebrahim Ben Ahmed Ben Ebrahim Ben el
Aalab, durch Gottes Gnade, Siebenter Mulei. Jme-
dina Balirmu, den 27sten des Monats Reginab 270
Muhammeds."

600.

Am 20sten des Monats Schawal 271 kam
eine Neapolitanische Barke an, welche uns einen Brief
des Pabsts zu Rom brachte, der also lautete: *)

---

*) Denjenigen, welche gern auf den Ursprung, oder auf
die stufenweise Veränderungen der Italiänischen Sprache zurückgehen, wird es sehr angenehm seyn, fünf Briefe von Päb-

(Dieser Brief, und vier ähnliche, welche in der Folge vorkommen werden, sind in der Sprache, worinn sie ursprünglich geschrieben worden, für die Geschichte der Lateinischen und Italiänischen Sprache zu wichtige Actenstücke, als daß ich mir erlauben könnte, sie in dieser Teutschen Ausgabe, fehlen zu lassen. Ich rücke

---

sten zu erhalten, die im neunten Jahrhundert in der gemeinen Sprache geschrieben worden sind, weil sie aus einem so ansehnlichen Denkmale von dem Zustand urtheilen können, in welchem die Sprache zu jener Zeit war. Der Pabst Marinus bedauerte die Sklaverei der Syrakusischen Griechen, und um wegen ihrer Loskaufung zu bitten, schrieb er einen Brief an den Groß-Emir von Sicilien, und einen andern, an den Mulei in Kairuan, um die Unterhandlung anzufangen; er hatte in der Folge Gelegenheit, noch mehrere über eben diesen Gegenstand zu schreiben, der von ihm beschlossen, von Pabst Adrian III. fortgesezt, und dann unter dem Pabst Stephanus V. geendigt wurde. Vielleicht dachte der Pabst, daß ein Brief aus seiner Lateinischen Kanzlei, dem Groß-Emir, und dem Rath von Sicilien unverständlich gewesen wäre, und er wollte sich daher lieber der verdorbenen Sprache des gemeinen Volks bedienen, als welche in Sicilien verständlicher war, wo die gemeine Sprache gewöhnlicher seyn mußte, als die gute lateinische. Wenn man bedenkt, daß die Neapolitaner, Pisaner, und Genueser daselbst Handel trieben, so wird man es bald wahr finden, daß eine dritte, von der Arabischen, und der richtigen Lateinischen verschiedene Sprache zur Mittheilung dienen mußte, um sich bei den wechselseitigen Käufen und Verkäufen deutlich zu verstehen. Aus unsern Briefen wird man mit Gewißheit schließen können, daß die Päbste vermittelst gemeinschaftlicher Neapolitanischer Freunde die Worte von dem, was sie in gemeiner Volkssprache, so wie die Regierung von Sicilien sie verstehen konnte, in Arabischen Charakters oder

sie daher so ein, wie sie der Abbé Vella aus den Arabischen Charakteren entziffert hat; und zwar hier unter den andern Briefen, und nicht in den Noten, weil das was die Italiänischen Herausgeber bei dieser Gelegenheit in den Noten zu sagen haben, schon für sich so vielen Raum einnimmt. H.

Buchstaben schreiben ließen; oder auch, daß die Briefe in dem gewöhnlichen lateinischen Style geschrieben, und, da sie in Sicilien in die Bücher eingetragen werden sollte, von den Abschreibern in die gemeine Sprache unter den Arabischen Charakteren gebracht worden seyn. Der berühmte Muratori, die Zierde Italiens, dessen Dissertationen, 32 und folg. bei dieser Gelegenheit nachgelesen zu werden verdienen, veranlaßt uns so zu schließen, indem er sagt: „daß die alten Abschreiber, oder die neuern Herausgeber der alten Bücher sich die Freiheit genommen hätten, uns die Werke zu geben, nicht wie sie waren, sondern wie sie für gut hielten, sie zu verbessern." Wenn man diese Meinung wahrscheinlich findet, so könnte man daraus auch erklären, warum die Briefe von welchen die Rede ist, nicht die in der Kanzlei gewöhnliche Form haben, wovon wir so viele Beispiele in Canonischen und Diplomatischen Gegenständen haben, und warum sie, auch von denen verschieden sind, welche man bei Riccard von St. German unter dem Jahr 1214 von dem Pabst Innocentius an Sefedin geschrieben findet. Es ist sehr zu beklagen, daß sich in dem Vaticanischen Archive nicht die Briefe finden, welche um diese Zeit von den Päbsten geschrieben worden sind. Was indessen an diesen Vermuthungen seyn mag, so ist wenigstens das gewiß, daß in unserem Codex diese Briefe mit Arabischen Buchstaben geschrieben sind.

Der Uebersetzer, Abate D. Giuseppe Vella befand sich in nicht geringer Verlegenheit, da er auf diese Blätter

Lu Papa de Roma Marinu ſervus di omni ſervi di lu Maniu Deus te ſaluta, e ki lu Manius Deu te det la ſua benedikzione, te prekor, o Grandi Amira, de venderki al Arkhiepiskopu, lu Episkopu di Malta, i Papaſi ki veneru ſklavi a Sarkuſah, e illa gens granda ki hai ſklava in Palirmu omni. La tua dominakzione me invii la reſponſio quantus vorrai denari per omni kaput de illa gens: dunka grandi Amir Al Haſan filius di Alaabbas. ti lu diko Maniu Amir ki mi mandi la reſponſio de lu plus preſtu: ki ſi farai ak koſa tantu bona lu Maniu Deu ti dat una vita longa omnia plena di benedikzioni: ok te lu prekor kun li lakhrimi, quia lu meus kor mi fa male multu di abere li frate ſklavi kun la katena di ferru alli piedi; intantu non abeo de plus ki dire alla tua dominakzione, te ſalut multu, e me ſuttoskribo di ok modo: lu Papa Marinu, per la grazia de lu Deu, ſervu di omnes ſervos di Maniu Deu. Prin-

---

ſtieß; denn ſo oft er auch mit ſeiner Uebung und Erfahrung die Erklärung dieſer Schrift verſucht hatte, ſo wollten doch die Arabiſchen Charaktere und Buchſtaben keine Arabiſche Worte geben; endlich, bei wiederholten Verſuchen, den Arabiſchen Charakteren die Ausſprache der gemeinen Buchſtaben zu geben, und die ruhenden Selbſtlauter mitzuleſen, entdekte er, daß ſie ihm auch gemeine Wörter gaben; dieſen Spuren gieng er weiter nach und fand, daß die Briefe völlig in der gemeinen Volksſprache der Zeit geſchrieben ſeyn, nämlich mit verderbenen lateiniſchen Wörtern, vermiſcht mit Wörtern der damals gewöhnlichen Sprache des gemeinen Volks, welche darauf in die Italiäniſche Sprache aufgenommen worden ſind, und durch dieſes ſinnreiche Mittel hat er die Dolmetſchung leicht gemacht.

cipali Civita di Roma li tres di lu menſi di April
oktocento oktanta dui di lu uſu di li Kriſtiani *).

Das iſt:

„Der Pabſt von Rom Marinus Knecht aller
Knechte des großen Gottes, grüßt dich, und der große

---

*) Wer das gut findet, was Muratori über den Urſprung
der Italiäniſchen Sprache in der XXXII Diſſert. und in den
folgenden von den Alterthümern der mittlern Zeit, und was
Benedict XIV. De ſacrificio Miſſae ſect. 1. cap. 6. geſagt haben, der wird ſich leicht überzeugen, daß von den
guten Zeiten der Römer an, wie noch jezt überall, die
Sprache der Gelehrten anders ſeyn mußte, als die des Pöbels;
die erſte lernte man bei den Grammatikern und Rhetoren,
und der zweiten bediente ſich das Volk, ohne Regeln und
Auswahl der Worte, im Umgang. Da die Völker Italiens
neuen Menſchen unterworfen wurden, welchen die Reize, die
Schönheiten, das Anſtändige in den Ausdrücken der lateiniſchen Sprache nicht bekannt, noch empfindbar ſeyn konnten,
ſo mußten ſie auch die Regeln verlaſſen, und ſich mehr der gemeinen, leichten, und gewöhnlichen, als der zierlichen bedienen, welche Ruhe erfordert. Juſtinianus vollendete dieſe unglückliche Vermiſchung auf eine unerſezliche Weiſe: er hielt die
Schulen der Grammatiker und Rhetoren, welche auf Koſten
der Städte unterhalten wurden, für unnöthig, nahm ihre
Einkünfte, und beſtimmte ſie zu anderem Gebrauche; eine
nothwendige Folge davon war, daß Rohheit in die Wiſſen-
ſchaften kam, S. Zonaras, lib. 4. T. 2. Biblioth.
Byzant. Sed et alia plura templa (Juſtinianus)
exſtruxit, ad quorum aedificationem quum infinitis egeret
pecuniis, de conſilio Praefecti ſtipendia liberalium artium
Magiſtris olim conſtituta in omnibus urbibus ſuſtulit,
quas, vacantibus litterarum ludis, ruſticitas invaſit. For-

Gott gebe dir seinen Seegen, ich bitte dich, o Groß-
Emir, uns den Erzbischoff, den Bischoff von Malta,
die Priester zu verkaufen, welche als Sklaven von Sarkusah gekommen sind, und jene Großen Leute, welche du
als Sklaven in ganz Balirmu hast. Deine Herrlichkeit schicke mir die Antwort, wie viel Geld du für jeden

---

nerius hatte eine zu Ravenna im Jahr 38 der Regierung Ju-
stinians gefertigte Urkunde in den Händen, welche in Wörtern und Ausdrücken der gemeinen Sprache abgefaßt war, die
derjenigen gleich war, welche zu seiner Zeit gewöhnlich geredet
wurde. Constat jam inde ab eo tempore, certe Imperii
Justinianaei aetate contractus, qui a tabellionibus perscri-
berentur, conceptos eo fere sermone, quo nunc vulgus
Italiae utitur, ut constat ex instrumento Bibliothecae Re-
giae, quo Stephanus tutor Gratiani pupilli cum ipso
transegit, quod Ravennae scriptum est anno Justinianaei
Imperii 38. ind. XI. cujus exemplum a me descriptum in
larario servo. Forner. ap. Cassiodor. Variar.
lib. 9. Epist. 7. Senatui urbis Romae Theodadus Rex.
Es ist ein Verlust, daß er diese wichtige Urkunde nicht bekannt
gemacht hat; wenn wir diese hätten, so hätten wir das ent-
scheidendste Denkmal, um auf eine glaubwürdige Art zu zeigen,
wie die Sprache in jenen Zeiten des sechsten Jahrhunderts
beschaffen gewesen sey: in Ermanglung dieser Urkunde, haben
wir nicht sonderlich viele Beweise, so sehr wir uns auch bemü-
hen, hie und da ein Wort aus der vermischten Geschichte, aus
Diplomen, aus Denkschriften der Franken aufzusammeln.

Obschon es für Kirchenschriftsteller bei Abhandlung der
Gegenstände ihres Faches, unvermeidlich war, den Gebrauch
der lateinischen Sprache beizubehalten, so müssen wir dennoch
erkennen, daß wir uns eben nicht im Gebiete der feinern
Sprache befinden, wenn wir die Uebersezungen der heil. Schrifft,
die Acten der Kirchenversammlungen, die Formeln der Kirchen-

Kopf dieſer Leute willſt: alſo Groß-Emir Al Haſan Sohn des Alaabbas, ich ſage es dir, Großer Emir, daß du mir die Antwort aufs ſchnellſte ſchickeſt: wenn du eine ſo gute Sache thun wirſt, ſo giebt der große Gott dir ein langes Leben, ganz voll von Seegen: das bitte ich dich mit Thränen, weil mein Herz mir ſehr

---

gebräuche leſen: man hat es ihnen freilich zu verdanken, daß ſie die Sprache auf dem Punct erhalten haben, daß ſie nicht todt und fremde iſt, wie die Griechiſche und die Hebräiſche; aber ſie konnten ſich doch auch nicht damit beſchäftigen, uns neue und fortgeſezte Beweiſe von der Reinheit und Feinheit der Sprache zu hinterlaſſen. Die Päbſte ſelbſt, und die Biſchöffe bedienten ſich bei ihren geiſtlichen Verrichtungen, öffentlichen Reden, Predigten, und bei ihrem Unterricht der verſchiedenen Sprachen, der Lateiniſchen und der gemeinen. Nach Monſignore Fontanini und dem Cardinal Baronius berichtet Muratori (Diſſertazione XXXII.) daß der Pabſt Gregorius V im zehnten Jahrhundert, das Volk, je nachdem es nöthig war, in der Fränkiſchen, Lateiniſchen, und gemeinen Sprache unterrichtet habe. Uſus Franciſca, vulgari et voce Latina; Inſtituit populos eloquio triplici: und weiter unten ſagt er noch, daß der Patriarch von Aquileja bei der Einweihung der Kirche des Eſtiſchen Kloſters delle Carceri eine Lateiniſche Rede gehalten habe, welche der Biſchoff von Padua, Gerard, dem Volk darauf in die gemeine Sprache überſezte: Cum praedictus Patriarcha litteraliter ſapienter praedicaſſet, et per eum praedictus Gherardus Paduanus Epiſcopus maternaliter ejus praedicationem explanaſſet, et populum ibi ſtantem admonuiſſet.

Wenn man mit dieſen Bemerkungen die Briefe der Päbſte in Sicilien in die gemeine Sprache gebracht, oder in Rom auf dieſe Weiſe geſchrieben, betrachtet, ſo geben ſie uns einen ſichern und reichlichen Beweiß von dem Zuſtand, in wel-

wehe thut, die Brüder mit der Kette von Eisen an
den Füßen zu Sklaven zu haben; indessen habe ich ihrer Herrlichkeit nichts mehr zu sagen, grüße dich sehr,
und unterschreibe mich auf diese Weise: Der Pabst
Marinus, durch die Gnade Gottes Knecht aller Knechte des Großen Gottes. Hauptstadt Rom, den dritten
des Monats April achthundert zwei und achtzig des
Gebrauchs der Christen.

601.

Am 22sten des Monats Schawal 271, haben
wir einen Brief an den Pabst von Rom mit eben
derselben Barke geschickt, welche uns den Brief des

---

chem damals die Sprache war, und zeigen hinlänglich, wie
durch die Vermischung der verdorbenen Lateinischen, sehr rauh
gewordenen Wörter, und der Wörter aus der gemeinen Sprache, die vorher nicht aufgenommen noch des Gebrauchs werth
geachtet worden waren, sich im neunten Jahrhundert eine
dritte, nicht weniger rauhe Sprache gebildet hatte. Die Si-
ciller werden sich mit Vergnügen erinnern, wie sie durch die
gute Aufnahme derselben, zu ihrer Vervollkommnung und Ver-
schönerung beigetragen haben, so daß zu den Zeiten des Dante
Alighieri Sicilianische und Italiänische Sprache einerlei war.
Dant. de vulg. eloquent. cap. 14. und mit noch größerem Vergnügen werden sie ihren Ruhm erneuern sehen, wenn sie be-
denken, daß, wenn die Sicilischen Musen zuerst unter den
Griechen ihre schäzbaren Verse herrlich ertönen machten,
sie aach die ersten waren, welche, unter dem Schuz des un-
sterblichen Kaisers Friederich, die neue Sprache in harmonische
Noten brachten, so daß Petrarcha von den Siciliern sagen
konnte:

   e i Siciliani,
 che furgià i primi, e qui vi eran da sezza.

Pabsts gebracht hat, und der Brief, den wir geschickt haben, lautete also:

„Alhasan Ben el Aabbas, durch Gottes Gnade, Emir Chbir von Sicilien, sagt dir, o Marinus Pabst von Rom, daß er deinen Brief, geschrieben am 3ten Tag des Monats Schawal 271 erhalten hat, in welchem ich gelesen habe, daß deine Herrlichkeit den Erzbischoff von Sarkusah zugleich mit seinen Priestern kaufen will; sie will auch den Bischoff von Malta kaufen, und die Großen Leute, welche Sklaven im Gefängniß sind. Die zwei Bischöffe und die Priester kann ich dir nicht verkaufen, wenn ich nicht vorher die Erlaubniß meines Mulei haben werde: die andern Leute kann ich dir jezt verkaufen: daher wenn du sie kaufen willst, so wollen wir den Preiß des Lösegeldes machen, und wann die Großheit meines Mulei mir die Erlaubniß geben wird, die zwei Bischöffe mit den Priestern verkaufen zu können, so wird sie dir sogleich Nachricht davon geben. Ich sage ihrer Herrlichkeit, daß es mir aus deinem Schreiben scheint, daß du ein guter Mann bist, und deswegen werden wir Freunde bleiben. Indessen habe ich dir für jezt nichts mehr zu sagen; und zeichne mich also:

Alhasan Ben el Aabbas, durch Gottes Gnade, Emir Chbir von Sicilien. Imedina Balirmu, den 22sten des Monats Schawal 271 des Gebrauchs der Mußulmanen."

602.

Am 28sten des Monats Schawal 271 ward eine Barke nach Susa geschickt, mit einem Brief für unsern Mulei, welcher also lautete:

„Ebrahim Ben Ahmed Ben Ebrahim Ben el Aalab, durch Gottes Gnade, Siebenter Mulei, der Emir Chbir von Sicilien Alhasan Ben el Alaabbas mit dem Angesicht zur Erde küßt die Hände ihrer Großheit, und macht ihr bekannt, daß ich am 20sten des Monats Schawal 271 einen Brief von dem Pabst von Rom Marinus empfangen habe, welchen mir eine Neapolitanische Barke brachte, worin mir der Pabst geschrieben hat, daß er den Erzbischoff von Sarkusah, den Bischoff von Malta, ihre Priester, und diejenigen Großen Leute, welche in Balirmu Sklaven sind, kaufen will. Ich habe zur Antwort geschickt, daß ich die Großen sogleich verkaufen würde, die er kaufen wollte, aber daß ich ihm die Bischöffe und Priester nicht verkaufen könnte, wenn nicht vorher ihre Großheit mir die Erlaubniß dazu gegeben hätte. Ich erwarte indessen die Erlaubniß ihrer Großheit, um sie ihm zu verkaufen, denn wir können mit diesen Leuten nichts thun, weil sie nicht Leute sind, die man in Arbeit sezen kann. Ich erwarte die Befehle ihrer Großheit, um sie zu vollziehen, und mit meinem Angesicht zur Erde küsse ich ihr die Hände, und unterschreibe mich auf diese Weise:

Alhasan Ben el Aabbas, durch Gottes Gnade, Emir Chbir von Sicilien, Knecht der Großheit des Ebrahim Ben Ahmed Ben el Aalab, Siebenter Mulei. Imedina Balirmu, den 28sten des Monats Schawal 271 Muhammeds."

603.

Am 25sten des Monats Ebilkadan 271 ist die Barke angekommen, welche wir am 28sten des Monats Schawal 271 nach Susa geschickt hatten, und sie brachte einen Brief unsers Mulei, welcher also lautete:

„Ebrahim Ben Ahmed Ben Ebrahim Ben el Aalab, durch Gottes Gnade, Siebenter Mulei, berührt dir den Kopf, und sagt dir, o Emir Chbir von Sicilien, Alhasan Ben el Aabbas, daß meine Großheit deinen Brief, geschrieben am 28sten des Monats Schawal 271, er-

halten

halten hat, in welchem meine Großheit gelesen hat, daß
der Pabst von Rom Marinus dir einen Brief geschickt,
worin er dich gebeten hat, ihm die Bischöffe, die Priester, und die Großen zu verkauffen, welche sich als
Sklaven zu Balirmu befinden. Meine Großheit sagt
dir, daß du sie im neuen Jahr ihm verkaufen kannst,
denn der Pabst hat auch an meine Großheit geschrieben,
und dieselbe hat ihm geantwortet und gesagt, daß ich
auf das neue Jahr Antwort wegen dieses Verkaufs geben werde, und deswegen sagt dir meine Großheit,
daß du ihm auf das neue Jahr schreiben und sagen
kannst, daß meine Großheit dir die Erlaubniß gegeben
hat, diese Leute zu verkauffen. Die Preiße wird deine
Person machen, wie es dir dünken wird. Indessen
hat meine Großheit für jezt nichts mehr dir zu sagen;
sie berührt dir den Kopf, und zeichnet sich also:

Ebrahim Ben Ahmed Ben Ebrahim Ben el
Aalab, durch Gottes Gnade, Siebenter Mulei. Imedina Kairuan, den 10ten des Monats Edilkaban 271
Muhammeds."

604.

Am 7ten des Monats Reginab 271 haben wir
eine Schelanbie nach Susa geschickt, mit einem Brief
für unsern Mulei, welcher also lautete:

"Ebrahim Ben Ahmed Ben Ebrahim Ben el Aalab, durch Gottes Gnade, Siebenter Mulei, der Emir
Ehbir von Sicilien, mit dem Angesicht zur Erde küßt
die Hände ihrer Großheit, und macht ihr bekannt, daß
sie zugleich mit diesem Brief das Geld empfangen wird,
welches er alle Jahre ihrer Großheit zu bezahlen schuldig
ist, welches sie in dreien mit meinem Namen versiegelten Kisten finden wird. Ich sage ihrer Großheit, daß
ich den Zoll, welchen ich auf der Insel Ustkah errichtet,
den Pisanern und Neapolitanern, für zehntausend Krus

jährlich in Einnahme gegeben habe, und ich habe mich voraus bezahlen lassen, damit nichts verloren werden könne, und so, wenn sie nicht am Ende jeden Jahrs zum Voraus bezahlen, so werde ich ihnen den Zoll nehmen, und werde ihn andern geben, und deswegen habe ich nun voraus bezahlen lassen. Ich frage ihre Großheit, was mit diesem Geld gethan werden soll, ob ich es ihrer Großheit schicken, oder für mich behalten soll, denn ich habe große Ausgaben, und seit dem ich Emir Chbir bin, habe ich nichts gewonnen, weil nichts weder zu Land, noch zur See erobert worden ist. Indessen erwarte ich die Befehle ihrer Großheit, um zu wissen, was ich thun soll, und mit meinem Angesicht zur Erde küsse ich die Hände ihrer Großheit und zeichne mich also:

Alhasan Ben el Aabbas Emir Chbir von Sicilien, durch Gottes Gnade, Knecht der Großheit des Ebrahim Ben Ahmed Ben Ebrahim Ben el Aalab, Siebenter Mulei. Jmedina Balirmu, den 7ten des Monats Reginab 271 Muhammeds."

605.

Am 18ten des Monats Schawal 271 kam die Schelandie zurück, welche wir am 7ten des Monats Reginab 271 nach Susa geschickt hatten, mit einem Brief unsers Mulei, welcher also lautete:

"Ebrahim Ben Ahmed Ben Ebrahim Ben el Aalab, durch Gottes Gnade, Siebenter Mulei, berührt dir den Kopf, und meine Großheit sagt dir, o Emir Chbir von Sicilien Alhasan Ben el Aabbas, daß sie die drei mit deinem Namen versiegelten Kisten erhalten hat, in welchen meine Großheit das Geld gefunden hat, das du alle Jahr zu bezahlen verbunden bist.

Meine Großheit hat in deinem Brief gelesen, daß du bereits die Einnahme des Zolls der Insel Ustkah für zwölftausend *) Krus gegeben hast; meine Großheit läßt sie dir auf einige Jahre, weil sie weiß, daß du große Ausgaben hast, und nichts gewonnen hast, seitdem du Emir Chbir bist, weil nichts weder zu Land noch zur See gewonnen worden ist. Meine Großheit sagt dir, daß du nun, wenn du anfängst, die Sklaven zu verkaufen, großes Geld gewinnen wirst, denn meine Großheit wird dir die Hälfte von dem Ertrage dieses Verkaufs, den du machen wirst, geben. In Wahrheit, es träfe dich nichts, denn diese Leute sind nicht zu der Zeit zu Sklaven gemacht worden, da du Emir Chbir von Sicilien bist, aber meine Großheit schenkt es dir aus Mitleiden, welches sie mit dir hat, indem sie die großen Kosten bedenkt, die du hast. Meine Großheit hat für jezt nichts mehr dir zu sagen; sie berührt dir den Kopf, und zeichnet sich also:

Ebrahim Ben Ahmed Ben Ebrahim Ben el Aalab, durch Gottes Gnade, Siebenter Mulei. Imedina Kairuan, den 29sten des Monats Reginab 271 Muhammeds."

606.

Am 15ten des Monats Schawal ward eine Neapolitanische Barke nach Rom geschickt, mit einem Brief für den Pabst der Christen, welcher auf diese Weise lautete:

"Alhasan Ben el Aabbas, durch Gottes Gnade, Emir Chbir von Sicilien grüst dich sehr, und sagt dir, so

---

*) Aber der Emir Chbir gab in dem vorhergehenden Briefe z e h n tausend Krus an. Die eine oder die andere Angabe ist vermuthlich durch einen Druckfehler in der Italiänischen Ausgabe entstanden, der nur aus dem Codex verbessert werden kann. Zum Glück ist die Frage, ob zehen oder zwölf die richtige Zahl sey, hier nicht von Bedeutung. H.

Marinus Pabst Roms und aller Christen, daß ich der Großheit meines Mulei geschrieben habe, daß deine Herrlichkeit die zwei Bischöffe mit ihren Priestern, und jene Grossen Leute kaufen will, welche ich als Sklaven im Gefängniß habe, und daß mein Mulei mir die Erlaubniß gegeben hat, sie dir zu verkaufen. Indessen kannst du deine Albuliten *) mit dem Geld schicken, und der Verkauf wird geschehen: auf diese Weise wird deine Herrlichkeit zufrieden seyn, und indessen habe ich dir nichts mehr zu sagen, grüße dich sehr, und zeichne mich also:

Alhasan Ben el Aabbas, durch Gottes Gnade, Emir Chbir von Sicilien. Jmedina Balirmu, den 15ten des Monats Schawal 272 Muhammeds."

607.

Am 24sten des Monats Edilfaban 272 ist die Neapolitanische Barke gekommen, welche am 15ten Tag des Monats Schawal 272 nach Rom geschickt worden war, und sie brachte einen Brief von dem Pabst Marinu, welcher also lautete:

„Lu Papa Marinu servus di omni li servi di lu Maniu Deu, te saluta multu, e ti diko, Maniu Amir di Sicilia Alasan filiu di Alabbas, ki abeo kapitatu la tua littera signata kun la giurnata dilli quindici di lu mense di Aprili oktocento oktantatre: abeo lettu in ipsa ki lu Mula ti à datu lu permissu di vindirmi omne illi sklavi ego volo, la quali kosa mi ha dato una konsolazione mania; ma la tua Dominaktio mi ha skribbitu di mandarti li konsiliari mei kun lu denaru per fare lu rikaptitu di killa gens: intantu la tua Dominaktio non mi

---

*) Räthe.

ſkribi quantu danaru debeo mandare per lo rikaptitu de killa gens, unde non ti poſſum mandare li konſiliarii, quia non ſo quantu dinari ti debeo mandare. Intantu aſpetu la reſponſio de lu
plus preſto. Saluto multu alla tua Perſona, e me
ſubſkribo ſik. Marinu Papa di tutta la Khriſtianità
ſervu di omni li ſervi di lu Maniu Deu Principali
Cività di Roma li ſepte di lu menſe Maiu oktocento
oktanta tres di uſu meus."

Das iſt:

„Der Pabſt Marinus, Knecht aller Knechte des
großen Gottes, grüst dich ſehr, und ich ſage dir, Großer Emir von Sicilien Alaſan Sohn des Alaabbas,
daß ich deinen Brief empfangen habe, bezeichnet mit
dem Tag des funfzehnten des Monats April achthundert drei und achtzig: ich habe in demſelben geleſen, daß
der Mulei dir die Erlaubniß gegeben hat, mir alle
jene Sklaven zu verkaufen, die ich will, welche Sache
mir einen großen Troſt gegeben hat; aber deine Herrlichkeit hat mir geſchrieben, dir meine Räthe mit dem
Geld zu ſchicken, und die Loskaufung jener Leute zu
machen: indeſſen ſchreibt mir deine Großheit nicht,
wie viel Geld ich für die Loskaufung jener Leute ſchicken
ſoll, daher kann ich dir die Räthe nicht ſchicken, weil ich
nicht weiß, wie viel Geld ich dir ſchicken ſoll. Indeſſen
erwarte ich die Antwort aufs ſchnellſte. Ich grüße
deine Perſon ſehr, und unterſchreibe mich alſo. Marinus Pabſt der ganzen Chriſtenheit, Knecht aller
Knechte des großen Gottes. Hauptſtadt Rom den
7ten des Monats Mai achthundert drei und achtzig
meines Gebrauchs."

608.

Am 28sten des Monats Edilkaban 272 haben wir eine Neapolitanische Barke nach Rom geschickt, mit einem Brief für den Pabst, welcher also lautete:

„Alhasan Ben el Aabbas, Gott sei gelobt, Emir Chbir von Sicilien grüßt dich sehr, und sagt dir, o Pabst Marinus, daß er deinen Brief, gezeichnet den 7ten des Monats Edilkaban, empfangen hat, in welchem er gelesen hat, daß du nicht die Albuliten mit dem Gelde nach Balirnu geschickt hast, um die Sklaven loszukaufen, weil du die Summe Geldes nicht weißt, welche dazu nöthig ist: ich sage dir, daß, wann du sie mit Geld geschickt hättest, wann das Geld nicht hinreichend gewesen wäre, ich dir die Sklaven geschickt hätte, und du hättest mir hernach das Uebrige des Geldes können zukommen lassen: und um dir die Wahrheit zu erkennen zu geben, habe ich dir zugleich mit diesem Blatt sieben und zwanzig Priester geschickt, und so sollst du mir zweihundert Krus für jeden schicken; gefangene Priester habe ich keine weiter; für die Bischöffe sollst du mir tausend Krus für jeden bezahlen, wie du mir für die Großen, welche ich als Gefangene habe, vierhundert Krus für jeden bezahlen sollst, und wenn du andre Leute kaufen willst, so sollst du mir siebenzig Krus für jede Person bezahlen. Die Gefangenen Leute sind die, welche ich dir schreibe:

Erstlich. Ich habe den Erzbischoff von Sarkusah und den Bischoff von Malta.

Zweitens. An der Zahl sieben und zwanzig Priester, welche ich dir zugleich mit diesem Brief geschickt habe, um dich sehen zu lassen, daß du mit rechtschaffenen Leuten handelst.

Drittens. Die Großen, welche ich als Sklaven habe, sind hundert und fünf und dreißig, mitgerechnet den Patricius von Sarkusah *).

Viertens. Von den andern Leuten an Männern, Weibern und Kindern habe ich dreizehntausend fünfhundert und sieben und zwanzig: Dieses sind alle die Sklaven, die ich für jezt habe. Ich habe deiner Herrlichkeit nichts mehr zu sagen, grüße dich sehr, und zeichne mich also:

Alhasan Ben el Aabbas, Gott sey gelobt, Emir Chbir von Sicilien, dein Freund. Imedina Balirmu den 28sten des Monats Edilkaban 272 Muhammeds."

---

*) Theodosius der Mönch erzählt in dem oben mitgetheilten Briefe, daß der Patricier (den er Beatissimus, oder Patri(a)nus nennt) in Syrakus getödtet worden sey: unsere Nachrichten geben ihn als lebendig in Palermo an: jedermann wird einsehen, daß hier nicht so wohl Widerspruch, als vielmehr Dunkelheit sey; denn es kann sehr wohl seyn, daß es mehrere Patricier ohne Befehlshaber-Stelle gegeben hat, wie die Briefe Gregorius des Großen zeigen; oder vielleicht war es ein mit der Ausübung des Commando verbundener Name, wie man aus den Schrifften der Griechen dieser Zeiten schließen kann, und die Pflichten wurden mit dem Titel selbst vertheilt.

(Vielleicht, daß der Beatus oder Beatissimus Joannes Patrinus (Patrianus) und der inclytus Patritius in dem Briefe des Theodosius zwei verschiedene Personen waren. Die Art, wie von ihrem Tod gesprochen wird, da der erste im Gefecht umgekommen, und der andere acht Tage nach der Einnahme von Syrakus hingerichtet worden seyn soll, zeugt sehr für diese Vermuthung. H.)

609.

Am 17ten des Monats Almoharoan 272 kam ein Brief aus Rom bei uns an, welcher uns von den Albuliten *) übergeben wurde, welche von dem Pabst auf zwei Neapolitanischen Barken geschickt worden waren, und der Brief lautete auf diese Weise:

„Marinu Paba servu di li servi di lu Maniu Deu, te saluta, o Amir Maniu di Sicilia Alhasan filiu di Alabbas, e ti dico ki a kapitatu la tua littera, la quali era signata kun la giornata di li viginti okto di lu mesi di Maiu oktocento oktantatre, simul kun la tua (littera) mi annu vinutu viginti septe Preti, li quali li mandau la tua Dominakzioni prima di mandare lu denaru; veraciter si un' omo di bene, quia mi ai obligatu multu de illa akzione, per la quali lu Maniu Deu te ajuterà multu.

Alhasan Maniu Amir kista littera ti la darannu in mani tui li sei Equestri de lu meo Kunsilio, kun li quali ti mandai lu denaru di la redenzioni di illi viginti septe Preti, ki mi hai mandatu. Ti mandai etiam lu denaru de la redenzione di li Episcopi. Ti mandai lu denaru di la redenzione di illa gens domina, ki ai. Quantu passirà un poko di tempo di novo ti invio lu denaru per redimere all' altra gens sklava,

---

*) Die Chronik von Cambridge meldet diese Loskaufung der gefangenen Griechen durch die Albuliten, oder Räthe; aber sie sagt nichts, von wem sie unterhandelt worden. Anno 6393 (875) venit Albuliti, et captivos Syracusanos pretio redemit. Das von dem Pabst Marinus bezeichnete Jahr ist 883, diese Loskaufung währte fort biß auf den Pabst Adrian im Jahr 884, und den Pabst Stephan V im Jahr 887; indessen muß man bemerken, daß das Jahr 272 unserer Araber mit dem Jahr 885 übereinkommen muß.

quia ora principio ego ſtiſſu ambulare a koljere la karità per la redenzione de illa gens paupera. Senti filiu di Alabbas non ſerà melius de non facere plus gens ſklava, ſed li farai ſolvere tantu l'annu per caput. Quia ac kauſa lu Maniu Deu ti dabit una longa vita, e ti manda la ſua benedikzione: intantu ti lu prekor per amor Dei, ki tu ci porti, di facere ak res. Intantu nun abeo ki res plus ſkribere, te ſaluto, e te prekor ut non facere maltrattari illa paupera gens ſklava, me ſubſkribo ſik

Marinu Papa di omnia Kriſtianitas, ſervus di li ſervi di lu Maniu Deu. Principali Civitas di Roma li dui di lu menſe di Julius oktocento oktanta tres di meus uſus.

Das iſt:

„Marinus Pabſt Knecht der Knechte des Großen Gottes, grüſt dich, o Groß-Emir von Sicilien Alhaſan Sohn des Alabbas, und ich ſage dir, daß dein Brief angekommen iſt, welcher mit dem Tag des acht und zwanzigſten des Monats Mai achthundert drei und achtzig bezeichnet war, zugleich mit deinem (Brief) ſind mir ſieben und zwanzig Prieſter gekommen, welche deine Herrſchaft ſchickte, ehe das Geld geſchickt war; wahrhaftig du biſt ein rechtſchaffener Mann, weil du mich wegen jener Handlung ſehr verbunden haſt, durch welche der große Gott dir ſehr beiſtehen wird.

Alhaſan Großer Emir dieſen Brief werden dir die ſechs Ritterliche meines Raths in deine Hände geben, mit welchen ich dir das Geld der Loskaufung jener ſieben und zwanzig Prieſter geſchickt habe, die du mir geſchickt haſt. Ich habe dir auch das Geld der Loskaufung der Biſchöffe geſchickt. Ich habe dir das Geld der Loskaufung jener Herrenleute geſchickt, die du haſt. Wann ein wenig Zeit vorübergehen wird, so schicke ich dir wieder das Geld, um die andern Sklavenleute zu kaufen, weil ich jezt anfange selbst herumzugehen, um das Almosen für die Loskaufung jener armen Leute zu sammeln. Höre, Sohn des Alabbas wird es nicht besser seyn, keine Sklaven mehr zu machen, sondern du wirst sie so viel des Jahrs für den Kopf zahlen lassen. Weil deswegen der Große Gott dir ein langes Leben geben wird, und dir seinen Seegen schickt: indessen bitte ich dich um der Liebe Gottes willen, daß du dich geneigt finden lassest, diese Sache zu thun. Indessen habe ich nichts mehr zu schreiben, grüße dich, und bitte dich, daß du jene arme Sklaven nicht mißhandeln lassest, ich unterschreibe mich also:

Marinus Pabst der ganzen Christenheit, Knecht der Knechte des großen Gottes. Hauptstadt Rom den 2ten des Monats Julius achthundert drei und achtzig meines Gebrauchs."

610.

Am 5ten des Monats Ausah 272 ward eine Neapolitanische Borke nach Rom geschickt, mit einem Brief für den Pabst, welcher also lautete:

„Alhasan Ben el Aabbas, Gott sey gelobet, Emir Chbir von Sicilien grüßt dich sehr, und sagt dir, o Pabst Marinus, daß jene sechs Albuliten in Balirmu angekommen sind, welche mir das Geld übergeben haben, den Preiß jener sieben und zwanzig Priester, und sie übergaben mir auch das Loskaufungsgeld sowohl der Bischöffe, als jener Großen, welche in Sklaverei waren: ich habe sie auf die Barken einschiffen lassen, mit welchen deine Albuliten kamen, und habe sie dir geschickt. Ich, um dich sehen zu lassen, daß ich ein rechtschaffener Mann bin, und daß ich dich liebe, weil du mir in deinem Brief geschrieben hast, daß du ausgehen willst, das Almosen zu sammeln, um die Sklavenleute loszukaufen, so fange ich an, dir zuerst das Almosen zu geben, indem ich dir eine Neapolitanische Barke schicke, auf welche ich hundert Sklaven an Weibern und Kindern habe thun lassen, und diesen Brief wird dir der Hauptmann der Barke geben, und daraus wirst du erkennen können, ob ich ein gutes Herz habe, und ob ich dich liebe. Aber höre, o Pabst Marinus, du thust dem Griechischen Volk Gutes, und es wird dirs dadurch vergelten, daß es dir Uebels thut, denn diese Leute wissen den, der ihnen Gutes thut, damit zu bezahlen, daß sie ihm Verrätherein machen, und deswegen mußt du die Augen offen halten. Ich sage dir, daß, wenn du etwas aus Sicilien wollen wirst, so sollst du es mir schreiben, so will ich es dir sogleich schicken: mit den Albuliten habe ich dir keinen Brief geschickt. Ich habe dir nichts mehr zu sagen; grüße dich sehr, und zeichne mich also:

Alhasan Ben el Aabbas, Gott sey gelobet, Emir Ehbir von Sicilien, dein Freund. Jmedina Balirmu den 5ten des Monats Ausah 272 Muhammeds."

611.

Am 3ten des Monats Reginab 272 ist eine Schelandie nach Eusa geschickt worden mit einem Brief für unsern Mulei, welcher also lautete:

„Ebrahim Ben Ahmed Ben Ebrahim Ben el Aalab, durch Gottes Gnade, Siebenter Mulei, der Emir Ehbir von Sicilien Alhasan Ben el Aabbas mit dem Angesicht zur Erde küßt ihrer Großheit die Hände, und macht ihr bekannt: daß im Monat Almoharoan 272 der Pabst von Rom sechs Albuliten nach Balirmu geschickt hat, welche die zwei Bischöffe loskausten, und mir tausend Krus für jeden bezahlten: sie kauften sieben und zwanzig Priester los für zweihundert Krus einen:

sie haben jene Großen für vierhundert Krus auf den Kopf losgekauft, und diese waren hundert und fünf und dreißig. Die Hälfte dieses Geldes habe ich zurückbehalten, weil ihre Großheit mir in ihrem lezten Brief also geschrieben hat, die andre Hälfte wird sie mit diesem Papier empfangen, in einer mit meinem Namen versiegelten Kiste: sie wird auch drei andre Kisten empfangen, in welchen das Geld ist, welches ich ihrer Großheit alle Jahre zu bezahlen schuldig bin.

Ich sage ihrer Großheit, daß ich dem Pabst von Rom an Männern, Weibern und Kindern hundert Sklaven zum Geschenke geschickt habe, um ihm zu zeigen, daß wir mehr barmherzig sind, als sie nicht sind. Ich habe ihrer Großheit nichts mehr zu sagen: mit meinem Angesicht zur Erde küsse ich ihr die Hände, und zeichne mich also:

Alhasan Ben el Aabbas Emir Chbir von Sicilien, durch Gottes Gnade, Knecht der Großheit des Ebrahim Ben Ahmed Ben Ebrahim Ben Aalab, Siebenten Mulei. Imedina Balirmu, den 3ten des Monats Reginab 272 Muhammeds."

612.

Am 17ten des Monats Schahaban kam die Schelandie an, welche wir am 3ten Tag des Monats Reginab 272 nach Susa geschickt hatten, und sie brachte uns einen Brief unsers Mulei, welcher also lautete:

„Ebrahim Ben Ahmed Ben Ebrahim Ben el Aalab, durch Gottes Gnade, Siebenter Mulei, berührt dir den Kopf, und meine Großheit sagt dir, o Emir Chbir von Sicilien Alhasan Ben el Aabbas, daß sie deinen Brief, geschrieben am 3ten Tag des Monats Reginab 272 erhalten hat, mit welchem mir sowohl das Geld, welches aus dem an den Pabst gemachten Verkauf der Sklaven gezogen worden ist, als

die Summen, welche du jährlich zu bezahlen schuldig
bist, übergeben worden sind. Meine Großheit billigt
alles, was du gethan hast, wie du in deinem Brief
geschrieben hast. Nach diesem hat meine Großheit für
jezt nichts mehr dir zu sagen; berührt dir den Kopf,
und zeichnet sich also:

Ebrahim Ben Ahmed Ben Ebrahim Ben el
Aalab, durch Gottes Gnade, Siebenter Mulei. Ime-
dina Kairuan, den 28sten des Monats Reginab 272
Muhammeds."

613.

Am 4ten des Monats Schawal 273 ist eine
Neapolitanische Barke nach Rom geschickt worden, mit
einem Brief für den Pabst, welcher also lautete:

"Alhasan Ben el Aabbas, durch Gottes Gnade,
Emir Chbir von Sicilien grüst dich, und sagt dir, o
Pabst Marinus, daß am 5ten Tag des Monats Ausah,
da deine Albuliten mit den Sklaven von Balirmu ab-
reisten . . . .
. . . . ich eine Neapolitanische
Barke mit hundert Sklaven abgeschickt, welche ich deiner Person zum Geschenke geschickt haben, und ich habe
auch dem Hauptmann der Barke einen Brief übergeben, um ihn deiner Herrlichkeit zu geben. Für diese
so gute Handlung, die ich dir gethan habe, hast
du mir nicht nur nicht gedankt, sondern mir
nicht einmal geantwortet. Dieses Betragen ist sehr
schlimm, denn es könnte zeigen, daß du ein Mann von
schlechtem Herzen wärest, der Gutes empfangen hat,
und die Wohlthat nicht zu erkennen weiß. Ich will
jedoch nicht glauben, daß es dein Fehler gewesen sey;
vielmehr überrede ich mich, daß die Barke verloren gegangen sey. Ich habe deiner Herrlichkeit für jezt nichts
mehr zu sagen; und zeichne mich also:

Alhasan Ben el Aabbas, durch Gottes Gnade, Emir Ebhir von Sicilien. Jmedina Balirmu, den 4ten des Monats Schawal 273 Muhammeds."

614.

Am 13ten des Monats Ebilkaban 273 kam die Neapolitanische Barke in Balirmu an, welche wir am 4ten des Monats Schawal 273 nach Rom geschickt hatten, und sie brachte uns einen Brief des Pabsts, welcher also lautete:

„Lu Papa Adrianu Terzu, servu di omni servi di lu Deu te saluta, e ti dici, o Amir Maniu di Sicilia Alhasan filius di Alaabas ki a kapitatu la tua epistola, la quali erat direkta per lu Papa Marinu, lu quali morio in die oktava di lu mense di Januarius oktocentu oktanta quatuor, e per ok non ti a skribitu. Dunka la tua dominakzione illa mankanza non la acipere per res mala, dunka ego te ringrazio multu di illi sklavi ki ai ambulatu a lu Papa Marinu. Diko alla tua dominakzione, ki per lu annu, ki vieni, spero di remeterti per redimere li altri sklavi. Nos debemus stare per sempre soci, per facere videre ki sum tuus amikus, kum la barka Napolitana te mandai una arka plena kum drappi de seta per facere vestita per te, e per li tuoi filii. Intantu non abeo ki res plus dirti; quandu verrà lu tempu di redimere a illa gens sklava ego tibi skribbo: te salutu multu, e me subskribbo sik. Adrianu Terzu servu servorum di lu Deu. Principali Civitas di Roma li viginti seks di lu mensi di April oktocentu oktanta quatuor di Kristu.

Das ist:

„Der Pabst Adrian der Dritte, Knecht aller Knechte Gottes, grüßt dich, und sagt dir, o Groß-

Emir von Sicilien Alhasan Sohn des Alaabbas, daß
dein Brief angekommen ist, welcher an den Pabst Marinus gerichtet war, der am achten des Monats Januarius achthundert vier und achtzig starb, und deswegen
dir nicht geschrieben hat. Also nehme deine Herrschaft
jenes Aussenbleiben nicht als eine böse Sache auf, also
danke ich dir sehr für jene hundert Sklaven, welche du
dem Pabst Marinus zugeschickt hast. Ich sage deiner
Herrschafft, daß ich auf das Jahr, welches kommt,
hoffe, dir wieder zu schicken, um die andern Sklaven
loszukaufen. Wir müssen immer gute Freunde bleiben; um dir sehen zu lassen, daß ich dein Freund bin,
so habe ich dir mit der Neapolitanischen Barke eine
Kiste voll von seidenen Tüchern geschickt, um Kleider
für dich und für deine Kinder zu machen. Indessen
habe ich nichts mehr dir zu sagen; wann die Zeit kommen
wird, jene Sklavenleute loszukaufen, so schreibe ich dir:
ich grüße dich sehr. und unterschreibe mich also: Adrianus der Dritte, Knecht der Knechte Gottes. Hauptstadt Rom, den sechs und zwanzigsten des Monats
April achthundert vier und achtzig Christi.

615.

Am 16ten Tag des Monats Edilkaban schickten
wir mit einer Neapolitanischen Barke einen Brief nach
Rom, welcher also lautete:

Alhasan Ben el Aabbas, Gott sey gelobet, Emir
Chbir von Sicilien, grüst dich sehr, und sagt dir, o
Pabst Adrian, daß ich deinen Brief empfangen habe,
gezeichnet den 26sten des Monats Schawal 273, in
welchem ich den Tod des Pabsts Marinus gelesen habe:
diese Nachricht hat mir mißfallen, denn er war ein sehr
rechtschaffener Mann; aber so viel ich sehe, wenn ein guter
Pabst gestorben ist, so hat man einen andern bessern ge-

macht, der du bist. Ich danke dir sehr für die Kiste voll Tücher *), die du mir geschickt hast, welche mir aufs höchste gefallen haben, und ich habe sogleich Kleider daraus gemacht, so wohl für mich, als für meine Frauen und Kinder. Also wann du wirst schicken wollen, andre Leute loßzukaufen, so kannst du es thun: es ist mir leid, daß ich sie dir nicht ohne Geld schicken kann, denn diese Leute sind nicht mein, sondern gehören der Großheit meines Mulei. Ich sage dir, daß, wann du etwas von Balirmu wollen wirst, du es mir schreiben sollst, ich werde es dir sogleich schicken. Indessen habe ich dir für jezt nichts mehr zu sagen; grüße dich sehr, und zeichne mich also:

Alhasan Ben el Aabbas, Gott sey gelobet, Emir Chbir von Sicilien. Imedina Balirmu, den 16ten des Monats Edilkaban 273 Muhammeds."

616.

---

*) Die Seidenarbeiten waren damals, und noch lang hernach, in Sicilien neu. In den Lebensbeschreibungen der Päbste werden sie als seltne und schäzbare Geschenke angeführt, welche von den morgenländischen Kaisern an die Kirchen von Rom geschickt wurden; es ist also kein Wunder, daß der Pabst sie als ein taugliches Mittel angesehen hat, die Freundschaft des Groß-Emirs zu erwerben. Die Schriftsteller des zwölften Jahrhunderts schreiben die Einführung derselben den Normannen zu, und Hugo Falcandus erwähnt derselben umständlich, und Nichtitaliänische Schriftsteller dieser Jahrhunderte berichten, daß sie von Sicilien nach Italien gekommen seyn: Unde coepit patere Romanorum ingeniis. Wann unsere Nachrichten biß zu den Zeiten der Normannen vorrücken werden, so werden wir die Sorge und Bemühungen sehen, welche der Graf Ruggieri sich darum gegeben hat.

616.

Am 5ten Tag des Monats Reginab 273 ward eine Schelandie nach Susa geschickt, mit einem Brief für unsern Mulei, welcher also lautete:

„Ebrahim Ben Ahmed Ben Ebrahim Ben el Aalab, durch Gottes Gnade, Siebenter Mulei, der Emir Chbir von Sicilien, Alhasan Ben el Aabbas, mit dem Angesicht zur Erde küßt die Hände ihrer Großheit, und macht ihr bekannt, daß sie zugleich mit diesem Brief drei mit meinem Namen gesiegelte Kisten empfangen wird, in welchen sie das Geld finden wird, welches ich ihrer Großheit alle Jahre zu bezahlen schuldig bin. Außer diesem habe ich ihrer Großheit nichts mehr zu sagen; mit meinem Angesicht zur Erde küsse ich ihr die Hände, und zeichne mich also:

Alhasan Ben el Aabbas Emir Chbir von Sicilien, durch Gottes Gnade, Knecht der Großheit des Ebrahim Ben Ahmed Ben Ebrahim Ben el Aalab, Siebenter Mulei. Jn Medina Balirmu, den 5ten des Monats Reginab 273 Muhammeds."

617.

Am 9ten des Monats Schahaban 273 kam die Schelandie nach Balirmu zurück, welche wir am 5ten des Monats Reginab 273 nach Susa geschickt hatten, und sie brachte uns einen Brief unsers Mulei, welcher also lautete:

„Ebrahim Ben Ahmed Ben Ebrahim Ben el Aalab, durch Gottes Gnade, Siebenter Mulei, grüßt dich, berührt dir den Kopf, und meine Großheit sagt dir, o Emir Chbir von Sicilien Alhasan Ben el Aabbas, daß sie deinen Brief, geschrieben am 5ten des Monats Reginab 273 empfangen hat, mit welchem mir das Geld übergeben worden ist, welches du alle Jahre meiner Großheit zu bezahlen schuldig bist. Meine

Großheit hat für jetzt nichts mehr dir zu sagen; berühret dir den Kopf, und zeichnet sich also:

Ebrahim Ben Ahmed. Ben Ebrahim Ben el Aalab, durch Gottes Gnade, Siebenter Mulei. Imedina Kairuan, den 27sten des Monats Reginab 273 Muhammeds."

618.

Am 3ten des Monats Reginab 274 ward eine Schelandie nach Susa geschickt, mit einem Brief für unsern Mulei, welcher also lautete:

"Ebrahim Ben Ahmed Ben Ebrahim Ben el Aalab, durch Gottes Gnade, Siebenter Mulei, Alhasan Ben el Aabbas, Emir Chbir von Sicilien mit dem Angesicht zur Erde küßt die Hände ihrer Großheit, und macht ihr bekannt, daß sie zugleich mit diesem Brief drei mit meinem Namen gesiegelte Kisten empfangen wird, in welchen ihre Großheit das Geld finden wird, das ich jährlich zu bezahlen schuldig bin. In dem kommenden Jahr werde ich anfangen, weiter zehen tausend Krus an ihre Großheit zu bezahlen, und es werden die Früchte der Einnahme des Zollhaußes seyn, welches auf der Insel Ustkah errichtet worden ist; denn dieser Zoll ist für zehen tausend Krus des Jahrs gegeben worden, wie ich ihrer Großheit geschrieben hatte. Mit meinem Angesicht zur Erde küße ich ihr die Hände, und zeichne mich also:

Alhasan Ben el Aabbas Emir Chbir von Sicilien, durch Gottes Gnade, Knecht der Großheit des Ebrahim Ben Ahmed Ben el Aalab, Siebenter Mulei. Imedina Balirmu, den 3ten des Monats Reginab 274 Muhammeds."

619.

Am 7ten des Monats Schahaban 274 kam die Schelandie an, welche am 3ten des Monats Reginab

274 nach Susa geschickt worden ist, und sie brachte uns einen Brief unsers Mulei, welcher also lautete:

„Ebrahim Ben Ahmed Ben Ebrahim Ben el Aalab, durch Gottes Gnade, Siebenter Mulei, berührt dir den Kopf, und sagt dir, daß er deinen Brief empfangen hat, geschrieben am 3ten des Monats Reginab 274, und zugleich mit demselben hat er das Geld erhalten, das du alle Jahre zu bezahlen schuldig bist. Also erwartet meine Großheit in dem Jahr, welches kommt, andere zehntausend Krus mehr als gewöhnlich, und sie werden von dem Zoll der Insel Usikah seyn. Meine Großheit sagt dir, daß du eine Probe deiner Tapferkeit geben mußt, denn es scheint meiner Großheit, daß in der Zeit deiner Regierung sehr geschlafen wird, und daher mußt du aufwachen, und mußt auch die Mannschaft aufwachen machen; denn das allzuviele Schlafen thut der Gesundheit sehr Schaden. Nach diesem hat meine Großheit für jezt nichts mehr dir zu sagen, grüßt dich, berührt dir den Kopf, und zeichnet sich auf diese Weise:

Ebrahim Ben Ahmed Ben Ebrahim Ben el Aalab, durch Gottes Gnade, Siebenter Mulei. Jmebina Kairuan, den 20sten des Monats Reginab 274 Muhammeds."

620.

Am 29sten des Monats Schawal 275 kam eine Neapolitanische Barke in Balirmu an, welche uns einen Brief des Pabstes brachte, der also lautete:

„Lu Papa Stefanus Quintus servu servorum di lu Deu te saluta multu, e ti dik, o Amir Maniu de Sicilia, filius di Alabbas, ki lu Papa Adrianu morio in anno oktocento oktantaquatuor, e per ok non ambulau a redimere li sklavi. Da quandu sum Papa ego abeo rakolto quinque mila pezzi di aurum, omni pezzo kusta un krusc, e medio, quia sik mi

Großheit hat für jetzt ni... ...i ambulai k...
dir den Kopf, und zeig... ...illi quali...
　Ebrahim Ben... ...kzion...
sab, durch Gottes... ...no...
Kairuan, den 2...
hammeds."

Am...　　　　　　...ntantu eg...
Schelan...　　　　...aluto multu, e me...
unsern　　　...stefanu Quintu, servus servorum di
　　　　...Deu. Principali Civitas de Roma decem
Ao...　...mense di April oktocentu oktanta septe di
　　Kristo.

Das ist:

Der Pabst Stephanus der fünfte, Knecht der Knechte Gottes grüßt dich sehr, und ich sage dir, o Groß-Emir von Sicilien, Sohn des Alaabbas, daß der Pabst Adrianus im Jahr achthundert vier und achtzig gestorben ist, und deswegen schickte er nicht die Sklaven loszukaufen. Seitdem ich Pabst bin, habe

---

*) In dem Leben dieses Pabstes wird erzählt, daß er im Anfang seiner Erwählung sehr traurig gewesen sey, weil er „nichts gehabt, das er der Geistlichkeit und den Schulen austheilen und womit er die Gefangnen loskaufen konnte" (quid erogaret Clero & scholis non habebat, vel unde captivos redimeret); und dann ferner: „er war von Gott mit so viel „Gnade gesegnet, daß er alles, was er haben konnte, den „heiligen Kirchen schenkte, Gefangene loskaufte" (tanta illi est divinitus gratia concessa, ut quidquid habere potuerat sacris donaret Ecclesiis, captivos redimeret.) Vielleicht daß der Lebensbeschreiber Anastasius hiebei die Syracusischen, gefangenen Griechen im Sinne hatte. Collect. Conc. edit. Mansi Vita Steph. V.

ich fünf tausend Goldstücke zusammengebracht, jedes
Stück kostet einen Krus und einen halben, weil mir so
die Neapolitaner gesagt haben. Ich schickte sie dir mit
zwei Rittern meines Raths, welchen du die Sklaven
geben wirst, welche deine Herrlichkeit wollen wird, ohne
dir einen Preiß zu machen, weil ich weiß, wie sehr du
ein Mann von Barmherzigkeit bist. Ich bitte dich aus
Barmherzigkeit, keine Sklaven mehr zu machen, sondern du sollst sie aus Sicilien schicken, weil die Sklaverei sehr häßlich ist. Indessen habe ich nichts mehr zu
schreiben, ich grüße dich sehr, und unterschreibe mich
also:

Der Pabst Stephanus der fünfte, Knecht der
Knechte des Großen Gottes. Hauptstadt Rom, den
zehnten des Monats April achthundert sieben und achtzig Christi."

621.

Am 20sten des Monats Edilkadan 275 schickten wir einen Brief an den Pabst, welcher also lautete:
"Alhasan Ben el Aabbas, Gott sey gelobet,
Emir Chbir von Sicilien grüßt dich, und sagt dir,
o Pabst Stephanus, daß ich deinen Brief, gezeichnet
am 10ten des Monats Schawal 275 empfangen habe,
welcher mir von den zwei Albuliten übergeben wurde,
die deine Herrlichkeit mir geschickt hat, welche mir fünftausend Silberstücke *) gegeben haben, und gleichwie
du mir nicht gesagt hast, wie viel Sklaven du mit diesem Geld willst, so sehe ich daraus, daß du ein sehr
rechtschaffener Mann bist, und in Betrachtung dieser
so guten Handlung, welche du gethan hast, schicke ich

---

*) Stephanus sprach aber in seinem Briefe von so viel
Goldstücken.   H.

dir mit deinen Albuliten viertausend Sklaven an Weibern, Kindern und Männern, die ich dir auf zwanzig Schelandien nach Neapel geschickt habe, und von Neapel werden sie zu Land nach Rom kommen. Dieß wird dir zu erkennen geben, wie gute Leute die Mußülmanen seyn, noch mehr als es die Christen nicht sind, denn eine solche Handlung thun die Christen sicherlich nicht. Du hast mir in deinem Briefe geschrieben, keine Sklaven mehr zu machen, dieses heißt nicht sprechen als ein Mann von deiner Art, aus vielen Ursachen.

Erstlich. Weil in Sicilien andre Städte erobert werden müssen, und das feindliche Volk mit meinem Volk streitet, und wenn es geschieht, daß die Feinde überwinden, so bleiben die meinigen Sklaven, und werden von den Griechen sehr mißhandelt. Also ist es Recht, daß, wann meine Leute den Sieg davon tragen, diejenigen Griechen, welche in unsre Hände fallen, Sklaven bleiben.

Zweitens. Ferner, wann ich die überwundenen Griechen aus Sicilien schickte, so würden sie wieder nach Sicilien zurückkommen, denn sie würden sagen: wir wollen mit den Mußülmanen streiten, wenn wir überwunden werden, so werden sie uns nicht zu Sklaven machen, sondern sie werden uns aus Sicilien schicken, und auf diese Weise ist es eben dasselbe, als Leute wider meine Leute hinzuzufügen: wenn ich dieses thäte, so wäre ich ein Narr, und mein Mulei hätte Ursache, mir die Regierung Siciliens zu nehmen, als einem einfältigen Manne.

Drittens. Da sich dein Herz über die Sklaverei bekümmert, weil sie eine garstige Sache ist, wie sie in der That ist; so mußt du allen Bischöffen von Sicilien, und den Statthaltern, welche mir noch nicht unterworfen sind, schreiben, sich in Güte zu ergeben und ich werde sie nicht zu Sklaven machen, sondern ich werde sie soviel für den Kopf zahlen lassen, a.s sie ihrem Kaiser bezahlen, und auf diese Weise wirst du diese Leute nicht nur von der Sklaverei befreien, sondern sogar vom Tod; denn die Sklaverei ist eine Sache von weniger Bedeutung in Vergleichung mit dem Tod, und der größte Theil bleibt in den Gefechten todt. Und deine Person glaube nicht, daß ich dieses sage, um meinen Leuten den Tod zu ersparen, denn ich habe Leute so viel ich will, nicht allein Mußülmanische, sondern auch Sicilische, denn das Sicilische Volk haßt und verabscheut das Griechische Volk sehr viel mehr, als es nicht in Ansehung unser, der Mußülmanen, thut; denn diese Leute sind lauter Gesindel *) (canaglia, Hundepack) und alles Gute, was deine Person ihnen thut, werden sie dir in Bösem wiedergeben, denn alle sind wahrhaftig Hunde. Höre, o Pabst, wann du etwas von mir wollen wirst, so mußt du es deinen mir unterworfenen Bischöffen schreiben; sie werden mir davon Nachricht geben, und ich werde dir dienen. Ich habe nichts weiter dir zu sagen; grüße dich sehr, und zeichne mich also:

Alsahan Ben el Aabbas, durch Gottes Gnade, Emir Chbir von Sicilien. Imedina Balirmu, den 20sten des Monats Edilkaban 275 Muhammeds. „

---

*) Erkempertus, der ungefähr in diesen Jahren schrieb, schildert die Griechen als sehr verhaßt und verächtlich: Achivi et habitu similes sunt, ita animo aequales sunt bestiis, vocabulo Christiani, sed moribus nequiores Agarenis. Hi videlicet et per se fideles omnes praedabant, et Sarracenos . . . Acta sunt haec anno Domini 888, mense Octobris.

622.

Am 2ten des Monats Reginab 275 schickten wir eine Schelandie nach Susa mit einem Brief für unsern Mulei, welcher also lautete:

„Ebrahim Ben Ahmed Ben Ebrahim Ben el Aalab, durch Gottes Gnade, Siebenter Mulei, der Emir Chbir von Sicilien Alhasan Ben el Aabbas mit dem Angesicht zur Erde küßt die Hände ihrer Großheit, und macht ihr bekannt:

Erstlich. Daß am 29sten des Monats Schawal 275 mir ein Brief des Pabsts von Rom übergeben worden ist, von zwei Albuliten, welche mir fünf tausend Silberstück brachten, jedes Stück gilt einen und einen halben Krus, und der Pabst hat mir geschrieben, daß ich ihm für dieses Geld die Zahl von Sklaven schicken möchte, die ich wollte. Ich betrachtete diese so höfliche Handlung des Pabstes, sich in meinen Willen übergeben zu haben, und habe ihm mit seinen zwei Albuliten vier tausend Sklaven an Kindern, Männern und Weibern geschickt. Ich habe dieses aus zwei Rücksichten gethan: erstlich um dem Pabst zu zeigen, daß wir Mußülmanen von Gesinnungen wahrer Menschlichkeit geleitet werden; eine Sache, die man nicht bei Christen sieht. Zweitens, wir können mit so vielen Sklaven nichts thun, und besonders mit den Weibern und Kindern, welche essen, ohne Nuzen zu geben, denn von ihrer Arbeit wird fast nichts gewonnen. Ferner hat der Pabst mich in seinem Brief gebeten, keine Sklaven mehr zu machen, weil die Sklaverei eine sehr häßliche Sache ist. Ich habe ihm geantwortet, daß er den Bischöffen von Sicilien, und den Statthaltern, welche mir noch nicht unterworfen sind, schreiben soll, daß sie sich freiwillig ergeben, so würde ich diese Leute, wann sie sich mit ihrem guten Willen uns unterwürfen, nicht zu Sklaven bekommen, sondern ich würde sie verbinden, ein Gewisses für den Kopf zu bezahlen, wie sie ihrem Kaiser bezahlen. Da ich dem Pabst dieses geantwortet habe, so hat er sogleich dem Erzbischoff von Balirmu geschrieben, welcher zu mir kam, und mir also sagte: Höre, o mein Gebieter, Emir Chbir Alhasan Ben el Aabbas, mein heiliger Vater Stephanus der Fünfte hat mir einen Brief geschickt, in welchem er mir geschrieben hat, daß ich mich erstlich ihrer Großheit darstellen, und ihr im Namen meines heiligen Vaters für die Anzahl der Sklaven danken soll, welche du für die fünftausend Stücke geschickt hast, die er dir geschickt hat; daher dankt er deiner Großheit mit den Thränen in den Augen. Zweitens hat er mir geschrieben, daß ich, nachdem ich dieses gegen deine Großheit gethan hätte, von Balirmu abreisen, und an die Orte gehen sollte, welche deiner Großheit noch nicht unterworfen sind, um die Statthalter jener Städte zu bitten, daß sie sich freiwillig ergäben; denn, wenn sie sich deiner Großheit ergeben, so werden sie nicht zu Sklaven gemacht werden, sondern du wirst von ihnen nur das fordern, was sie dem Kaiser zahlten. Indessen bitte ich deine Großheit, mir die Erlaubniß zu geben, abreisen und versuchen zu dürfen, ob ich diese für alle so vortheilhafte Sache zu einem guten Ende bringen könne. Ich habe ihm geantwortet: Höre, o Erzbischoff, dein Pabst ist ein sehr rechtschaffener Mann, und deswegen habe ich ihm jenes Geschenk gemacht, und ihm die Leute zugefertigt,

die ich ihm geschickt habe. Ich gebe dir
Erlaubniß abzureisen, und zu thun, was
dir dein Pabst geschrieben hat; du wirst
aber nichts beschließen, denn, obschon deine Person diesen Leuten Gutes zu thun
Willens ist, so wirst du doch sehen, wie sie
es dir vergelten werden. Ich will erwarten, biß du nach Balirmu zurückkehrst,
um zu hören, was du erhalten haben wirst;
denn, wenn du nichts thun wirst, so werde
ich in der Nothwendigkeit seyn, auszuziehen, und fortzufahren, diejenigen Oerter
zu erobern, welche meiner Großheit noch
nicht unterworfen sind. Ich habe ihn auf die
Stirne geküßt, habe ihm gesagt, daß, wann er seinem
Pabst schreiben wird, er mir ihn grüßen soll, und habe
ihn entlassen. Ich sage ihrer Großheit, daß er sich
noch nicht nach Balirmu zurückbegeben hat, woraus ich
schließe, daß dieser so rechtschaffene Mann nichts mit
diesen Gottlosen Leuten ausgerichtet habe.

Zweitens. . . . .
Armee, um auf Eroberungen auszugehen, denn ihre
Großheit hat mir das Angesicht erröthen gemacht. Ich
habe die Armee nicht ins Feld gestellt, weil ihre Großheit geschrieben hatte, daß sie mir Nachricht geben würde, wann es Zeit wäre, auf Eroberungen auszuziehen,
deswegen bin ich nicht ausgezogen, und habe Niemand
ausziehen lassen.

Drittens Ihre Großheit . . . . . .
. . . . vor . . . . . . wann
welche . . . . von dieser . . . . .
werden gehen . . . . . . in die . . . . .
. . . ich habe . . . . ihre
Großheit; welches . . . . . die ich habe .
. . . . . von dem Verkauf der viertausend Skla-

ven, habe ich schmelzen laſſen, und laſſe es nach unſerem Gebrauch prägen; und wann es fertig ſeyn wird, ſo werde ich mir das zurückbehalten, was mich trifft, und das Uebrige werde ich ihrer Großheit ſchicken.

Viertens Ich ſage ihrer Großheit, daß, da ich dem Pabſt von Rom die vier tauſend Sklaven geſchickt habe, ich ſie auf zwanzig Schelandien habe thun laſſen, und habe Befehl gegeben, daß ſie in Neapel ausgeſchifft werden ſollten. Auf der Rückkehr welche dieſe Schelandien gemacht haben, ſind ſie auf vier Franſaulin *) Schiffe geſtoßen, und unſre Schelandien haben ſie zu Sklaven gemacht, und ſie nach Baiirmu gebracht. Sie waren mit Oel und Gerſte beladen, und auf jedem Schiffe waren ſechs und zwanzig Mann, welche nun alle mit den Eiſen an den Füßen im Gefängniſſe ſind. Nach dieſem habe ich ihrer Großheit nichts mehr zu ſagen; ich hoffe, daß ſie mir alles billigen wird, was ich gethan habe, wie ich ihrer Großheit geſchrieben habe; mit meinem Angeſicht zur Erde küſſe ich ihr die Hände, und unterſchreibe mich alſo:

Alhaſan Ben el Aabbas Emir Cybir von Sicilien, durch Gottes Gnade, Knecht der Großheit des Ebrahim Ben Ahmed Ben Ebrahim Ben el Aalab, Siebenter Mulei. Imedina Baiirmu, den 2ten des Monats Reginab 275 Muhammeds."

623.

Am 12ten des Monats Schahaban 275 iſt die Schelandie angekommen, welche wir am 2ten des Monats Reginab nach Suſa geſchickt hatten, und ſie brachte uns einen Brief unſers Mulei, welcher alſo lautete:

---

*) Franſaulin, Franzöſiſche.

„Ebrahim Ben Ahmed Ben Ebrahim Ben el Aalab, durch Gottes Gnade, Siebenter Mulei, sagt dir, o Emir Chbir von Sicilien Alhasan Ben el Aakbas, daß meine Großheit deinen Brief, geschrieben am 2ten des Monats Reginab 275, empfangen hat, in welchem meine Großheit die Anzeige der Sklaven gelesen hat, die du dem Pabst für fünftausend Silberstücke geschickt hast: meine Großheit hatte Vergnügen, daß du diesem Manne zu erkennen gegeben hast, wie die Mußulmanen handeln. Meine Großheit hat Vergnügen an der Beute genommen, welche unsre Schelandien gemacht haben; sie nahm auch Vergnügen an der Rede, welche dir der Erzbischoff gehalten hat, und wann er nach Balirmu zurückkommen wird, so mußt du meiner Großheit alles schreiben, was dieser Mann mit dem Griechischen Volke gethan haben wird, und ob sie sich haben überreden lassen, sich uns freiwillig zu unterwerfen, denn, wenn sie sich nicht haben bewegen lassen, dieses zu thun, wie du meiner Großheit geschrieben hast, so mußt du sie mit den Waffen in der Hand dazu anhalten. Für jezt hat meine Großheit nichts mehr dir zu sagen; sie berührt dir den Kopf, unt unterschreibt sich also:

Ebrahim Ben Ahmed Ben Ebrahim Ben el Aalab, durch Gottes Gnade, Siebenter Mulei. Jmedina Kairuan, den 27sten des Monats Reginab 275 Muhammeds."

624.

Am 20sten des Monats Mars 276 erhielten wir einen Brief, geschickt von dem Emir der Stadt Zanklah, welcher also lautete:

„Alhasan Ben el Aabbas, durch Gottes Gnade, Groß-Emir, der Emir der Stadt Zanklah Safian Ben Kafagia mit der Stirne zur Erde küßt die Hände ihrer

Großheit, und macht ihr bekannt, daß am 15ten des Monats Mars 276 eine Menge Leute in Zanklah erschienen, welche aus Mela geflohen waren: da ich um die Ursache gefragt hatte, warum sie geflohen seyn, so haben mir diese Leute gesagt, daß am 6ten Mars eine sehr große Armee der Feinde vom festen Land dahin gegangen sey, und diese Stadt angegriffen, und sich ihrer bemächtiget, und den Emir und alle die Leute getödtet haben, welche nicht fliehen konnten, und diese Leute haben mir gesagt, daß die Armee vorrücken soll Eroberungen zu machen *). Indessen erwarte ich die Be-

---

*) Von dieser Unternehmung auf Melazzo findet man keine Nachricht bei den Schriftstellern: nur beim Cedrenus ist eine Spur, auf welche die Liebhaber der Geschichte Vergleichungen und Muthmaßungen bauen könnten: er berichtet uns in den lezten Jahren des Kaisers Basilius, daß Nicephorus Phokas geschickt worden sey, und Siege in Calabrien davon getragen habe: Missus deinde ad gubernandam Longobardiam Stephanus cognomento Maxentius cum in Provinciam venisset, ac ob ignaviam et luxum nullum faceret operae pretium, imperio exutus est. Ejus loco Nicephorus missus cognomine Phocas, homo generosus, et strenuus ... Is, provincia occupata, cum sibi exercitus Stephani conjunxisset, multas de Saracenis reportavit victorias. Primo enim praelio congressus eos fudit, deinde urbes, Amantiam, Tropas, et S. Severinam cepit, aliisque multis praeliis, ac dimicationibus superavit hostem. Hae fere sunt res imperante Basilio bello gestae. Cedrenus Imper. Basil. Aber da man den Griechischen Schriftstellern der spätern Zeiten nicht trauen kann, weil sie in den Zeitangaben und in den Erzählungen nicht genau sind, so begnügen wir uns, diese Stellen blos anzuzeigen, damit die Gelehrten sie bei ihren Untersuchungen vor Augen haben mögen; und mer-

fehle ihrer Großheit, um zu wissen, was ich thun soll, ich habe nichts weiter zu sagen; mit meiner Stirne zur Erde küsse ich die Hände ihrer Großheit, und unterschreibe mich also:

Der Emir Safian Ben Kafagia, durch Gottes Gnade, Knecht des Groß-Emirs Alhasan Ben el Aabbas. Stadt Zanklah, den 15ten des Monats Mars 276 Muhammeds."

625.

An eben demselben Tag, den 20sten des Monats Mars ward ein Brief in die Stadt Zanklah an den Emir dieser Stadt geschickt, welcher also lautete:

"Alhasan Ben el Aabbas, durch Gottes Gnade, Emir Chbir, küßt dir die Stirne, grüßt dich, und sagt dir, o Emir Safian Ben Kafogia, daß meine Großheit deinen Brief, geschrieben am 15ten des Monats Mars erhalten hat, welcher mir eine Nachricht gebracht hat, durch welche mein Herz sehr betrübt worden ist. Meine Großheit wird sich aber an dem feindlichen Volk rächen, welches die Stadt Mela eingenommen hat, und wegen des Todes so vieler Leute. Es hat meiner Großheit sehr mißfallen zu hören, daß der Emir dieser Stadt getödtet worden sey. Meine Großheit sagt dir, dich wohl zu bewafnen, und du mußt eine Menge Mannschaft ausheben, und sie gerüstet halten, damit, wann sie dir ihre Befehle geben wird, du bereit seyest, sie zu vollziehen. Meine Großheit hat nach diesem nichts mehr dir zu sagen; küßt dir die Stirne, und zeichnet sich auf diese Weise:

---

ken nur noch an, daß der Anführer dieser Unternehmung auf Belazzo Athanasius war.

Alhasan Ben el Aabbas, durch Gottes Gnade, Emir Ebbir von Sicilien, dein Herr. Imedina Balirmu, den 20sten des Monats Mars 276 Muhammeds."

626.

Am 25sten des Monats Mars 276 wurden zwei Briefe abgeschickt, einer an den Emir von Marset Allah, und der andre an den Emir von Giargenta:

Der nach Marset Allah geschickte Brief lautete also:

"Alhasan Ben el Aabbas, durch Gottes Gnade, Emir Ebbir küßt dir die Stirne, und sagt dir, o Emir Aabd Alrahman Ben Muhammed, daß du im Monat Ausah zehntausend Mann nach Balirmu schicken sollst, und deswegen mußt du anfangen . . . . Meine Großheit hat für jezt nichts mehr dir zu sagen; küßt dir die Stirne, und unterschreibt sich also:

Alhasan Ben el Aabbas, durch Gottes Gnade, Emir Ebbir von Sicilien, dein Herr. Imedina Balirmu, den 25sten des Monats Mars 276 Muhammeds."

627.

Der an den Emir von Giargenta geschickte Brief lautete also:

"Alhasan Ben el Aabbas, durch Gottes Gnade, Emir Ebbir von Sicilien, küßt dir die Stirne, grüst dich, und sagt dir, o Emir Aaß Ben Easian, daß du zehentausend Mann bereit halten, und sie auf den Monat Ausah, nach Balirmu schicken mußt. Meine Großheit sagt dir nicht, sie eher zu schicken, damit die Aerndte nicht verloren werde. In dem Monat Ausah wird die Aerndte bereits in den Magazinen in jenen Gegenden aufbewahrt seyn, und so wird nichts daran verloren gehen. Nach diesem hat meine Großheit nichts mehr dir zu sagen: sie küßt dir die Stirne, grüst dich sehr, und zeichnet sich also:

Alhasan Ben el Aabbas, durch Gottes Gnade, Emir Chbir von Sicilien, dein Herr. Imedina Balirmu, den 25sten des Monats Mars 276 Muhammeds".

628.

Am 18ten des Monats Ausah 276 erhielten wir einen Brief von Giargenta, welcher auf diese Weise lautete:

„Alhasan Ben el Aabbas, durch Gottes Gnade Emir Chbir von Sicilien, der Emir Aali Ben Safian mit dem Angesicht zur Erde küßt die Hände ihrer Großheit, und macht ihr bekannt, daß beim Empfang des Briefs ihrer Großheit, geschrieben am 25sten des Monats Mars 276, ich selbst aufs Land ausgegangen bin, um die zehntausend Mann zusammen zu bringen, welche ihre Großheit von mir gefordert hat, und kaum war die Zahl voll, ohne der neuen Aerndte Nachtheil zu bringen, so habe ich sie zugleich mit diesem Brief abgefertigt. Indessen bin ich ausgegangen, diese Leute zusammen zu bringen, weil ich ihrer in jeder Gegend nur wenig nehmen wollte, denn das Stärkste der Arbeit der neuen Aerndte ist in den Monaten Almoharoan und Ausah, in der Zeit, wo alles Getreide sich in der Scheune befindet. Also mit meinem Ausgang habe ich zehntausend Mann zu Soldaten gemacht, ohne einigen Schaden zu thun. Ich sage ihrer Großheit, daß, da sie diese Mannschaft von mir gefordert hat, ich schließe, daß ihre Großheit sich ins Feld stellen wolle. Ich bin bereit, mein Blut für ihre Großheit zu versprützen, und deswegen sage ich, daß sie nicht nöthig haben wird, sich von Balirmu zu entfernen, denn ich werde ausziehen, wenn ihre Großheit es mir befiehlt, und ich bin bereit, wenn sie mich in ihrer Gesellschaft haben wollen wird. Ich

Ich habe nichts mehr zu sagen; mit meiner Stirne zur Erde küsse ich ihrer Großheit die Hände, und unterschreibe mich auf diese Weise:

Aali Ben Safian, durch Gottes Gnade, Emir, Knecht der Großheit des Emir Chbir Alhasan Ben el Aabbas. Stadt Giargenta den 16ten des Monats Ausah 276 Muhammeds."

629.

Am 26sten des Monats Ausah 276 kam bei uns ein Brief von Marset Allah an, welcher also lautete:

"Alhasan Ben el Aabbas, durch Gottes Gnade Emir Chbir von Sicilien, der Emir Aabd Alrahman Ben Muhammed mit dem Angesicht zur Erde küßt die Hände ihrer Großheit, und macht ihr bekannt, daß ich zugleich mit diesem Brief die zehntausend Mann abgefertigt habe, welche ihre Großheit mit dem Brief, geschrieben am 25sten des Monats Mars 276, von mir gefordert hat, wenn ihre Großheit auch mich wollen wird, um ihr Proben meiner Tapferkeit zu geben, so bin ich bereit, mein Blut für ihre Großheit zu verspritzen". Indessen erwarte ich die Befehle ihrer Großheit, um sie zu vollziehen, und mit meinem Angesicht zur Erde küsse ich ihr die Hände, und unterschreibe mich auf diese Weise:

Der Emir Aabd Alrahman Ben Muhammed, durch Gottes Gnade, Knecht der Großheit des Alhasan Ben el Aabbas Emir Chbir von Sicilien. Stadt Marset Allah den 24sten des Monats Ausah 276 Muhammeds."

630.

Am 29sten des Monats Ausah haben wir einen Brief von Zanklah empfangen, geschickt von dem Emir dieser Stadt, welcher also lautete:

"Alhasan Ben el Aabbas, durch Gottes Gnade, Emir Chbir, der Emir Safian Ben Kafagia mit der

Stirne zur Erde küßt ihrer Großheit die Hände, und macht ihr bekannt, daß täglich feindliches Volk in die Stadt Mela geht, und Vorräthe aus Kalafra *), und das feindliche Volk hat sich in dieser Stadt sehr gut befestigt; deswegen sage ich ihrer Großheit, daß, jemehr man den Feinden Zeit geben wird, desto schlimmer wird es für uns seyn. Sie schiffen auf unsern Schelandien, welche sie an der Küste von Mela gefunden haben, und lachen über unsere Thaten. Diese Sache ist unanständig, denn dieß wird eine Schmarre für unser Angesicht seyn: wenn ihre Großheit mir Erlaubniß geben wird, diese Stadt anzugreifen, so will ich dahin gehen, und es wird keine Zeit mehr verloren werden, wie verloren worden ist. Ich sage ihrer Großheit, daß alle . . . . . welche an der Küste von Zanklah sind . . . . . . die Mannschaft bereit . . . . . ich erwarte die Befehle ihrer Großheit . . . . alles was . . . . . Ich habe ihrer Großheit nichts mehr zu sagen, mit meiner Stirne zu Erde . . . . und zeichne mich auf diese Weise:

Safian Ben Kasagia, durch Gottes Gnade, Emir, Knecht der Großheit des Alhasan Ben el Aabbas, Emir Chbir von Sicilien. Stadt Zanklah, den 28sten des Monats Aufah 276 Muhammeds."

---

*) Nach dem Tod des Basilius waren die Unternehmungen seines Nachfolgers Leo anfangs sehr unglücklich in Italien, wie Cedrenus zeigt, daher wird man sich nicht wundern zu sehen, daß die Unternehmung der Griechen auf Melazzo einen unglücklichen Ausgang gehabt hat. Cedren. Imperante Leone Basilii filio.

Verzeichniß und Inhalt
der Urkunden.

Jahr Christi.   Arabisches Jahr 238.
Michael III.   Muhammed Ben Abu el Aabbas
Kaiser.   Mulei in Kairuan.

434.
Antwort des Mulei und Befehl an den Groß-
Mufty wegen der Einsezung des neuen
Groß-Emirs.   S. 1.

435.
Brief an den Mulei. Danksagung des neuen
Groß Emirs Alaabbas Ben Fazareh für
seine Einsezung. Versorgung der Fa-
milie des vorigen Groß-Emirs. Zwölf
Thürme zu Balirmu. Austrocknung des
Meers, neue Emire.   4

436.
Antwort des Mulei. Er erinnert sich, daß
seine Freundschaft mit dem Emir Chbir
in den zartesten Jahren angefangen habe.
Bestätigungen.   7

437.
Brief an den Emir von Mudakah, Mustafa
Ben Muhammed, wegen seiner und seiner Geschwister Erbschaft. Heirathsan-
träge. Naziza.   8

438.
Der Emir Chbir schreibt seinem Sohne, dem
Emir zu Zanklah, daß er ihm die schöne,
sechzehnjährige Tochter des verstorbenen
Emir Chbir, zur Frau geben wolle.   9

Jahr Christi.　　　　　　　　　Arabisches Jahr 238.
Michael III.　　　　　Muhammed Ben Abu el Aabbas
Kaiser.　　　　　　　　　Mulei in Kairuan.

439.

Mustafa Ben Muhammed nimmt den Antrag an, die Tochter des Emir Chbir, Aazlza, zu heirathen, und läßt ein großes Hauß mit ihrem Namen bauen. S. 9

440.

Antwort des Emir Chbir. Seine Tochter ist die Gemahlin des Emir Mustafa Ben Muhammed; wenn sie vierzehn Jahr alt seyn wird, darf er sie nehmen. 12

441.

Befehl an den Emir von Zanklah, mit 200 Mann zu Pferd nach Balirmu zu kommen, und seine Gemahlin, Miriem, zu holen. 12

442.

Bericht an den Mulei mit Rechnungen und Geld. Vertauschung der Gefangenen. 13

Arabisches Jahr 239.

443.

Antwort des Mulei. Er billigt, was geschehen ist. 14

444.

Brief an den Mulei mit Rechnungen und Geld. Einrichtung der Auflagen. 16

445.

Antwort des Mulei. Die Sicilier werden von der Bezahlung der Auflagen ausgenommen. 20

Verzeichniß und Inhalt der Urkunden.

Jahr Christl.
Michael III.
Kaiser.

Arabisches Jahr 239
Muhammed Ben Abu el Abbas
Mulei in Kairuan.

446.

Bericht an den Mulei. Die Gebäude in Balirmu sind fertig. Man denkt jezt auf Eroberungen. — S. 21

Arabisches Jahr 240.

447.

Der Mulei findet auch in Kairuan, daß die Auflagen eine ganz gute Sache sind. — 22

448.

Der Emir von Mudakah meldet, daß die Stadt Aalkatah von den Feinden eingenommen worden. — 23

Arabisches Jahr 241.

449.

Bericht an den Mulei. Weniger Geld als im vorigen Jahr; die Einwohner in dem Bezirk von Mudakah können nicht bezahlen. Wiederbesezung der Stadt Aalkatah. Einnahme der Stadt Bothirah. — 24

450.

Der Mulei antwortet, und billiget alles. — 28

Arabisches Jahr 242.

451.

Der Emir von Marset Allah soll Schelaudien nach Balirmu schicken. — 29

452.

Antwort des Emirs von Marset Allah. — 30

Jahr Christi. Arabisches Jahr 242
Michael III. Muhammed Ben Abu el Aabbas
Kaiser. Mulei in Kairuan.

453.

Brief an den Emir von Mudakah, mit dem Befehl, daß der Statthalter von Kamarinah Barke und Schelandien ausrüsten soll. Das Haus für Aaziza ist fertig. 30

454.

Bericht, Rechnungen und Geld an den Mulei. Die Stadt Barubuh hat sich ergeben; die Festung mit achthundert Griechen soll verbrannt werden; die Besazung bittet um Gnade, und wird in Fesseln gelegt. Besezung der Stadt Razul el Thur. Einnahme der Stadt Sklafinah. Nachrichten von derselben. 31

455.

Antwort des Mulei. 36

456.

Befehl an den Emir von Mudakah; er soll den Aali Ben Aabd Alrahman mit zwanzig Schelandien auslaufen lassen; und nach diesem, Aaziza, seine Gemalin heimholen. 37

Arabisches Jahr 243.

457.

Der Emir von Mudakah meldet, daß Aali Ben Aabd Alrahman mit reicher Beute zurückgekommen sey. 38

458.

Befehl an den Emir von Mudakah, die erwähnte Beute nach Balirmu zu schicken. 40

Verzeichniß und Inhalt der Urkunden.

Jahr Christl.
Michael III.
Kaiser.

Arabisches Jahr 243
Muhammed Ben Abu el Aabbas
Mulei in Kairuan.

459.

Brief des Emirs von Mudakah. Aali Ben Aabd Alrahman kommt mit dem Verlust von 4 Schelandien und von 400 Mann Getödteten zurück; er will den Feinden künftig zeigen, wer er ist. 40

460.

Bericht von den bisherigen Begebenheiten an den Mulei. Vorsaz. 42

461.

Der Mulei antwortet, und bedauert, daß der tapfere Aali Ben Aabd Alrahman schon alt ist. 34

Arabisches Jahr 244.

462.

Bericht des Emir von Zanklah, Aabd Allah Ben el Aabbas. Der Bischoff von Zanklah hat ihm entdeckt, daß verschiedene Mußülmanen (die er nicht nennen dürfe) ihm aufgetragen hätten, zu melden, daß ihr Volk sich empören würde, wenn die Kopf- und Heiraths-Steuer nicht aufgehoben würde. 45

463.

Der Emir Ebbir und sein Rath wollen lieber alles verlieren, als, auf Verlangen des Volks die Auflagen aufheben. Der Erzbischoff von Balirmu hat ihm dieselbe Entdeckung gemacht. 46

464.

Bericht des Emir Ebbir an den Mulei von der Unzufriedenheit der Mußülmanen

Jahr Christi.	Arabisches Jahr 244
Michael III.	Muhammed Ben Abu el Aabbes
Kaiser.	Mulei in Kairuan.

über die Auflagen. Er will sie doch,
aber erst im nächsten Jahr, aufheben. S. 47

465.

Antwort und Billigung des Mulei. 50

Arabisches Jahr 245.

466.

Befehl an den Emir von Marset Allah und
von Giargenta, Mannschaft zusammen
zu bringen, welche sich unter dem erstern
zu Kastranissa einfinden soll. 51

Arabisches Jahr 246.

467.

Brief an den Mulei von Aufhebung der Auflage. Belag. und Einnahme der Stadt
Kassarjanah. Die Festung wird mit der
Besazung und dem Griechischen Statthalter Jusuf verbrannt. Nachrichten
von der Beute; Volkszahl; neue Moschee. 52

468.

Der Mulei lobt und billigt alles, besonders
daß Jusuf, der Statthalter verbrannt
worden ist. 60

469.

Der Emir von Kassarjanah bittet um Geld,
zur Fortsezung des Festungsbaues. Be-
richte von seinen Einrichtungen; er will
sich ein Schloß auf seinen Feldern bauen. 62

470.

Antwort an den Emir von Kassarjanah. 63

471.

Bericht an den Mulei. Die Pisaner kaufen Getreide in Sicilien. Erlaubniß
der Getreideausfuhr. 64

Jahr Christi.　　　　　　　　Arabisches Jahr 246
Michael III.　　　　　　　　Muhammed Ben Abu el Aabbas
Kaiser.　　　　　　　　　　　Mulei in Kairuan.

472.

Der Mulei antwortet und befiehlt, daß jeder Emir auf seinen Gütern ein Schloß bauen soll.　　　　　　　　　　　　S. 66

　　　　　　　　　　　Arabisches Jahr 247.

473.

Befehl an den Emir von Zanklah, sogleich zu seinem kranken Vater, dem Groß-Emir, nach Balirmu zu kommen.　　　　67

474.

Der Groß Emir meldet dem Mulei, daß er krank ist, und bittet, auf den Fall, daß er sterben sollte, seinen Sohn, Aabd Allah Ben Alaabbas zum Nachfolger zu nennen.　　　　　　　　　　　68

475.

Der Mulei bedauert den Groß-Emir, und gewährt ihm seine Bitte.　　　　68

476.

Der Rath von Balirmu meldet dem Mulei den Tod und die Beerdigung des Groß-Emirs Alaabbas Ben Alfadli Ben Fazärrh. Der Rath führt indessen die Regierung.　　　　　　　　　　　69

477.

Brief des Mulei an den Groß-Mufty von Balirmu. Aabd Allah Ben Alaabbas wird zum Emir Chbir ernannt.　　71

478.

Der neue Emir Chbir dankt dem Mulei für seine Einsezung; schickt Geld für verkauftes Getreide, wovon er für diesmal nichts für sich behält.　　　　72

Jahr Christl.
Michael III.
Kaiser.

Arabisches Jahr 247
Muhammed Ben Abu el Aabbas
Mulei in Kairnan.

479.
Befehl an den Emir von Mudakah, daß er Mannschafft bereit halte. 74

480.
Der Mulei empfiehlt dem Emir Chbir eine gute Regierung; er soll künftig seinen Antheil an dem Gelde nehmen. 74

Arabisches Jahr 248.

481.
Der Emir von Mudakah, Mustafa Ben Muhammed, schreibt dem Groß Mufty von Balirmu, daß der Emir Chbir bei der Belagerung von Syrakus umgekommen sey, und er selbst einen Fuß gebrochen habe. 75

482.
Bericht des Groß Mufty an dem Mulei von dem Tode des Emir Chbir. 77

483.
Der Mulei schickt den Kafagia Ben Safian, als neuen Emir Chbir. 79

484.
Der neue Emir Chbir gibt den Mulei Nachricht von seiner Einsezung. Er will der Wittwe des vorigen Emir Chbir seinen Sohn zum Manne geben. 80

485.
Bericht an den Mulei; Geld; neue Emire; ein Schiffsbauwerft; ein Landrath und Seerath vorgeschlagen. 81

486.
Brief des Emir von Mudakah; er muß an der Krücke gehn, und kann nicht mehr dienen. 83

Verzeichniß und Inhalt der Urkunden.

Jahr Christl.
Michael III.
Kaiser.

Arabisches Jahr 248
Muhammed Ben Abu el Abbas
Mulei in Kairuan.

487.
Schmeichelhafte Antwort an den Emir von
Mudakah; der Emir Chbir macht ihn
zum ersten Mann des Seerathes in Balirmu. S. 84

488.
Der Mulei billigt, was Nro. 485 vorgeschlagen worden ist. 85

489.
Brief an den Mulei. Der Emir Chbir kann
kein Geld schicken, weil die Pisaner nicht
gekommen sind, und kein Getreide verkauft worden ist. Vorschlag, Zölle zu
errichten. Der Emir von Mudakah soll
auch Oberzollbeamter werden. 87

Arabisches Jahr 249.

490.
Der Mulei will die Gedanken des Emir Chbir
über die Zölle umständlich wissen; und
für die übrigen Einkünfte soll der Emir
Chbir künftig etwas Gewißes bezahlen. 89

491.
Hundert und funfzigtausend Krus will der
Emir Chbir jährlich dem Mulei für die
Einkünfte Siciliens bezahlen. 90

Arabisches Jahr 250.

492.
Befehl an den Emir von Mudakah, Aaß
Ben Aamar, sich und Truppen zu einem
Feldzug bereit zu halten. 91

493.
Der Mulei ist mit dem Anerbieten der
150,000 Krus zufrieden. 92

348 Verzeichniß und Inhalt der Urkunden.

Jahr Christl.
Michael III.
Kaiser.

Arabisches Jahr 250
Muhammed Ben Abu el Aabbas
Mulei in Kairuan.

494.
Schreiben des Emir Chbir an den Mulei.
Einnahme der Stadt Nehetu; Beute.
Umständlicher Bericht, wie der Emir
Chbir die Zölle zu errichten gedenkt. S. 93.

495.
Antwort des Mulei. Er billigt die Vor-
schläge wegen des Zolls, will aber, daß
der Zoll jeder besondern Waare, einer
besondern Person in Pacht gegeben
werde. 100

496.
Brief an den Emir von Mudakah, mit dem
Befehl an den Emir von Kamarinah
Aali Ben Aabd Alrahman, daß er mit
Schelandien gegen die Feinde auslauf-
fen soll. 101

Arabisches Jahr 251

497.
Bericht, wie der vorhergehende Befehl vollzogen worden. 102

498.
Brief an den Emir von Mudakah. Dem
Aali Ben Aabd Alrahman sind vier Schelandien von den Feinden abgenommen
worden. 103

499.
Antwort an den Emir von Mudakah. 104

500
Schreiben an den Mulei mit der jährlichen
Summe Geldes. Der Emir Chbir hat
diesesmal mehr als die Hälfte von dem
Seinigen hinzuthun müssen, weil er nichts

Jahr Christi.	Arabisches Jahr 251
Michael III.	Muhammed Ben Ali el Aabbas
Kaiser.	Mulei in Kairuân

verkaufen könnte. Nachricht von den
Zollmagazinen. 105

Arabisches Jahr 252.

501.
Der Emir von Mudakah Aali Ben Aamar
meldet, daß die Feinde die Stadt Rakusah eingenommen, aber bei seinem An-
zug wieder verlassen haben. Verfolgung
der Feinde. 107

502.
Der Emir von Mudakah wird gelobt, und
sein Vorschlag, daß er in Nehetu wohnen sollte, gebilliget. 109

503.
Bericht an den Mulei. Frage nach einer
Barke, welche nicht zurückgekommen ist.
Von dem Bau der Magazine und von
den Ausrüstungen. 110

504.
Antwort des Mulei. 112

Arabisches Jahr 253.

505.
Brief von dem neuen Mulei, Muhammed
Ben Hammuda Abu el Aabbas. Zwanzig-
tausend Mann werden aus Afrika nach
Zanklah geschickt. 114

506.
Schreiben an den neuen Mulei. Die 20,000
Mann sind angekommen. Der Emir
von Zanklah ist mit diesen und noch weitern 20,000 Mann nach Kalafra gegangen. Schönheit der neu verfertigten
Zollgebäude. Geseze für dieselben. Ver-

350 Verzeichniß und Inhalt der Urkunden.

Jahr Christi.
Michael III.
Kaiser.

Arabisches Jahr 253
Muhammed Ben Hammuda Abu el
Aabbas Mulei in Kairuan.

zeichniß der Waaren, welche ein- und
ausgeführt werden, und des Pachtes,
der für den Zoll bezahlt wird. Voraus-
bezahlung. S. 116

507.
Antwort des Mulei, welcher hofft, selbst
nach Sicilien zu kommen. 125

Jahr Christi,
Basilius Macedo
Kaiser. *)

508.
Bericht des Emir Muhammed Ben Kafagia aus Turant in Kalafra. Er hat in
einer Schlacht gegen Luduviku sechstausend Mann verloren, und hält für das
Beste sich mit seiner reichen Beute nach
Sicilien zurück zuziehen. 127

Arabisches Jahr 254

509.
Allerlei Befehle an den Emir Muhammed
Ben Kafagia zu Turant. Er soll zurück-
kommen. 131

510.
Muhammed Ben Kafagia ist zurückgekom-
men. 1847 Personen flüchten sich aus
Kalabrien

---

*) Wir haben keinen besondern und genau bestimmten Grund, den Tod Michaelis III in dieses Jahr zu setzen, und Basilius den Thron zu geben. Gewiß ist, daß alle Schriftsteller das erste Jahr Basilius nach dem Tod Michaels in das Jahr 867 setzen, und weil in der Vermuthung, daß das Jahr der Sicilischen Araber 254 mit diesem Jahr übereinkomme, halten uns berechtigt, Michaels nicht ferner Erwähnung zu thun, sondern die folgen-
den Jahre mit dem Namen Basilius zu bezeichnen, welcher schon vorher Mit-
regent gewesen war, und nun allein regierte.

Verzeichniß und Inhalt der Urkunden. 351

Jahr Christi.
Basilius Maced
Kaiser.

Arabisches Jahr 254.
Muhammed Ben Hammuda Abu el Abbas
Mulei in Kairuan.

Kalabrien nach Zanklah. Ueberschickung der Beute, auch an einzelne Personen. Achtung gegen den ältern Bruder   S. 133

511.
Befehl an den neuen Emir von Zanklah, Kasagia Ben Safian; er wird wegen seines Betragens gegen seinen ältern Bruder gelobt.   136

512.
Befehle an Muhammed Ben Kasagia. Er soll nach Balirmu kommen.   136

513.
Bericht an den Mulei.   138

514.
Antwort des Mulei. Er billigt das Geschehene.   139

Arabisches Jahr 255

515.
Muhammed Ben Kasagia berichtet dem Mulei, daß sein Vater bei der Belagerung von Sarkusah meuchelmörderischer Weise umgebracht worden. Krisafiu.   142

516.
Der Mulei ernennt den Muhammed Ben Kasagia zum Groß-Emir. Strenge Lehren für denselben.   144

517.
Brief des Mulei an den neuen Groß-Emir, mit Verhaltungsbefehlen.   147

518.
Bericht an den Mulei. Malta. Austrocknung des Meers bei Balirmu durch 5000 Sklaven. Süßes Meer und Bäder.   149

Geschichte Siciliens. 2. Band.   Z

Jahr Christi. Arabisches Jahr 255.
Basilius Maced. Muhammed Ben Hamamuda Abu el
Kaiser. Aabbas Mulei in Kairuan.

519.

Der Mulei schickt die Zeichnung von dem süßen Meere, dem Hauße und den Bädern zu Kairuan. 152

520.

Der Emir Chbir schreibt dem Mulei, daß er seine jüngern Brüder auf dem süßen Meer zur Uebung Seegefechte halten läßt. Behältniß der Sklaven, Tiger und Löwen. 154

Arabisches Jahr 256.

521.

Antwort des Mulei. Er billigt besonders, daß der Emir auf die Eroberung von Malta und Naudesk denkt. 157

522.

Brief aus Malta. Der Emir der Kriegsflotte berichtet die Eroberung von Naudesk und Malta. 158

523.

Brief an den Emir Inaaisa Ben Aabd Allah zu Malta. Verhaltungsregeln. 164

Arabisches Jahr 257.

524.

Bericht an den Mulei, von den bisherigen Eroberungen und Einrichtungen. 166

525.

Der Sohn des Mulei will nach Sicilien kommen. Befehl deswegen. Der Emir Chbir schickt 30,000 Mann nach dem festen Lande; der Mulei eben so viel. 168

526.

Bericht an den Mulei mit Geld. Der Emir Busa Ben Kagebis wird nach dem festen Lnade geschickt. 170

Verzeichniß und Inhalt der Urkunden.

Jahr Christi.
Basilius Maced.
Kaiser.

Arabisches Jahr 257
Muhammed Ben Hammuda Abu el
Abbas Mulei in Kairuan.

527.

Kurze Antwort des Mulei. 171

528.

Der Groß-Mufty von Balirmu meldet dem Mulei, daß der Groß-Emir von zwei Verschnittenen in seinem Garten umgebracht worden. Verhör der Mörder. Die Gemahlin des Emir Chbir Fatma hat ihnen die That befohlen. Fatmens Verhör. Urtheil: die Verschnittenen werden in Oel gesotten; Fatma den Tigern zu fressen gegeben. 171

529.

Der Mulei antwortet, und schickt als neuen Groß-Emir, Ahmed Ben Jaakob. 175

Arabisches Jahr 258.

530.

Erster Bericht des neuen Groß-Emirs an den Mulei. Schönheit der Stadt Balirmu. 177

531.

Bericht und Geld an den Mulei. 178

532.

Brief des Mulei. Schlimme Nachrichten von den Truppen auf dem festen Lande. Der Mulei lobt und empfiehlt die Neapolitaner. 179

533.

Der Emir der Armee des festen Landes berichtet, daß ihm von den 30,000 Mann nur 9000 übrig geblieben, mit welchen er nach Zanklah geflohen ist. 181

Arabisches Jahr 259.

534.

Befehl an den Emir Busa Ben Ragibis, nach Balirmu zu kommen. 184

Jahr Christi.
Basilius der Macedonier
Kaiser.

Arabisches Jahr 259.
Muhammed Ben Hammuda Abu el Abbas Mulei in Kairuan.

535.
Bericht an den Mulei. Lob des Emir Busa Ben Kagibis. 184

536.
Antwort des Mulei. Syrakus soll noch nicht belagert werden. 186

537.
Die Pisaner, Genueser und Neapolitaner haben die Zölle in Pacht genommen. Eigennüzige Toleranz. 187

538.
Der Mulei will seinen Bruder und Sohn nach Balirmu schicken. 189

539.
Dreißig Sicilische Schelandien holen den Bruder und Sohn des Mulei ab. 191

540.
Kurzer Empfehlungs-Brief des Mulei. 192

541.
Nachricht an den Mulei von der glücklichen Ankunft der beiden Personen. 192

Arabisches Jahr 260.

542.
Der Bruder des Mulei gibt demselben umständliche Nachricht von seinem und seines Neffen Aufenthalt in Sicilien. 193

543.
Dreißig Schelandien bringen den Bruder und Sohn des Mulei nach Afrika zurük. 198

544.
Danksagung des Mulei an den Groß-Emir. 198

545.
Der Groß-Emir schickt dem Mulei Geld. 199

Verzeichniß und Inhalt der Urkunden.

Jahr Chrisl.
Basilius der Macedonier Kaiser.

Arabisches Jahr 260.
Muhammed Ben Hammeda Abu el Abbas Mulei in Kairuan.

546.
Der Mulei schreibt, daß nach und nach 5000 Mann, von den auf dem festen Lande verlornen Truppen, nackend zurück gekommen sind.   S. 200

Arabisches Jahr 262.

547.
Bericht an den Mulei; sieben Schelandien den Griechen abgenommen, 460 derselben zu Sklaven gemacht.   201

548.
Antwort des Mulei.   203

549.
Bericht an den Mulei. Die Schelandien haben in diesem Jahr keine Beute gemacht.   203

550.
Befehl des Mulei eine Armee auszurüsten.   204

551.
Ein neuer Mulei.   205

Arabisches Jahr 263.
Ebrahim Ben Muhammed, Mulei in Kairuan.

552.
Der Emir Ehbir erinnert den neuen Mulei an seinen Aufenthalt in Sicilien.   206

553.
Der Mulei hat das überschickte Geld empfangen.   207

554.
Der Emir von Nehetu soll berichten, wie viel Mannschaft er aufbringen könne.   207

Arabisches Jahr 264.

555.
Der Emir von Zanklah soll 5000 Mann nach Nehetu schicken.   208

Verzeichniß und Inhalt der Urkunden.

Jahr Christi.	Arabisches Jahr 264.
Basilius der Macedonier Kaiser.	Ebrahim Ben Muhammed Mulei in Kairuan

556.
Desgleichen der Emir von Kassarjanah. S. 208

557.
Der Emir von Giargenta soll 10,000 Mann nach Nehetu schicken. 209

558.
Desgleichen der Emir von Marset Allah. 209

559.
Der Emir von Nehetu kann aus seinem District 30,000 Mann nehmen, ohne Schaden zu thun. 210

560.
Brief aus Malta. Der Bischoff daselbst hat den Syrakusern heimlich Getreide geschickt. Der Emir schickt ihn mit Fesseln an den Füßen nach Balirmu, um von dem Groß-Emir gerichtet zu werden. 211

561.
Die bestellten Truppen sind zu Nehetu angekommen. 213

562.
Der Emir Busa Ben Kagibis erhält das Commando der zu Nehetu versammelten Truppen. 214

563.
Der Emir Busa Ben Kagibis will mit seiner Armee von 70,000 Mann die Erde zittern machen, und jezt Sarkusah erobern. 214

564.
Bericht an den Mulei. Urtheil über den Bischoff von Malta. 215

Verzeichniß und Inhalt der Urkunden.

Jahr Christi.
Basilius der Macedonier
Kaiser.

Arabisches Jahr 264
Ebrahim Ben Muhammed
Mulei in Kairuan.

565.
Antwort des Mulei. Entschädigung für den Emir Chbir. Noch mehr gerettete aus Kalafra. — 219

566.
Umständlicher und merkwürdiger Bericht des Emir Busa Ben Kagibis von der Eroberung der Stadt Sarkusah. — 223

Arabisches Jahr 265.

567.
Brief an den Eroberer von Sarkusah. Freude über die Eroberung dieser Stadt. — 250

568.
Brief aus Sarkusah, von Busa Ben Kagibis. Ueberschickung der Beute. — 230

569.
Bericht an den Mulei. Merkwürdige Unterredung des Emir Chbir mit dem gefangenen Erzbischoff von Syrakus. — 253

570.
Der Mulei ist sehr erfreut über die Eroberung von Syrakus, und die darin erbeuteten Reichthümer. Er will nach Sicilien kommen. — 258

571.
Funfzig Sicilische Schelandien holen den Mulei ab. — 259

572.
Brief von dem Mulei. Er ist in Syrakus angekommen, und wird nicht nach Balirmu gehen. Befehle. — 260

573.
Der Emir von Syrakus meldet dem Emir Chbir die Ankunft des Mulei, und was derselbe daselbst thut. — 261

Jahr Christi.   Arabisches Jahr 265.
Basilius der Macedonier   Ebrahim Ben Muhammed
Kaiser.   Mulei in Kairuan.

574.

Brief des Emir Ebbir an den Emir von Syrakus. An den Mulei schreibt er nicht,
   "denn er will selbst der Brief seyn."   261

575.

Der Mulei ist glücklich nach Tunis zurück-
   gereißt.   262

576.

Bericht an den Mulei. Einrichtungen zu
   Syrakus.   263

577.

Billigende Antwort des Mulei.   264

578.

Der Mufty von Syrakus meldet, daß der gefangene Griechische General Krisafiu den
   Emir Busa Ben Kagibis umgebracht.   265

Arabisches Jahr 266.

579.

Grausames Urtheil über Krisafiu.   266

580.

Neuer Emir zu Syrakus. Vollziehung
   des Urtheils an Krisafiu.   267

581.

Bericht an den Mulei.   268

582.

Der Emir Ebbir Ahmed Ben Jaakob wird
   im Bette todt gefunden. Nachricht davon an den Mulei.   270

583.

Ebrahim Ben Ahmed Ben Ebrahim Ben
   el Aalab kündigt sich als neuen Mulei an. 271

584.

Der neue Mulei schickt als neuen Emir Ebbir,
   Alhasan Ben el Aabbas.   272

Verzeichniß und Inhalt der Urkunden.

Jahr Christi.	Arabisches Jahr 266
Basilius der Macedonier	Ebrahim Ben Muhammed
Kaiser.	Mulei in Kairuan.

585.
Bericht des neuen Emirs an den Mulei.
Reichthümer des verstorbenen Emir Chbir. · 273

586.
Brief und Geld an den Mulei. 275

Arabisches Jahr 268
Ebrahim Ben Ahmed
Mulei in Kairuan.

587.
Antwort des Mulei. 276

588.
Unglück und Glück zur See. 276

589.
Antwort des Mulei. Katine soll noch nicht belagert werden. 278

590.
Nach der feindlichen Stadt Tauramanah geht Verstärkung. Der Emir von Kassarjanah verlangt deswegen Truppen. 279

591.
Bericht an den Mulei wegen einer Unternehmung auf Katine. 280

592.
Der Emir von Kassarjanah erhält Verstärkung. 281

Arabisches Jahr 269.

593.
Brief von dem Mulei. 282

594.
Der Emir von Kassarjanah zerstört die kostbare Wasserleitung von Tauramanah; liefert den Feinden zwei Schlachten, und macht den General Barsas gefangen. Barsas nennt Muhammed einen Dreckpropheten, und wird grausam hingerichtet. 283

Jahr Christi.
Basilius der Macedonier
Kaiser.
                  Arabisches Jahr 269
                  Ebradim Ben Ahmed
                  Mulei in Kalruan.

595.
Antwort des Emir Chbir. Eine noch grausamere Hinrichtung.   288

596.
Bericht an den Mulei.   290

597.
Antwort desselben.   292

                Arabisches Jahr 270.

598.
Der Emir berichtet dem Mulei, daß er auf den Inseln um Sicilien her Zölle errichtet hat.   293

599.
Der Mulei billigt diese Zölle.   294

600.
Brief des Pabst Marinus an den Emir Chbir, wegen Loskaufung christlicher Sklaven. Merkwürdige Sprache dieses Briefs.   295

                Arabisches Jahr 271.

601.
Antwort des Emir Chbir.   302

602.
Der Emir Chbir berichtet dem Mulei den Antrag des Pabstes.   303

603.
Der Mulei erlaubt die Loskaufung.   304

604.
Bericht an den Mulei von der Verpachtung der Zölle auf der Insel Ustkah. Der Emir Chbir klagt, daß er nichts gewinne.   305

Verzeichniß und Inhalt der Urkunden.

Jahr Christi.
Basilius der Macedonier
Kaiser.

Arabisches Jahr 271.
Ebrahim Ben Ahmed Mulei in Kairuan.

605.
Der Mulei schenkt dem Emir Ehbir die Zolleinnahme von Ustkah, und die Hälfte von Sklavenverkauf.   306

606.
Der Emir Ehbir meldet dem Pabste die Erlaubniß des Mulei.   307

Arabisches Jahr 272.

607.
Der Pabst erkundigt sich wegen des Preißes der Sklaven.   308

608.
Der Emir Ehbir schickt dem Pabst, um Vertrauen zu zeigen, zum Voraus 27 Priester, jeden um 200 Krus. Ein Bischoff kostet 1000 Krus. Verzeichniß der Sklaven.   310

609.
Der Pabst schickt Lösegeld, und ermahnt den Emir Ehbir keine Sklaven mehr zu machen.   312

610.
Der Emir Ehbir schickt dem Pabst 100 Sklaven als Almosen.   314

611.
Bericht an den Mulei. Lösegeld und anderes.   315

612.
Antwort des Mulei.   316

613.
Brief des Emir Ehbir an den Pabst. Selbstlob. Vorwurf.   317

Jahr Christl.　　　　　　　　　　Arabisches Jahr 273
Basilius der Macedonier　　　　　Ebrahim Ben Ahmed
Kaiser.　　　　　　　　　　　　Mulei in Kairuan

614.
Antwort des Pabstes Adrian III. Gültige Entschuldigung. Seidene Zeuge zum Geschenke. 318

615.
Danksagung des Emir Ebbir an den Pabst. 319

616.
Brief mit Geld an den Mulei. 321

617.
Der Mulei hat das Geld empfangen. 321

Jahr Christl.
Leo Philosophus
Kaiser *)

618.
Brief mit Geld an den Mulei. Zoll von Ustkah. 322

Arabisches Jahr 274.

619.
Brief des Mulei. Vorwürfe. Langes Schlafen ist der Gesundheit schädlich. 322

620.
Schreiben des Pabstes Stephanus V. Lösegeld. Bitte keine Sklaven mehr zu machen. 323

621.
Antwort an den Pabst. 4000 Sklaven losgegeben. Lob der Mußulmanen auf

---

*) Um diese Zeit, welche mit 886 zusammentrift, ist der Kaiser Basilius, der Macedonier gestorben, und ihm Leo, Philosophus, gefolgt, den wir hier angegeben haben, in der Voraussetzung, daß das Jahr 274 mit 886 übereinkomme.

Verzeichniß und Inhalt der Urkunden.

Jahr Christi.
Leo, Philosophus
Kaiser.

Arabisches Jahr 274.
Edrahim Ben Ahmed
Mulei in Kairuan.

Kosten der Christen. Gründe, warum
der Emir Ehbir ferner Sklaven machen
muß. 325

Arabisches Jahr 275.

622.

Bericht an den Mulei. Unterhandlungen
des Erzbischoffs von Balirmu. Französische Schiffe weggenommen. 328

623.

Antwort des Mulei. 331

624.

Der Emir von Zanklah meldet, daß die
Feinde Mela eingenommen haben, und
weiter vorzudringen drohn. 332

Arabisches Jahr 276.

625.

Antwort und Befehle an den Emir von
Zanklah. 334

626.

Der Emir von Marset Allah soll 10,000
Mann nach Balirmu schicken. 335

627.

Desgleichen der Emir von Giargenta. 335

628.

Antwort des Emirs von Giargenta. Er
will sein Blut für den Emir Ehbir
verspritzen. 336

364 Verzeichniß und Inhalt der Urkunden.

Jahr Christi.
Leo Philosophus
Kaiser.

Arabisches Jahr 276
Ebrahim Ben Ahmed
Mulei in Kairuan.

629.
Desgleichen der Emir von Zanklah.   S. 337

630.
Bericht des Emir von Zanklah von den Fortschritten der Feinde. Vorwürfe.   337

www.ingramcontent.com/pod-product-compliance
Lightning Source LLC
Chambersburg PA
CBHW020232240426
43672CB00006B/493